보이지 않는 것의
**경제**

**Die Wirtschaft des Unsichtbaren**
by Norbert Bolz

All rights reserved by the proprietor throughout the world
in the case of brief quotations embodied in critical articles or reviews.
Copyright ⓒ 1999 by Econ Ullstein List Verlag GmbH & Co. KG, München
Korean translation copyright ⓒ 2008 by Munhakdongne Publishing Corp.

This Korean edition was published by arrangement with
Econ Ullstein List Verlag, München through Bestun Korea Agency, Seoul.

이 책의 한국어판 저작권은 베스툰 코리아 에이전시를 통해
Econ Ullstein List Verlag와 독점 계약한 (주)문학동네에 있습니다.
저작권법에 의해 한국 내에서 보호를 받는 저작물이므로
무단 전재와 무단 복제를 금합니다.

이 도서의 국립중앙도서관 출판시도서목록(CIP)은
e-CIP 홈페이지(http://www.nl.go.kr/cip.php)에서 이용하실 수 있습니다.
(CIP제어번호: CIP2007004146)

# 보이지 않는 것의 경제

Die Wirtschaft des Unsichtbaren

노르베르트 볼츠 지음 | 유현주 옮김

문학동네

일러두기

1. 'postmodern'은 모두 '포스트모던'으로 옮겼다. 'modern'은 포스트모던과 대비될 때만 '모던'으로 옮기고 일반적으로 현재, 지금을 지칭하는 경우와 '현대'로 통용될 수 있는 부분에서는 그대로 '현대'로 옮겼다.
    '매체'와 '미디어'는 혼용되고 있는데, 기본적으로 모두 '매체'로 옮겼으나 일반적으로 '미디어'로 쓰이는 경우―멀티미디어, 하이퍼미디어, 미디어 테크놀로지 등―에는 '미디어'로 표기했다. 저자가 의도적으로 독일어가 아닌 영어로 표기한 부분은 이해에 방해가 되지 않을 경우, 그 어감을 살리기 위해 대부분 그대로 두었다.
2. 본문의 강조는 모두 저자에 의한 것이며, 각주는 모두 역주이다.

# 한국의 독자들에게

세계무역센터에 대한 테러 공격이 다시 한번 역사를 '이전(ante)'과 '이후(post)'로 나누었다는 데는 현재 의문의 여지가 없어 보인다. 이후의 세계는 이전으로 되돌아갈 수 없을 것이다. 그렇다면 이러한 사실은, 이 시기 이전에 이미 독일에서 출간되었고, 이 시기 이후에 한국에서 번역 출간되는 이 책에는 어떤 의미를 가질 것인가? 저자는 논거를 새롭게 조정하고 수정해야 하는가? 내 대답은 그렇지 않다는 것이다. 이 책은 서구의 시스템을 소비주의로 묘사하고 있다. 그리고 오늘날 이에 대한 대안은 그 어느 때보다도 적다고 생각한다. 여기에서 나는 한국의 독자들에게 소비주의라는 배경에서 테러를 어떻게 이해할 수 있는지, 그 해석을 위한 짧은 제안을 하고자 한다.

9·11이라는 경악의 종합예술은 세계 곳곳에서 이슬람 근본주의에 대한 토론을 불러일으켰다. 어떤 이들은 그것이 서구 문명을 위협한다고 하고, 또다른 이들은 이슬람교는 본래 평화의 종교이며 다만 테러리스트들이 오용하고 있는 것이라고 강조한다. 나의 관점은 이들 모두와

다르다. 오늘날 이슬람 근본주의는 거대 정치 이데올로기가 모두 몰락한 후 반미주의(Antiamerikanismus)를 자신의 도구로 만든, 세계적으로 가장 강력한 효과를 가진 형식이다.

물론 반미주의에서는 서구 소비주의의 생활양식 전반에 대한 증오가 구체화되고 있다. 이러한 반(反)테제는 소비주의가 점점 세계종교화되고 있다는 관점을 통해서—종교사회학자들에게 이러한 관점은 "종교로서의 자본주의"라는 발터 벤야민의 분석이 나온 후로는 그리 놀랄 만한 일도 아니다—매혹적으로 극단화된다. 요약하면, 우리는 오늘날 '반미주의'와 '자본주의적 소비주의'라는 양대 세계종교 사이의 투쟁과 관계하고 있는 것이다.

절대적인 경악의 행위로부터 구원을 압축하여 형상화하고 있는 테러리즘에서는 의미의 디플레이션이 최대치를 획득한다. 반대로 일상적인 상품을 정신적인 부가가치와 함께 공급하는 소비주의에서는 의미의 인플레이션이 최대치를 획득한다. 그러므로 현대사회는 단순히 '외부로부터' 위협받고 있는 것이 아니라, 스스로를 통해서도 위험해지고 있는 것이다. 다른 말로 하자면, 자살 테러리스트들은 이에 대항하여 우리가 현대의 현세성을 주장해야 하는 절대적인 비현세성의 에이전트들이다. 그러나 현대는 테러의 비현세성뿐만 아니라, 동시에 스스로의 복지에 대한 불만을 통해서도 도전받고 있다. 사회심리학자들은 복지상태에서 증가하는 모순적인 불만족을 지불관계에서 박탈감을 만들어 내는 효과로 설명한다. 갈수록 좋아지는 상품들 때문에 지금 소유하고 있는 것이 나빠 보인다. 소유하면 소유할수록, 가진 것이 없다고 느끼는 것이다!

그러므로 언제나 모든 성장은 동시에 불황의 성장을 의미하기도 한다. 이는 버나드 쇼의 비극 『피그말리온』에서 이해할 수 있는데, 원하는 것을 소유하지 못하는 데서 오는 실망감보다 원하는 것을 얻자마자 생기는 실망감이 더 크다는 것이다. 따라서 최초의 경험은—이러한 시각은 앨버트 허시먼(Albert O. Hirschman)을 놀라운 통찰로 이끌기도 했다—실망이다. 욕망이 성취될 수 없는 것이라면, 실망은 복지 상태와 함께 자라난다. 이것이 문화에서 불만이 가지는 경제적인 면이다. 오늘날 우리는 복지 상태의 좌절감이 접속되지 못한 자들의 분노에 어떻게 수렴하고 있는지를 관찰할 수 있다. 즉 반미주의에서.

이러한 배경에서, 여전히 신문 문예란에는 논쟁거리로 등장하고 있지만 전문가들 대부분은 이에 대해 웃음만 지을 뿐인, 지난 수십 년 동안의 거대 역사철학테제도 다음과 같은 점에서는 의미가 있다.

- 프랜시스 후쿠야마의 역사의 종말. 자유의식 안에서 진보라는 의미—코제브와 후쿠야마도 이런 의미로만 사용한다—의 헤겔적 역사는 실제로 끝이 났기 때문이다. 차라투스트라가 예견한 것처럼, 이제 인간이 중심에 서게 되었다. 인간 스스로의 애완동물로.
- 새뮤얼 헌팅턴의 문명의 충돌. 문화적인 차이는 세계화과정에서 모든 희생자들의 적개심을 위한 도구로 점점 더 중요해진다. 그렇기 때문에 이슬람 세계의 내부 문제를 종교의식적으로 도식화한 결과로서 반미주의를 평가하는 것은 결정적인 의미를 획득한다.
- 벤저민 바버(Benjamin Barber)의 반테제인 지하드 대 맥월드(Jihad vs. McWorld). 우리가 말하는 개념인 세계종교로서의 반미주의와 소비주의의 투쟁과 일치한다.
- 니클라스 루만(Niklas Luhmann)의 포함(Inklusion)/제외(Exklusion)

의 구분을 통한 세계사회라는 초코드화. 이제 현대화과정이 간과해 버린 사람들을 진정시키기 위한 토론이나 '종교 간 대화'의 다리는 존재하지 않기 때문이다.

이러한 모든 숙고를 하나의 모델로 수렴해볼 수 있겠는데, 나는 이 모델을 세 개의 몸을 가진 세계사회의 문제라고 부르고 싶다. 세계사회의 대부분은 전(前)모던적으로 살아간다. 우리에게 지속적으로 두통과 근본주의의 문제를 안기는 이른바 제삼세계가 이에 해당한다. 어디든지 민족국가가 세금으로 사회를 조정하려는 곳에서는, 우리는 모던적으로 살고 있다. 그리고 지식사회가 형성되고, 경제의 글로벌 플레이어가 경제를 주도하며, '스마트 시티(smart city)'*들이 도약하는 곳에서 세계는 포스트모던적으로 나타난다. 세 개의 몸이 서로 어떤 영향을 미칠지는 예측할 수 없으며, 또한 그 때문에 전적으로 수학적인 의미에서 세계경제의 발전을 계산하지 못하고 있다.

디르크 베커(Dirk Baecker) 같은 사회학자는 자본주의를 이야기하는 사람은 누구든 사회를 경제로 축소하는 위험에 빠진다고 강조했다. 그럼에도 우리는 다음과 같은 점에서 자본주의 경제가 특별히 현대에 기여한 것에 관심을 가지고 있는데, 허시먼은 자본주의가 '전체 인간'이라는 유령을 쫓아냄으로써 사람들의 정열과 불확실성을 제어하는 중대한 문화적 성과를 거두었다고 적절하게 지적했다. 자본주의 경제 시스템에서 사람들은 비정열적이 되며, 건조해지고, 계산 가능해진다. 그들은 문명의 차가운 체온을 갖게 된 것이다. 바로 이 점이 소외를 비판하

---

\* 가상정부 혹은 정보화가 구축된 도시.

는 사람들의 감상주의가 지금까지 견지해온 자본주의 비판이었다. "자본주의는 자신의 최악의 특징으로 고발된 바로 그것을 성취하도록 요구받았다." 특히 공산당 선언의 문구가 이에 해당된다. 시장의 시스템은 "개인의 존엄성을 교환가치로 해체하고 (……) 적나라한 이해관계, 즉 감정 없는 '지불행위' 외에는 인간과 인간 사이에 그 어떤 다른 끈도 남겨놓지 않는다"는 것이다.

그러나 좀더 자세히 관찰해보면, 사회의 냉혹함은 자본주의 원칙을 통해 생겨난 것이 아니라, 그 자체가 작동하기 위해 요구되는 형식적 조직을 통해, 즉 사회적 협력을 커다란 틀 안에서 조직해야 하는 필요성을 통해 생겨난 것임을 알 수 있다. 현대사회에서 형식적 조직은 비인간적인만큼 불가피한 것이다. 그것은 삶이 작은 단위들 속으로 상실되는 조직이다. 여기서 '전체 인간'은 정치, 경제 시스템의 일반적 특징, 즉 공감을 불러일으키지 못하고 폐쇄적으로 작동하는 외벽에 부딪히게 된다. 관료주의에서 '전체 인간'은 사회 시스템의 탈인간화라는, 모든 현대적인 작동 방식이 가지고 있는 '비인간적인' 비밀을 경험하게 된다. 루소는 이미 사회기관들의 이러한 근본주의적인 작업, 곧 인간의 탈자연화를 인식하고 있었다. 이때부터 사람들이 만나게 된 것은 오로지 관청과 타자뿐이었다. 이를 평가할 수 있는 사람만이 현대사회를 진보로 경험할 수 있을 것이다. 반대로 이것을 인간성 상실로 고발하는 것은 반동의 수사학에 해당된다. 다원주의의 다채로움은 개개인의 타자성을 통해서만 존재하기 때문이다. '지구적인 타자애(universal otherhood)'.

그러므로 순수한 정치적 진보 개념을 지지하는 좌파는 자본주의에 대한 감상적 블랙리스트는 그만 만들고, 다시 한번 시장 시스템의 문명적 영향력에 대해 숙고해볼 필요가 있다. 역사에서 배울 수 있지 않은

가. 시장 시스템을 수반하지 않은 민주주의는 없었다. 물론 냉소적으로 도덕을 시장 메커니즘으로 대체해야 한다고 충고하는 것은 아니다. 이보다는 도덕은 그다지 윤리적이지 않으며, 다만 경제적으로, 다시 말해 사회적 협력이 진화하면서 형성된 것이라는 점이 중요하다. 친절한 것이 곧 현명한 것이라는 뜻이다. 이에 반하여 다른 사람들의 어리석음을 이용해 성공하려는 자는, 성공할 수 있는 환경까지 파괴하는 셈이다. 경제 시스템이 복잡해질수록, 자신의 성공은 다른 사람의 성공에 좌우되는 일이 많아진다.

이 점을 이해한다면 인간 권리에 대한 서구의 보편주의를 수출하는 대신 이제 '위험 국가'를 소비주의의 바이러스로 감염시켜야 할 것이다. 그러므로 경제관계는 우리의 윤리학적 기준에 부적합한 것들로 후원하는 것이 옳다. 실용적인 세계주의란 구체적으로는 소비주의이다. 그래서 우리는 좀바르트(W. Sombart)를 거꾸로 인용해서 상인을 변호하고 영웅을 반대한다. 또한 소비 시민성에 찬성한다고도 말할 수 있을 것이다.

자유주의의 경제주의적 사고방식에 대한 카를 슈미츠(Carl Schmitts)의 증오는 상당히 시대를 앞선 것이었다. 그러나 실제로는 근본적으로 정치적 성격을 가진 친구/적의 구분은 시장의 경쟁자나, 시민적 공공성이라는 전투 현장의 토론 상대자 모두에게 적용할 수 없는 것이다. 승인을 위한 투쟁은 시장 시스템의 조건에서는 제삼자, 즉 고객을 두고 벌이는 경쟁으로 변화한다. 이는 사회심리학적으로 유리한 점을 수없이 부여한다. 현대 경제에 이르러서야 탐욕의 장에서 유용성을 확증할 수 있게 되었다. 경제적인 성공은 승인의 변증법에서 벗어날 수 있는 탈출구를 보여주고 있는 것이다―그는 부족함을 존경으로 보상한다. 그러므로 현대의 소비는 스스로를 승인해주는 자유로운 무혈(無血)의 형식이다. 뤼베(H. Lübbe)는 "현대적인 소비의 세계교회(modernen Konsumökumene)"를 이야기하는데, 이러한 표현은 기술된 그대로, 그러니까 반어적인 의구심 없이 읽을 때 유용하다.

시장에 기반하는 존재의 평화는 글로벌 금전 경제를 전제하고 있다. 이러한 조건에서는 대중 민주주의적으로 단 하나의 생활양식만이 가능한데, 그것이 바로 소비주의이다. 소비주의는 광신적 종교의 바이러스에 대항하는 세계사회의 면역 시스템이다. 그러나 이러한 생활양식에 대한 변호가 현대화에 따른 재정 부담, 즉 서구 합리성의 제외-메커니즘과 세계화과정에서 희생된 자들의 운명을 외면해서는 안 될 것이다. 또한 행복 추구로부터 오직 '추구하는 행복'만 남겨놓은 소비주의 생활양식의 내재적인 약점은 이미 오래전에 폭로되었다. 다만 오늘날은 이러한 약점에서 다시금 장점을 찾을 수 있는 시대일지도 모른다는 것이다. 소비주의가 약속하는 것은 역사의 목적도 역사의 종말도 아니다. 언제나 새로운 무엇이다.

한국의 독자들이 이 책을 통해 내가 세계를 이해하기 위해 걸어야 했던 수십 년간의 우회로를 밟지 않을 수 있다면, 그것은 나에게 더할 나위 없는 기쁨이 될 것이다.

2007년 12월
노르베르트 볼츠

# 머리말

아직도 '이상적인 지침서'가 있다고 믿는 사람이 있을까? 물론 비슷한 것들이 있기는 하다. 매니저를 위한 유교론(儒敎論)이라든지, 직장에서 괴롭힘을 당하는 사람들을 위한 극동의 전략서, 승자를 위한 게임의 규칙과 여성들을 위한 마키아벨리 같은 것들이다. 이런 책들에서 사람들은 이미 자신이 생각하고 있던 것만을 읽는다. 그리고 바로 그렇기 때문에 그런 독서는 사실 생략되어도 좋은 것이다. 다시는 한스 도미츨라프* 같은 사람이 "판매자의 영업지침에 대한 대중심리학적 적법성을 묘사하는" 일은 시도되지 않을 것이다. 왜냐하면 오늘날의 경제 이미지는 이러한 모델로는 더이상 설명할 수 없는, 만화경이나 프랙털 혹은 퀼트의 모습으로 표현되기 때문이다. '포스트 자본주의적인' 경제를 이해하고자 하는 사람은 먼저 시장의 조망 불가능성에 부딪힌다. 그 다음에는 극도로 개인화된 고객이, 마지막으로는 세분화된 매체가 그를 기

---

* 독일의 경제학자로 마케팅 관련 베스트셀러를 여러 권 출간했다.

다리고 있다.

멀티미디어 세계커뮤니케이션, 경제의 글로벌화, 그리고 정치적 초국가화는 동일한 동력의 다른 이름들일 뿐이다. 이러한 '혁신들'이 치러야 하는 후속적 재정 부담은 이미 분명하게 감지되고 있다. 과거 민족국가는 마치 가족처럼 각 부분들이 모인 전체로 이루어져 있었지만 이제는 이 두 가지 모두 사라져가고 있다. 세계적인 인터페이스 디자인 회사 프록(Frog)을 세운 하르트무트 에슬링거(Hartmut Esslinger)는 "브랜드가 국가를 대신한다"고 중간 결산한다. 그리고 계속해서 "경제학자 요제프 슘페터(Joseph A. Schumpeter)가 예측하지 못했던 것은 바로 손으로 만질 수 없는 것들, 혹은 감정적인 것들이 가지고 있는 힘"이라고 지적한다. 이제 손으로 잡을 수 없는 것들이 세계를 움직인다. 중요한 것은 보이지 않는다는 말이다. 록그룹 그레이트풀 데드의 송라이터이자 인터넷 선구자이기도 한 존 페리 발로(John Perry Barlow)는 "당신이 손으로 만질 수 있는 무언가를 만들고 있다면, 그리고 그것으로 성공하고 있다면, 당신은 아마 아시아인이거나 기계일 것"이라고 말한 바 있다. 그렇지 않다면, 우리의 미래는 보이지 않는 것들의 경제 위에 놓여 있다.

물질에서 기능으로, 즉 무엇(what)에서 어떻게(how)로의 결정적인 중점 이동 앞에 서구 경제는 서 있는 것이다. 여기에서 새롭게 방향 설정을 하기 위해서는 새로운 구분들이 필요하다.

- 시장에서의 성공은 다음 세 가지 차원에서 생각해볼 수 있다. 시장의 매력은 가격-서비스/상담-이벤트/의미 부여로 결정된다. 모든 생산품은 이 세 가지 요소 가운데 하나로 구분될 수 있다.

- 욕망과 욕구의 구분. 내가 가진 욕구는 무엇인지 말할 수 있다. 그에 반해 욕망은 무의식적이고 충족될 수 없는 것이다. "나는 만족을 구매할 수 없다."(이에 대해서는 제5장 「21세기의 고객」 참조)
- 유행과 트렌드의 구분. 트렌드라는 개념으로 우리는 이제 공간이 아닌 시간으로 제한되는 문화복합체를 지칭할 수 있다. 시너지 이론가는 트렌드라는 파일 정리함을 통해 유행을 하부 카테고리화하는 것에 대해 이야기해볼 수도 있겠다.(이에 대해서는 제4장 「브랜드―매체―신화」 참조)
- 체험의 공동체('불꽃놀이'의 양식으로 치러지는 이벤트에 중점을 두고 있다)와 의미의 공동체(소비라는 대체 종교를 통한 정식적 부가가치를 목표로 하고 있다)의 구분.

이중에서도 마지막 구분은 오늘날 우리 문화가 손으로 만질 수 있는 생산품뿐 아니라 보이지 않는 결속력이나 의미 같은 것, 예를 들면 컬트 브랜드에서는 긍정적인 무언가를, 저항운동에서는 비판적인 무언가를 상품으로 제공하고 있다는 사실을 이해하는 데 매우 중요하다. 정치적인 저항도 사실은 소비의 한 형태이기 때문이다. '생태학'의 예를 보면 어떻게 위협이라는 보이지 않는 것에서 자본을 만들어낼 수 있는지 분명해진다. 환경에 대한 '양심의 가책'이라는 새로운 상품시장에서 독일은 선도적 위치에 있는 것이다.

오늘날의 시장에서 만화경적 전환 이상을 보기 위해서는―바로 새로운 구분들이 이를 가능하게 하는데―입체거울적 광학이 필요하다. 시대정신을 알아야 하고 전통을 이해해야 한다. 미래를 탐지하고 과거를 분석해야 한다. 트렌드를 관찰하고 그 트렌드와 결부되어 있는 신화를 감지해야 한다. 한마디로 말해서 유용한 트렌드 분석은 그 자체로 골동품적이지 않은 문화학이다. 방법론적으로 다음 네 가지 분석지평으로 나누어볼 수 있다.

- 구조적 표류현상(Structural Drift) — 이는 개별적인 사례에서 보편화해야 하는 것이다. 간단히 컨트롤의 약화로 표시할 수 있다.
- 메가트렌드 — 단지 묘사할 수 있다. 이 책에서는 글로벌화, 비물질화, 지식사회와 세계커뮤니케이션/새로운 매체라는 메가트렌드를 집중적으로 다룰 것이다.
- 트렌드 — 피드백이 가능하다. 장면-마케팅을 가장 성공적인 피드백-메커니즘으로 볼 수 있다.
- 유행 — 일명 '트렌드 선도자'들에 의해 만들어지거나 전달된다. 실제로 이들은 유행을 만들어낼 뿐 진정한 트렌드는 '선도' 할 수 없다.

*

모든 논픽션은 두 가지 문젯거리를 가지고 있다. 하나는 손게이트(W. Thorngate)의 복합성에 대한 요구이고, 다른 하나는 머리 데이비스(Murray Davis)의 흥미유발법칙이다. 이것들은 꽤나 학문적으로 들리지만 사실은 특별히 복잡한 것도 흥미로운 것도 아니다. 손게이트의 삼각도식은 "보편적인" "간단한" "정확한"의 세 가지 각으로 구성된다. 모든 논픽션 작가는 이 삼각형의 어느 한 변에 자리를 잡아야 하는 것이다. 때문에 다음 세 가지 가능성이 존재한다.

- 먼저 보편화한 정확한 무언가를 서술한다. 그리고 단순성을 희생시킨다. 대부분의 학문적 저술을 이렇게 표현할 수 있다.
- 또는 간단하고 정확하게 쓸 수 있다. 그리고 이번에는 보편화의 가능성을 제외한다. 사례연구나 저널리즘이 여기에 해당한다.
- 마지막으로는 보편화한 무언가를 간단하게 쓸 수 있다. 이때는 정확성을 포기한다. 실용서적의 세계가 그러한데, 도식들과 추론들도 여기에 분류될 수 있다. 따라서 이 삼각도식 스스로가 세번째 분류인 보편화된 단순성에 당연히 포함된다. 다음에 나오는 데이비스의 법칙도 마찬가지다.

두번째 문젯거리인 데이비스의 흥미유발법칙은 다음과 같다.

- 흥미를 유발할 수 있는 것은, 스스로의 추정에 반하는 것을 접했을 때이다. 예를 들어 지난 몇십 년간 청소년 범죄율이 실상 변동이 없었다는 보고는 관심을 끈다.
- 학문적인 연구 결과가 문외한의 추정에 반했을 때이다. 이 결과들은 직관으로는 얻을 수 없는 것들이다. 사회학자가 사회는 구성원들로 조직된 것이 아니라 커뮤니케이션으로 이루어졌다고 주장할 때가 이에 해당된다.
- 학자들이 흥미로워하는 것은 학문적 추정에 반할 때이다. 그리고 이로써 다시 문외한의 기본적 추정으로 돌아간다. 그러나 이런 사실들은 문외한에게는 그다지 흥미롭지 않다. 예를 들면 장기적인 기상예보는 정확해질 수 없다는 수학적 증명이 그렇다.
- 문외한이 흥미로워하는 것은 문외한적인 추정에 반하는 것이고, 이

는 학문적인 기본적 추정을 확인시켜준다. 그렇기 때문에 학자들은 이것들에 흥미를 느끼지 못한다. 바로 이러한 이유로 학자들이 실용서적에 알레르기 반응을 보이는 것이다.

나는 지금부터 기술할 내용이 보편적이고 단순한 것이기 때문에 흥미로워할 독자들을 희망한다. 때문에 이를 부정확한 것으로 보고, 그다지 흥미를 느끼지 못하는 독자들은 포기할 수밖에 없다. 아니면 이것도 그다지 간단한 것이 아닐까?

1999년 3월
노르베르트 볼츠

**차례**

한국의 독자들에게 _ 005

머리말 _ 013

**제1장 멀티미디어 사회 _ 023**
조작을 위한 자격증? | 관심 끌기 시장 | 도덕 경영자 | 상품으로서의 의견 | "선택의 공동체" | 매체의 진화 | 뉴미디어에서 새로운 것은 무엇인가? | 시간도둑들 | 정보사회에서 병목현상을 일으키는 인간 | 보이지 않는 컴퓨터 | 승리에 대한 회고 | 컴퓨터-두뇌-정신 | 도구와 장난감 그리고 네트워크의 아름다움 | 인터넷 문화 | 잡아당기기 혹은 밀기? 수동성에 대한 칭찬 | 주도 동기 : 단순함

**제2장 지식 사회 _ 071**
네트워크로서의 비즈니스-네트워크에서의 비즈니스 | 네트워크 의존성 : 비즈니스 대 비즈니스 | 사이버스페이스에서의 회사생활 | "나는 비즈니스다" | 정보에 대한 불만 | 끝없는 지식의 자원 | 지식의 패러독스 | 배우는 법을 배우기 | 불행한 교육과 선별에서의 불화 | 블랙박스 다루기 | 지식 매니지먼트 | 새로운 대학 신화 | 무지의 항해자 | 미디어믹스에서의 프린트 | 납으로 된 황야의 미래 시장 | 독서를 위한 시간 | 컬트 브랜드로서의 작가와 비평가

**제3장 디자인 – 피상적인 것의 시장 _ 121**

말할 수 없는 것의 형상화 | 피상적인 것의 깊이 | 예술로부터 디자인의 해방 | 삶의 디자인 | 생각하는 사물 | 보이지 않는 것의 형상화 | 손을 가진 동물 | 인공적인 것에 대한 학문 | 카이 크라우제와 하르트무트 에스링거 – 지식 시장의 두 영웅 | 커뮤니케이션 모나드로서의 커뮤니케이션 노마드 | 컴퓨터로서의 세계 | 사이버스페이스의 수사학 | 동일성과 차이의 디자인 | 코퍼레이트 디퍼런스 | 해체만이 파괴로부터 보호할 수 있다


**제4장 브랜드 – 매체 – 신화 _ 165**

블랙박스로서의 상품과 고객 | 브랜드 신화로의 유혹 | 천사와 아바타 | 무엇이 컬트 마케팅인가? | 경제의 문화 | 비전과 딥 플레이 | 축제의 시대 | "흥분 가두기" | 밀레니엄 컬트 | 기한에 대한 그리움

**제5장 21세기의 고객 _ 207**

고프먼 교훈 | 전제적 신들의 데이터 흔적 | 아이덴티티 메이크업 | 욕망의 힘 | 이차적 욕망 | 정치적인 것의 소비 | 나이가 사라진 사회 | 컬트적 가치로서의 젊음 | 성장하는 분야 : 고통 | 인간인 것을 보상해주는 마케팅 | 의미의 마지막 무대 : 육체 | 요구의 인플레이션 | 더 아름답게 죽기 : 메모리얼 서비스 | 홈페이지 오마주


**제6장 미래로의 눈먼 비행 _ 261**

보이지 않는 미래 | 결정하는 사람과 이에 영향받는 사람 | 지속 불가능성 | 돈의 매혹 | 금전 문화의 악마적인 힘 | 미래와의 무역 | 소프트노믹스 | 통제 가능한 모험의 문화 | 은행의 사용자 환경 | 계몽된 자본주의 | 악마가 보는 것 | 악의 매니지먼트 | 맹점 그리고 도움이 되는 실수


참고문헌 _ 305

옮기고 나서 _ 313

찾아보기 _ 319

제1장

# 멀티미디어 사회

언젠가 카를 발렌틴(Karl Valentin)은 신문 한 부에 담을 수 있는 딱 그만큼의 일들만 세상에 일어난다는 것이 놀랍다고 했다. 이는 곧 신문이 무엇이 일어났는지를 결정한다는 사실에서 비롯된 것이다. 나쁜 뉴스를 전달하면서 간단한 스토리만으로 포장해버리는 경우가 가장 좋은 예다. 대중매체에서는 그럴듯함이 정확성보다 훨씬 중요하다. 사건의 매체적 표본을 구체적으로 개인화해 뉴스의 성격을 부여하는 것이다. 그것의 가장 뚜렷한 형태는 논쟁을 불러일으키는 스캔들 기사에서 찾아볼 수 있다. '클린턴이 과연 모니카 르윈스키 때문에 물러나야 하는가?'

대중매체는 정치적이고 사회적인 관계를 모두 **뉴스밸류**가 있는 사건으로 만든다. 그리고 이러한 뉴스들은 새롭고, 짤막하고, 바로 이해할 수 있으며 상호 연관관계가 없어야 한다. 뉴스는 빨리 받아들여지고 곧바로 잊혀질 수 있다. 그렇기 때문에 세계 곳곳에서 전해지는 소식은 우리가 실제 경험하는 것과는 아무런 관계가 없다―그들은 '경험 집적'이다. 우리가 인생에서 경험하는 것은 '세계 곳곳의 뉴스'와는 전혀 연결되지 않는다. 센세이션은 우리가 그 정보들을 이용할 수 없다는 바로 그 사실 때문에 매력적이다. 대중매체는 정보를 제공하는 것이 아니라 자극한다. 그리고 실제 정보에서 모은 것은 아널드 겔런(Arnold Gehlen)이 "충분히 알려진 세계의 낯섦"이라고 부른 것을 배출한다. 이것은 문화를 비판하는 이야기가 아니다. 괴테가 MTV를 이해하지 못했을 것이라는 발언이 MTV에 무해한 것과 마찬가지이다. 진보를 향해 날아가는 시간의 화살은 부러지고, 지향하는 세계관과 선동적인 이데올로기 같은 '거대 서사'는 잊혀졌다. 무엇이 정말 중요한지 말할 수 있는 사람이 아무도 없다면 세계를 조금씩 소비하는 것이 전적으로 처세에 능한 일일 것이다. 주의력은 가장 부족한 자원이다. 그리고 오늘날 원칙과 속도 가운데 하나를 선택해야 한다면, 누구나 속도를 선택할 것이다.

대중매체가 전하는 근본적인 메시지는 사건은 바뀌지만 방송의 틀은 언제나 그대로라는 것이다. 다음 월요일은 다시 *슈퍼겔*이 방영되는 날이고, 내일도 저녁 여덟시가 되면 변함없이 뉴스 프로그램 *타게스샤우*가 방송될 것이다. 그렇게 시청자는 안심하고 예상하지 못한 무언가를 기대할 수 있다. 그러므로 뉴스의 근본 메시지는 편재성, 즉 동시대인에 대한 일종의 추상적인 동지애다. 날마다 무언가 나쁜 일을 찾아 세계의 지평선을 검색하고 그럼으로써 불안에 대한 준비자세를 연습하는 것이다. 레오 바우만스(Leo Baumanns)는 이에 대해 다음과 같이 말한다. "청색등을 켜고 구급차가 질주하듯, 세계 곳곳에서 보내온 두렵고 끔찍한 소식들은 개개인의 거실을 무서운 속도로 통과해나가며 집단적으로 시대의 고통을 느끼기를 요구한다. 우리 시대의 불안에는 대상이 없다. 사람들은 '일반적으로' 위험에 노출되어 있다. 대중매체의 공론은 사람들의 이러한 근본적인 불안을 탐지하고 계속되는 불안을 위한 새로운 자극거리를 찾아 나선다." 불안은 욕망처럼 잠잠해지지 않는다. 따라서 위협이라는 유심론(唯心論)*을 세련되게 만드는 멀티미디어 불안산업이 존재하는 것이다. 방사능, 독, 광우병 등 치명적인 것은 눈에 보이지 않는다. 예전에는 총상(銃傷)으로 하루가 시작되었다면, 오늘날은 어디선가 들려오는 재해 소식으로 시작된다. 대중매체는 그런 일반적인 불안을 위한 지속적인 틀을 제공한다. 경악의 '봉쇄정책'인 셈이다. 달리 말하자면 대중매체는 신화처럼 기능한다. 그들은 우리에게 세계의 위협적인 힘들의 이미지를 제공하고 이야기로 만들어진 안전망을 짠다.

### 조작을 위한 자격증?

그러나 오해는 말아달라. 대중매체가 조작을 한다고 비판하는 것은 의미 없는 일이다. 어차피 대중매체는 현실 '그 자체'에는 관심이 없다. 그들의 관심사는 현실이 사람들에게 어떻게 보이는가이다. 대중매체는 일어난 일을 보도하는 것이 아니라 사람들이 중요시하는 것을 보도한다. 대중매체는 일차적으로 세계와 관계하는 것이 아니라 스스로와 관계한다. 이는 바로 그들이 '저기 바깥'에 있는 장애를 다룸으로써

---

* 유물론과 반대되는 의미에서 정신적인 것을 강조하는 자세.

성공한다. 대중매체는 재앙에서 양분을 섭취하고 있는 것이다. 좋은 소식은 확실히 영양가가 없다.

대중매체는 우리를 위해 사건을 선택한다. 대중매체는 사회학자들이 "불확실함의 흡수"라고 부른 일을 수행하고 그로부터 뉴스가 사실이라고 제시하는 것들을 생산한다. 이 점에서는 대중매체를 현대사회의 현실을 생산해내는 산업이라고 할 수 있다. 그리고 대중매체에 자주 나타나는 묘사가 보도되는 사건 자체가 된다. 이것이 바로 니클라스 루만이 말한 "여론 사건"이다.

따라서 대중매체는 사람들을 혼란스럽게 하고 흥분시키는 정보로 사실을 구성한다. 그러나 한편으로는 사람들을 안심시키고 불안을 달래주는 도덕 또한 사용한다. 우리가 '정말 사실'이라 여기고 있는 현실은 바로 매체에 의해 기획된 것이다. 이러한 매체 구성주의의 극단적인 예가 유명인들에 대한 날조된 가십거리다. 이런 가십거리는 코틀러(Ph. Kotler)가 "스타덤을 위한 인물 디자인하기"라고 말하는 맥락에 속한다. 스스로 유명인사가 되고 싶은 사람이 있다면, 버나드 쇼의 『피그말리온』을 다시 한번 읽어야 할 것이다. 이것이야말로 '명성 디자인(celebrity design)'의 핵심 텍스트이다. 유명인이라는 것 자체가 바로 대중매체에서 '명성 디자인'의 산물이기 때문에 날조된 이야기가 다루는 것은 본질적으로 시스템 내부의 정보와 도덕의 합선작용이다.

다음과 같은 일들로부터 대중매체가 조작을 위한 자격증을 소유하고 있다는 결론을 내릴 수 있을까?

- 폭력 사태는 폭력을 혐오한다는 구실로 보도된다. 독일 제2공영방송 ZDF의 뉴스 프로그램 호이테의 시청자들은 이미 오래전에 이런

앵커 멘트를 들을 수 있었다. "지금부터 방송될 화면에 대해 미리 양해를 구합니다." 그것은 아프리카에서 벌어지는 학살 장면이었다. 사람들은 객관적 보도의 의무라고 말할 것이다. 예전에 글라트 벡*에서 그랬던 것처럼.

- 신문에는 포르노그래피 사진들이 다음과 같은 설명과 함께 제시된다. "우리는 이런 사진을 절대로 다시 보고 싶지 않다!"
- 정치인들의 섹스 스캔들에 대해 편협하게 떠들어대는 사람들을 고발한다는 목적으로 정치인들의 섹스 스캔들은 끊임없이 보도된다.

그러나 여기에서 명백한 조작에 대한 비판은 도덕과 거리를 두고 있는 모든 사람에게는 공허하다. 비판 자체가 도덕적이기 때문이다. 비판에서는 말한 것은 적어도 그런 의도였다고 가정하기 때문이다. 정확히 관찰한다면 조작은 이중의 의미에서 이행 현상이다. 조작은 악덕에 대한 욕망과 덕이라는 외관을 결합한다. 이것은 언제나 존재와 가치가 서로 분리된 다음에야 생성된다. 이러한 이유로 조작은 언제나 이행의 시대에서만 자라난다. 공식적인 가치는 더이상 실제 행동과 일치하지 않는다.

분쟁에 중독되어 있기 때문에 대중매체는 일상적인 것에 대한 대조적인 포장으로 조화와 동의를 필요로 한다. 파업, 사퇴, 스캔들 등 사람들이 두려워할 만한 것을 알리는 것이 그들에게 시급한 일이다. 분쟁은 보통의 경우가 아닐 때만 뉴스밸류가 있다. 그리고 이제 이성의 리스트에 덧붙여 쓸 수 있을 정도로 환상적인 효과를 발휘한다. 대중매체는

---

\* 독일 형무소가 있는 지역. 탈주 사건이 발생했을 때 텔레비전 방송국에서 인질극을 벌이던 탈주범과 인터뷰한 일을 말함.

마치 의견의 합의와 화해를 위하는 것처럼 행동하지만, 실제로 그들이 후원하는 것은 분쟁이다. 그리고 우리 사회를 유지하는 것 또한 아이러니하게도 바로 이 분쟁이다. 의견의 일치가 아닌 것이다.

### 관심 끌기 시장

분쟁에 불을 붙이기란 정말 간단하다. 논쟁을 도덕적인 쪽으로 몰아가기만 하면 된다. 로베르트 미헬스(Robert Michels)는 이미 1910년에 이렇게 말했다. "민주주의 시대에는 윤리학이 누구나 사용할 수 있는 무기가 된다." 논쟁을 도덕의 관점으로 몰아가는 일의 가장 중요한 수사학적 효과는, 예컨대 '연대성' 같은 가치들을 사용해 풀리지 않는 문제를 감출 수 있다는 데 있다. 도덕을 부르짖는 사람은 실제로는 다르게 생각하는 법을 배울 준비가 안 되어 있으며 생각하고 싶어하지도 않는다. 그런 사람은 숙고하는 대신 존경이나 경멸을 퍼뜨리고 주의를 집중시키거나 차단해버린다. 모든 문제 — 예컨대 세제개혁이나 색깔논쟁 등 — 는 하나의 "주의를 분산시키는 전법"(스미스G. F. Smith)이며, 그럼으로써 원하는 곳으로 관심을 집중시키기 위한 도구이다.

대중매체는 주의와 관심거리를 위해 시장을 재조정한다. 그렇게 그들은 도덕적인 관점들의 사회적 협력을 후원한다. 이 능력이 얼마나 중요한지는 매체가 돈이나 권력 그리고 권리와 마찬가지로 가치중립적으로 작동한다는 사실을 생각해보면 분명하다. 현대사회에서 도덕적인 판단은 뿌리가 없다. 여기에서 도덕은 자유롭게 부유한다는 결론이 나온다. 그리고 대중매체가 이들을 넘겨받아 보살핀다. 대중매체가 사회에 일차적으로 제공하는 것은 정보가 아니라 도덕적인 도식이다. 그러나 '가치에 대한 의견 일치'는 공식화되지 않은 채로 남아 있어야 한다.

앞서 말한 대로 대중매체는 관심거리를 조정한다. 그렇게 해서 신화와 영웅, 스캔들이 생겨난다. 축구 황제 베켄바우어나 컴퓨터게임 퀸 오브 하트는 "관심 저장식품"(루만)이며, 사람들은 이것으로 세계 곳곳에서 보내오는 뉴스의 어두운 지평을 밝힌다. 이보다 훨씬 역동적인 것은 역시 스캔들이다. 스캔들이야말로 대중매체에서의 도덕적 선별 형식이다. 스캔들은 사회적인 장면에 한순간 밝은 빛을 비추고 다른 모든 것은 고맙게도 어둠 속에 남겨두는 헤드라이트 효과를 갖고 있다.

그러나 어떤 욕망이 그렇게 채워지겠는가? 이미 니체는 우리가 위기에 중독된 사회에 살고 있다고 진단한 바 있다. 위기, 즉 보이지 않는 불행만큼 우리가 필요로 하는 것은 없다. 방글라데시의 홍수, 이슬람 단체들의 테러. 사람들은 대재해나 데모 장면을 소비한다. 시위가 성찰을 대체하는 곳 어디에나 대중매체가 있다. 그들은 저항운동을 장식 삼아 사회의 가시성에 대한 축제를 벌인다. 루만은 이것을 "분노의 즐거움(Empörungsgenuß)"이라고 했다. 대중매체의 소비자는 불행한 의식 때문에 행복한 것이다.

대재해 소식의 경우, 문제는 정보가 아니라 그 끔찍한 일과 거리를 두는 즐거움이다. 다른 사람의 고통을 즐긴다는 것이 아니라, 그것과 자신 사이의 거리를 즐기는 것이다. 때문에 "고통을 보는 일은 즐겁다"고 니체는 말한다. 그리고 바로 저기 바깥의 고통에 대한 이 즐거운 '해당 없음'은 '경악과 충격'이라는 제스처를 보완할 것을 요구한다. 경악은 대중매체의 파토스 공식이다.

대중매체는 '다른 이들의 불행'이라는 자본을 축적한다. 세계커뮤니케이션의 광역 윤리학은 먼 곳에서 일어난 불행을 우리와 가까운 세계로 복사해오는 일을 한다. 이런 식으로 전 세계가 책임감을 지녀야 하는 대상이 된다. 물론 여기에 구체적인 행동이 필요한 것은 아니다. 실제로 취할 수 있는 행동이 없으면 없을수록, 경악의 파토스는 더욱 커진다. '분노와 슬픔 그리고 경악'이라는 대재해에 대한 전형적인 세계적 태도는 바로 도덕으로 포장된 형태의 관음증이다.

### 도덕 경영자

이것은 사회심리학적으로는 어떻게 작동하는가? 미국의 사회학자 캠벨(Campbell)과 브릭먼(Brickman)은 현대의 복지국가를 "쾌락적 트레드밀(treadmill)*"이라고 묘사했다. 우리의 주제와 관련해서는, 불평의 내용은 변하지만 불평하는 사람은 언제나 존재한다는 것을 의미한다. 오늘날 대중매체는 사람들에게 자신과 가까운 사람뿐만 아니라 전 인류와 미래 전체에 대한 의무를 요구하고 있으며, 이 때문에 도덕적 감정은 과부하된다. 이제 전 세계는 우리와 어떤 식으로든 관계를 맺고 있는 것이다. 세계커뮤니케이션은 윤리학에서 멀리 떨어져 있는 것도 가깝게 보이는 광학을 강요하고 이것은 불안을 조성한다. 도덕주의가 호경기인 것은 그 때문이다.

대중매체의 시대는 곧 "분노하는 염세주의"(니체)와 불안의 수사학의

---

\* 시간을 보내기 위해 반복적으로 하는, 단조로운 일을 뜻함.

시대이다. 경고자와 독촉자의 세계에서 묵시록은 상품이 된다. 위협을 전달하는 자와 경악을 표현하는 자는 "도덕 경영자"(하워드 베커Howard S. Becker)이다. 그들은 불안의 대리인으로 타자의 경악에 대한 경악을 커뮤니케이션한다. 여기에서 다루는 것은 피부암이나 수자원 전쟁 같은 경험적인 묵시록이며, 이를 구입한 사람은 차별화의 수고를 덜 수 있다. 대중매체는 감정의 시장에서 타자의 불안을 이용하여 돈을 만들고 있는 것이다. 이를테면 오존층 구멍이나 에이즈 등이다. 여기서 불안은 성공적인 커뮤니케이션 모드로 증명된다. 불안의 수사학은 반박할 수 없기 때문이다. "나는 두렵다"—이보다 더 신뢰할 만한 발언은 없다. 이렇게 대중매체의 휴머니즘은 불안한 사람들의 공동체로서 인류를 고안해내고, 묵시록적인 위협을 받고 있는 인간 세계를 설립한다. 이러한 도덕과 거리를 두고자 하는 사람은 신랄하고 냉소적인 사람으로 간주된다.

현대사회는 대단히 복잡하다. 그리고 그렇기 때문에 매체에 부적합하다. 이들을 먼저 표본으로 만들어야 하는데, 이것은 각각의 문제를 개인화하고 일어난 일에 대해 누군가 책임을 지도록 하는 가운데 이루어진다. 대중매체는 사람들을 원인 제공자와 이에 영향을 받은 자, 범행자와 희생자로 단순화하면서 모든 문제를 도덕적으로 환원한다. 세계의 복잡성을 통제 가능한 것으로 만들기 위해서는 언제나 책임을 질 사람이 필요하다. 몰타와의 게임이 끝난 다음, 곧바로 "베르티, 제발 물러나시오!"라는 말이 나온 것처럼.\* 개인화과정에서 대중매체는 바로 폭로의 제스처로 문제의 본질을 은폐한다. 니체의 정확한 지적에 따르

---

\* 별로 전력이 강하지 않은 몰타와의 축구 경기에 패한 다음 명예를 실추시켰다는 이유로 독일 대표팀 감독이 물러나야 했던 일을 말함.

면 "분노하는 염세주의는 책임들을 만들어낸다". 보상의 역할을 통해 역시 매체의 표본 가운데 하나로서 희생자는 영웅으로 등장한다. 대중매체는 왜 잘못되었는가, 무엇이 잘못되었는가, 라는 질문에 대해 구체적인 이름을 제시하는 것이다. 개인화는 세계를 잡지의 표지 그림으로 단순화한다. 사담 후세인은 악인, 다이애너 비는 선인, 옐친은 안정을 버린 불확실한 미래의 상징, 클린턴은(또는 취향에 따라 빌 게이츠는) 세계의 지배자인 것이다.

그리고 이는 우리의 분석에 중요한 중간 결산을 제공한다. 대중매체는 무언가를 편파적으로 조작하는 것이 아니라, 결과를 응축하고 거기에 사람들을 편입시키면서 조작한다는 뜻이다. 매체현실에서는 사람들이 이야기를 만든다. 대중매체는 인간적인 것의 '비밀스러운 소비'를 약속한다. 그러나 사건들과 개인화 자체는 곧 세계의 혼란을 정리하는 대중매체의 실질가치다. '저기 바깥'에 있는 세계와의 접촉은 다음과 같은 이중적 관점에서 상당히 선별적이다.

- 첫째, 일종의 '매체 다원주의'다. 발터 벤야민은 이에 대해 "타자기 앞에서의 선택"이라고 했다. 발생한 모든 일은 오직 그로부터 스토리를 만들어낼 수 있는가의 관점에서 테스트된다. 느슨하게 결합된 자료들의 매체에서 스토리야말로 견고한 결합이다. 스토리는 연속적인 구조를 가지고 있으며 그로부터 의미를 제공한다. 카를 바이크(Karl Weick)의 용어로 표현하면 "의미를 만들어내는 데 필요한 것은 좋은 스토리이다". 따라서 대중매체는 정확한 정보가 아니라 그럴듯함과 그에 대한 반향으로 작동한다.
- 둘째, 대중매체에서의 일종의 '아이디어 다원주의'다. 세계의 진행

에서는 인간에게도 필수적인 위치를 할당해주는 아이디어만이 통과될 수 있다. 이들은 불안을 달래는 역할을 한다. 예컨대 쓰레기 분리수거라든가 호텔에서 일회용 수건 안 쓰기 같은 것들이다.


**상품으로서의 의견**

이 매체 다원주의는 정치 분야에 가장 눈에 띄는 흔적을 남겨놓았다. 정치가는 의회가 아니라 매체에서 자신을 표현한다. 그들은 엔터테인먼트 산업의 스타다. 독일 총리 슈뢰더를 보면 이는 분명해진다. 근본적으로 정치는 매체가 자신들을 전달하는 것에 대해서만 반응한다. 대중매체에서 현실구성은 정치가들이 현실과 접촉해야 하는 수고를 덜어준다. 정치가들은 세계를 관찰하는 대신, 매체가 자신들을 어떻게 관찰하고 있는지를 관찰한다. 여론 덕분에 정치가들은 세계를 통과하는 눈먼 여행을 할 수 있게 된다.

대중매체로 인한 가속도의 압력하에서 정치적으로 유효한 것은 속도를 논증보다 높이 평가한다는 사실이다. 그렇기 때문에 내용과 계획들은 점점 속도를 방해하는 관성의 요소라는 인상을 주게 된다. 대중매체에서는 주장을 논리적으로 증명해야 할 자리에 하나의 주제를 선점하는 상투적인 공식이 들어선다. 그것들은 다시 반대 공식을 도발하고 그럼으로써 우리는 세계 인지에 대한 차별적인 도식을 갖게 된다. 분쟁의 욕구 뒤에는 세계를 의견 차이로 분명하게 정리하려는 욕구가 숨어 있다. 정치에서 정당의 제안은 바로 이러한 의미에서 의견들의 한 세트로 구성된다.

여기에서 우리는 좋은 의도로 시작된 학자와 정치인, 언론인 들의 토론이 언제나 커다란 실망만을 남기는 근본적인 이유를 알게 된다. 그들은 의견의 기능에 대해 전혀 다른 의견을 갖고 있는 것이다.

- 학문은 주제를 안정적으로 유지하기 위해 의견을 괄호 안에 넣어버리고 드러내지 않는다.
- 대중매체는 의견들이 서로 충돌하도록 주제를 알려준다. 대중매체는 주제를 만들어내지는 않지만 그 주제의 성공 여부를 결정하고 그것을 끝까지 관철한다.
- 정치는 의견을 확정하기 위해 주제를 하나씩 소각해나간다. 결국 원하는 것은 선거에서 이기는 것이다.

모든 민주주의는 다수의 참여를 조성한다. 그러나 민주주의도 정치가들에 의한 통치이기 때문에, 다수의 결정에 대한 정치인들의 관심이 전제조건이 된다. 그리고 이것은 다시 의견들이 존재한다는 것을 전제한다. 그러나 의견들은 먼저 대중매체가 생산한다. 대중매체는 허시먼이 "의견 가지기 상품"이라고 이름 붙인 제품에 대한 수요를 안정시킨다.

협력주의자의 용어에서 여론이란 자기 의견의 '노예화'를 표현하는 것이라 정의한다 해도, 그것은 내가 다른 사람의 의견을 직접 넘겨받는다는 뜻이 아니라 공공성의 주제를 넘겨받는다는 뜻이다. 이미 이야기했듯이 대중매체는 의견이 아니라 주제를 관철한다. 그리고 그에 대해 가능한 모든 의견을 낼 수 있는 주제와 함께—그러나 바로 그 주제에 대해서만!—사람들은 세계 안에서 스스로의 방향을 설정하는 것이다. 엘니뇨, 네오나치, 혹은 연금개혁. 그러므로 매체현실에서 중요한 것은 의견 수렴이 아니라, 주제의 안정성, 즉 협의사항의 배치(agenda setting)이다.


## "선택의 공동체"

오늘날 정치와 종교, 경제, 대중매체는 모두 "대중"은 더이상 함께 반응하지 않는다는 문제에 봉착했다. 점점 증가하고 있는 현상들, 즉 선호 브랜드 바꾸기, 부동 투표, 이단적인 신앙, 그리고 특별한 관심을 가진 부류를 위한 독서마케팅 등은 모두 급진적인 개인화에 대한 표현이다. 대중매체는 이전부터 항상 통제가 불가능한 불특정 수신자와 관계해왔다. 그러나 오늘날에는 공통적인 매체 자체가 존재하지 않는다. 서로 다른 가치체계들은 서로 다른 매체에 의해 서비스된다. 사회통계학적이고 정치적이며 문화적인 단층대들은 각기 다른 정보의 세계로 분열된다. 시민적 공공성은 매체연합의 가상현실 안에서 해체된다. 이제는 한 사람 한 사람이 모두 다른 거울*을 들여다보고 있다—예를 들면 포쿠스**라든지.

이것은 종종 대중매체의 죽음이라는 잘못된 진단에 이를 수도 있을 것이다. 오늘날 세계커뮤니케이션은 더이상 예전 같은 브로드캐스팅의 전통적 도식에 따라서 수행되고 있지 않기 때문이다. 다양화되고 세분화된 대중매체, 즉 내로캐스팅(Narrowcasting)을 맞이하여 소비집단은 각각 틈새 독자와 틈새 시청자들의 덩어리로 바뀐다. 이제는 포인트캐

---

\* 슈피겔(Spiegel), 거울이라는 뜻으로 독일 유력 시사잡지의 이름이다.
\*\* 슈피겔의 경쟁지.

스팅(Pointcasting), 그러니까 일대일 관계의 송신자와 수신자라는 모델까지 언급된다. 이런 식으로 정보 시장이 진보해나가면서 스스로를 해체하고 있다는 인상이 퍼지고 있다. 대중에서 목표집단을 거쳐 특정 집단으로, 그리고 마침내 개인으로.

그러나 이러한 개인화, 즉 만화경 조각들로 이루어진 시장 속으로 목표집단이 해체되는 것은 대중매체의 끝을 의미하는 것이 아니라, 오히려 그들의 해체/재결합 능력의 엄청난 상승을 의미한다. 과정의 마지막에 이르면 개개인이 아니라 다시 선택집단이 등장하는 것이다. 고객, 독자, 유저―이들은 오늘날 "보이지 않고 인식되지 않는 수많은 친밀한 관계의 회원들"(스탠 랩Stan Rapp/톰 콜린스Tom Collins)이다. 시민사회는 독자적인 개인으로 해체되고 그 다음에는 선택집단들로 재구성된다. "선택의 공동체"는 이에 대한 피터 드러커의 적절한 표현이다. 사회 대신 공동체. 선택의 공동체들은 매체의 가상현실 안에서 포스트모던적인 종족을 형성한다. 공동의 매체 이용은 이런 방식으로 "조직화된 이웃관계"를 만들어낸다.

바로 이러한 새로운 맥락에서만 고객들에게 성공적으로 말을 걸 수 있다. 하르트무트 에슬링거와 같은 현명한 디자이너들은 이미 예전부터 이를 이해하고 있었다. "디자인이 문제가 될 경우, 그것은 도덕공장의 대량생산품 안에서 하위 문화들이 스스로의 고유한 스토리와 상징을 찾아내도록 격려해주는 종족의 일(tribal affair)로의 전환을 의미한다." 따라서 디자인의 형상화는 "종족의 일"로 전환될 때만 문화적인 각인력을 갖는다. 이러한 종류의 종족 디자인(Tribal Design)은 각각의 하위 문화가 상품 세계 안에서 그들 고유의 이야기와 상징적 의미를 찾아내도록 고양한다.

이제는 모든 기호가 세계화와 세계커뮤니케이션을 목표로 하기 때문에, 인간에게는 다양성이라는 문화적 특권 보호구역이 필요하다. 새로운 종족주의는 세계사회로의 전환에 대한 우려를 완화한다. 이러한 의미에서 테드 폴리머스(Ted Polhemus)는 길거리 스타일을 "종족들의 집회"라고 정의한다. 새로운 종족 공동체는 세계커뮤니케이션의 추상성을 보상해준다. MTV 사장 톰 프레스턴(Tom Freston)은 슈피겔과의 인터뷰(1998년 42호)에서 세계화와 종족화의 상호 보상관계에 대하여 이렇게 말하고 있다. "많은 청소년이 이미 두 종류의 세계, 즉 민족적인 세계와 국제적인 세계에 동시에 살고 있다. 말하자면 함부르크에 있는 아이들 방이나 멕시코시티에 있는 아이들 방이나 비슷하다는 것이다. 같은 포스터가 벽에 붙어 있고, 모두 마이클 조던과 에로스 라마조티를 안다. 청소년들은 피상성이라는 표면 위에 슨 얇고 푸른 녹을 서로 나누고 있다. 그러나 다른 한편으로 세계가 매체를 통해 점점 가까워지는 동안 지역적 정체성의 기여자에 대한 관심도 점점 커진다." 이것이 MTV의 경쟁사인 VIVA*의 성공 요인이기도 할 것이다.

무엇보다도 인쇄물 시장의 세분화가 비동시적인 것의 동시성으로서 세계커뮤니케이션을 가능하게 했다. 잡지들의 만화경은 시간의 섬 위에서 선택의 공동체를 연출한다. 이 세계에서 성공하려는 사람은 커뮤니티, 공동체, 이웃관계, 종족 등의 새로운 키워드를 주의 깊게 들어야 할 것이다. 오늘날 이들은 커뮤니케이션은 컬트로, 정보는 물신적인 것으로 이해해야 한다는 것을 알려주고 있다. 커뮤니케이션 욕구는 정보와는 무관하다. 여기에서 중요한 것은 "안녕, 나야……"라는 잡담과 참

---

* 독일의 뮤직비디오 채널.

여이다. 아리스토텔레스의 주장에도 불구하고, 천성적으로 지식을 추구하는 사람은 아무도 없다. 그리고 일부 경영자와 학자들을 제외하고는 계속해서 정보를 요구하는 사람도 없다. 정보는 불안을 조장한다. 이에 반해 커뮤니케이션은 안정감을 조성하는데, 그것은 정보의 특징과 정반대되는 것, 과잉과 공감, 즉 잡담을 통해서다.

인터넷은 물론이고 텔레비전과 같은 오래된 매체도 정보를 물신적인 것으로, 커뮤니케이션을 컬트적인 것으로 제공한다. 토크쇼와 채팅룸을 떠올려보라. 무엇을 이야기했는가가 아니라, 이야기를 했다는 사실 자체가 중요하다. "당신 손가락 끝에 있는 정보(information at your fingertips)"란 계몽의 프로그램이 아니라 새로운 매체조건하에서의 마법이다. 최근의 컬트 공식은 물론 '상호작용성(Interactivity)'이며, 이것이 바로 멀티미디어 사회의 물신이라 할 수 있겠다. 그러나 좀더 자세히 관찰해보면 사실 이것은 대부분의 경우 '다양한 선택(multiple choice)' 가능성만 다루고 있을 뿐이다. 실제 상호작용은 모든 행동과 마찬가지로 매우 힘든 일이기도 하다. 우리가 잡아당기는 매체*로 밀어내는 매체**를 대체할 것이라는 예측은, 이상주의적 인류학의 환상일 뿐이다.

### 매체의 진화

우리 시대의 가장 큰 두 가지 주제가 세계화와 인터넷이라는 데에는 거의 논란의 여지가 없다. 좀더 자세히 들여다보면, 두 주제의 핵심은

---

\* Pull-Media, 능동적 참여가 가능한 매체.
\*\* Push-Media, 수동적 수용과 거부만 가능한 매체.

동일하다. 양쪽 모두 경제와 정치, 미디어 테크놀로지와 지식과 관련된 세계 단위의 네트워크화가 문제다. 세계화는 즉 다양한 매체에서의 세계커뮤니케이션이다. 정보의 흐름과 금융의 흐름은 더이상 구분되지 않는다. 그리고 이러한 과정에서 새로운 매체가 핵심 역할을 맡는다.

이러한 이유로 모든 사람이 정보사회에 대해 이야기하고, 최근에는 (이 분야 매니지먼트의 선구자 피터 드러커가 최초로 언급한) 지식사회에 대해서도 이야기하고 있다. 책들은 구텐베르크 은하계*의 종말을 알리는 중이고, 인문학자들은 '인문학 컴퓨팅(humanities computing)'을 계획한다. 그리고 포쿠스에서 주간경제에 이르는 잡지사 편집부에서는 아직 머뭇거리는 경제계 대표들에게 인터넷을 구원의 약속으로 소개한다. 이 모든 개념과 약속의 공통분모는 쉽게 알 수 있다.

- 미디어가 미래의 사업이다.
- 커뮤니케이션이 생산력의 중심으로 옮겨온다.
- 지식이 우리 사회의 가장 중요한 자원으로 등장한다.

그러므로 우리는 단순히 새로운 테크놀로지와 관계하고 있는 것만이 아니다. 컴퓨터의 경우, 그것이 단순히 우리가 예전부터 해오던 일을 더 빠르고 안전하게, 효과적으로 할 수 있게 해주는 새로운 도구라는 사실이 중요한 게 아니다. 오히려, 현재 우리 문화는 새로운 문화 테크놀로지라는 배경 앞에서 스스로를 표현하는 새로운 방식을 찾고 있다. 이것이야말로 '책과의 이별'이라는 주제에 대한 문화 비판적 논쟁의

---

* 매체학자 마셜 매클루언이 이름 붙인 인쇄매체 주도 시기.

실질적인 핵심이다. 그리고 사회뿐 아니라, 인간 또한 만능기계 컴퓨터에 직면하여 미래에도 능력을 발휘할 수 있음을 입증하려면 스스로를 새롭게 정의해야 한다.

이에 대해 미래의 커뮤니케이션, 그리고 미래와의 커뮤니케이션을 원하는 사람은 우리가 던지는 질문과 문제의 원천을 이해해야 한다. 20세기 우리 문화에 가장 지속적으로 영향을 끼친 역사는 바로 매체의 역사였다. 그러므로 미래를 향한 멀티미디어 사회의 시선은 매체의 진화를 명확하게 의식해야만 성공할 수 있다. 매체의 역사는 골동품적이지 않은 것이다. 그 중요한 발전 단계는 다음과 같이 설명할 수 있다.

- 최초의, 그리고 여전히 가장 근본적인 매체의 기능은 저장이다.
- 매체가 전자화함으로써 전송이 가능해졌다(전보에서 텔레비전까지).
- 앨런 튜링(Alan Turing)의 만능기계라는 새로운 패러다임은 모든 매체기능을 계산과정으로 바꾸어놓았다(디지털화).
- 모든 매체기능은 컴퓨터의 지원을 통해 하나의 표현 층위로 편입될 수 있다(멀티미디어).

매체역사에서 가장 결정적인 단면은 디지털화이다. 디지털매체의 진화는 다음과 같은 단계들로 표시된다.

- 컴퓨터의 진화는 일차적으로 하드웨어 차원에서 이루어졌다(IBM 메인프레임의 위대한 시대[*]).

---

[*] 메인 컴퓨터 한 대를 짧은 시간으로 나누어 여러 명의 사용자가 사용하는 타임 셰어링(Time-Sharing) 시스템을 뜻한다.

- 개인 컴퓨터(PC)라는 획기적인 아이디어와 함께 소프트웨어가 관심의 중심으로 들어왔다(애플, 마이크로소프트).
- 마침내 컴퓨터를 통한 커뮤니케이션 가능성이 발견되었다. 도구와 계산기로서뿐만 아니라 매체로서 컴퓨터를 이해하기 시작했다. 컴퓨터의 의미는 이제 세계커뮤니케이션 네트워크에서의 기능과 위치에 의해 결정된다(네스케이프, 자바, 네트워크 컴퓨터). PC, 즉 모든 사람을 위한 컴퓨터의 자리에 이제는 사용자 개개인의 특성과 관심을 고려한 "개인화된 컴퓨터(Personalized Computer)"(윌리엄 콥 William Kopp)가 들어선다. 또한 '인터퍼스널 컴퓨터(Interpersonal Computer)'라는 새로운 개념이 매체로서의 컴퓨터에 대한 경험으로부터 도출된다. 이제 하드웨어나 소프트웨어가 아니라 커뮤니케이션 관계가 시작된다는 것을 의미한다.
- 자바나 마림바 같은 소프트웨어는 브로드캐스팅과 인터넷의 결합을 통한 커뮤니케이션의 미래를 정확하게 표현하고 있다. 이것이 바로 웹캐스팅(Webcasting)이다. 정보가 배달되므로 더이상 정보를 찾아다닐 필요가 없는 것이다.

이러한 매체의 역사는 사용자 환경의 역사적 발전 단계에서 더 섬세하게 구별할 수 있고, 또 구별되어야 한다. 여기에서는 미디어 테크놀로지의 수사학으로 일이십 년 만에 극적인 변화를 이룬 인터페이스 디자인(Interface Design)을 이해해야 한다.

- 컴퓨터-인터페이스의 역사는 알려진 대로 IBM의 펀치카드와 함께 시작되었다.

- 사용자 환경의 다음 발전 단계는 도스 위저드(DOS-Wizzards) 프로그램의 알파벳과 숫자를 이용한 명령체계로 기록된다.
- 마침내 애플에서 데스크탑-은유를 통해 사용자 친화성으로의 역사적 전환을 이루게 된다.
- 인터페이스 디자인의 다음 진화 단계는 사이버스페이스의 가상현실로 향하고 있다.

컴퓨터에서 인간과 기계가 만나는 장소인 인터페이스는 처음에는 기계와 기계언어에 가깝게 놓여 있었다. 그후로 사용자 환경과 프로그램의 논리적 층위의 관계는 '사용자 친화적인 환경'을 위해 차츰 위치를 바꾸어왔다. 다시 말하자면 진보하는 사용자 친화성이 컴퓨터를 점점 보이지 않게 만들고 있으며 바로 이것이 '편재적 컴퓨팅(ubiquitous computing)'이라는 개념의 의미이기도 하다. 컴퓨터는 점점 사라져간다. 그리고 어디에나 존재한다. 이처럼 컴퓨터가 어디에나 존재하면서도 물질적으로는 사라지는 것이 미래 커뮤니케이션 관계의 가장 중요한 징후이다.

### 뉴미디어에서 새로운 것은 무엇인가?

매체는 의식을 매혹한다. 이것의 결과는 커뮤니케이션에 대한 인지가 다른 것에 대한 인지보다 분명 우위를 차지한다는 것이다. 문자는 나무보다 매혹적이다. 그렇기 때문에 세계 인지의 자리에 점점 커뮤니케이션 인지가 들어서는 것이 현대 문화의 특징이다. 다르게 이야기하자면, 우리는 매체를 통해 세계가 무엇인지 경험한다. 이러한 이유로 미래에 대한 질문 또한 미래의 커뮤니케이션에 대한 질문으로 만들어 볼 수 있다. 새로운 매체에서 새로운 프로그램은 무엇인가?

- 멀티미디어. 하이퍼텍스트나 하이퍼미디어, 멀티미디어, 그 무엇에 대해 이야기하든, 중요한 것은 텔레비전의 감각적인 풍부함, 신문/잡지의 정보의 깊이, 네트워크화된 컴퓨터의 상호작용을 서로 연결해주는 커뮤니케이션의 제공이다. 그러므로 멀티미디어는 단순히 디지털을 이용한 텔레비전의 발전된 형태가 아니다. 오히려 반대로 말할 수 있을 것이다. "텔레비전의 미래에 대한 열쇠는 더이상 텔레비전을 텔레비전으로 생각하지 않는 것이다."(니콜라스 네그로폰테 Nicholas Negroponte) 언어보다 빠르고 집약적이며 복합적인 영상 이미지가 점점 더 중요해진다. 현대세계에서는 형태를 빠르게 인식하는 패턴 인식(Pattern Recognition)만 발전한다. 이제 선적인 분석은 너무 느리다. 텍스트는 더이상 세계의 가속도와 보조를 맞출 수 없다. 달리는 차 안에서 한번 눈길을 주는 것 정도면 충분하다. 컴퓨터를 통해 처음으로 정확하게 계산된 영상 이미지가 가능해졌다. 이들은 더이상 비이성의 제국에 속하지 않는다.

- 매체연합. 모든 데이터가 디지털화함으로써 문화의 역사에서 처음으로 모든 표현매체가 서로 연합할 수 있게 되었다. 오래된 매체는 새로운 매체에 의하여 사라지는 것이 아니라, 서로 중첩되는 기능 연계에 참여한다. 이 때문에 오래된 매체 또한 미래에 새로운 자기이해를 발전시킬 것이라 추측할 수 있다. 그러므로 기대되는 것은

서로 잡아먹는 미디어-카니발리즘이 아니라 유쾌한 미디어믹스의 시대이다. 매체는 매체교육학자들이 제시하는 것과는 다르게 이용될 수도 있다—예를 들면 신문 읽으며 기분 전환하기(빌트*), 책 읽으며 꿈꾸기, 텔레비전을 통해 정보 얻기 등. 전통적 서열관계는 사실 이전에도 적중한 적이 없을 것이다. 매체이용은 의미심장한 선택이 되는데, 왜냐하면 매체를 다룰 때 '밀어내는' 요소의 자리에 '끌어당기는' 요소가 들어설 수 있기 때문이다. '무의식중에 영향을 받는 일'은 줄어들고, 점점 더 자신만의 '개인적인' 프로그램을 선택한다. 이것이 바로 멀티미디어가 현재 매혹적인 개념이 될 수 있는 이유이기도 하다. 이제 중요한 것은 기술적인 완벽화와 내용의 질적인 가치 사이에 다리를 놓는 일이다.

- 이동성. 휴대폰, 노트북과 함께 진보적 커뮤니케이션 기술은 처음으로 고정된 장소에서 해방되었다. 이제 모뎀이 있는 곳이라면 어디든지 사무실이 될 수 있다. 현대로 들어서며 일과 집은 분리되었다. 사무실은 삶과의 분리, 공적인 일, 파일 형식 등을 의미했다. 멀티미디어 사회에서는 반대로 일인 사무실(One Person Office)을 지향한다. 이전에는 일을 하러 사무실에 갔지만 지금은 네트워크에 접속한다. 집에서 일한다는 것은 '@home'으로 표시되는 동시에 어디서나 집에 있다는 것을 의미하기도 한다. 테크노-유목민으로. 이렇게 일은 일자리에서 해방되고 직접적인 상호작용(face-to-face-interaction)을 할 수 있는 사회적 환경은 줄어든다. 그러나 이동성

---

* 독일의 대표적인 대중 일간지.

은 한편으로 '참여 가능함(availability)', 즉 언제든지 일할 준비가 되어 있다는 것을 뜻하기도 한다! 미국에서는 이 때문에 언제나 준비가 되어 있어야 한다는 윤리학적인 요구가 연결되어 있으며, 존재의 스탠바이 모드를 의미한다.

● 상호작용성. 신문과 텔레비전을 통해 익숙해진 대중매체의 형식은 모든 상호작용을 차단한다. 반대로 인터넷은 상호작용적인 세계커뮤니케이션의 인프라 구조를 형성하고 있다. 이는 오늘날 우리가 '현재 존재한다는 것'을 '연락 가능하다는 것'으로 대체하고 있기 때문에 가능하다. 즉 그 자리에 있어야 한다는 온갖 속박에서 자유로운 순수한 상호작용의 가능성을 통해서이다. 그렇지만 스스로를 '정보사회'와 같은 개념으로 이해하고 있는 문화의 경우에는 한 가지 난해한 문제점이 숨어 있다. 매체가 상호작용적일수록, 정보 자체는 점점 더 부수적인 것이 되기 때문이다. 극단적인 경우 메시지는 하나뿐이다. '우리는 지금 커뮤니케이션하고 있다.' MIT의 마이클 슈레이즈(Michael Schrage)는 이 문제를 이렇게 표현한다. "진정한 상호작용성은 사람들에게 선택 가능한 콘텐츠를 더 많이 주는 것이 아니라, 스스로의 콘텐츠를 창조하도록 하는 것이다. 그러므로 새로운 매체에서 도전은, 어떻게 콘텐츠를 창조하는 콘텐츠를 만들어낼 것인가이다."

● 가상성. 고전적인 텔레커뮤니케이션에서부터 현재의 사이버스페이스에 이르기까지, 원거리로 이동하는, 기술적으로 매개된 커뮤니케이션만이 성공적이다. 이에 반해 가장 가까운 곳과 이웃은 언제나

문제이다. 가상의 이웃관계는 '현실의' 이웃과의 접촉보다 훨씬 쉽게 개척되고 안정화된다. 윌리엄 노크(William Knoke)는 장소가 없는 사회(Placeless Society)의 경계 없는 유연성에 찬사를 보내는데, 이것은 다른 한편으로 우리가 탈장소화된 사회를 항해하고 있다는 의미이기도 하다.

- 미디어 세대. 더이상 공통의 매체라는 것은 없다. 서로 다른 가치체계가 서로 다른 매체에 의해 다루어진다. 오늘날 어떤 세대에 속하는가는 어떤 정보 문화에서 성장했는지에 따라서 결정된다. 이것은 '청소년기'가 더이상 존재하지 않는다는 결과를 낳는다. 따라서 마케팅의 목표를 설정하기에는 상당히 나쁜 시기다! 미디어 세대는 단일한 연령대나 사회구조를 가지고 있지 않다. 당신이 어떤 매체를 주로 이용하는지 말해보라. 그럼 당신이 어떠한 세대에 속하는지 말해주겠다. '청소년기'의 분산은 매체 다원주의의 가장 중요한 효과라 할 수 있다.

### 시간도둑들

나온 지 오래되었지만 아직도 잘 들어맞는 WWW(World Wide Web)에 대한 농담 중 하나는 그것이 'World Wide Waiting'의 약자라는 것이다. 이것은 인터넷이 상업화될수록 더욱 화가 나는 일이다. 환자를 기다리게 할 수는 있어도, 고객을 기다리게 해서는 안 된다. 대부분의 사람들에게 모자라는 것은 인내심이 아니라 시간이다. 인터넷 열광에 직면하여 이런 질문을 제기할 수 있다. 도대체 누가 인터넷 서핑을 하고 채팅을 하고 온라인 게임을 즐길 만큼, 그렇게 시간이 많은가? 바로 아이들과 싱글들이다. 하지만 한스 무스터만*은 일을 해야 한다. 이는 바로 다른 사람들과 직접 커뮤니케이션해야 한다는 뜻이다. 여기에서 기술적인 가능성과 나의 부족한 시간 사이의 간격이 점점 더 벌어지게 된다. 컴퓨터로 지원되는 커뮤니케이션이란 한마디로 놀라운 가능성, 그렇지만 결국에는 부담스러운 공짜 소프트웨어들로 가득 차 있는 판도라의 상자이다. 이것은 다양한 선택 가능성을 열어주지만, 우리의 시간 자원에는 도움이 되지 않는다.

이러한 사실은, 컴퓨터 세계에 시간을 할애하면 할수록 그 세계를 더 '이해' 할 수 없다고 느끼는 흥미로운 역설에 이른다. 여기에 더해서, 소프트웨어-진화의 가속도와 컴퓨터 공동체의 확장이 빠르기 때문에, 인터넷 초보자 "뉴비(Newbie)"들은 오히려 시간이 갈수록 점점 늘어난다는 사실이 추가된다. 몇몇 사람들이 알면 알게 될수록(그리고 기술적 작업이 가능해질수록), 나머지 사람들은 더더욱 무지해진다. 사회학자 대니얼 벨(Daniel Bell)은 이를 "알면 알수록 아는 것은 점점 줄어든다"는 공식으로 표현했다. 이러한 역설을 해결하기 위해서는 시간과 용기가 필요하다. 좀더 정확히 말하자면, 뒤처지지 않기 위해 점점 더 많은 시간을 할애해야 한다는 것이다. 그리고 어느 특정한 순간, '그렇게까지 정확하게 알고 싶지는 않은데요'라고 말할 수 있는 용기가 결정적으로 중요해진다. 눈사태처럼 쏟아져나오는 컴퓨터 산업의 새로운 기술 혁신에 직면하여 이런 용기를 슬며시 잃어버리게 되는 사람은 다음과 같은

---

* 우리나라의 홍길동처럼 서류의 본보기 등에 으레 쓰이는 이름.

사실을 꼭 기억해야 한다. 우리는 학생도, 환자도 아니다. 고객이다.

　우리를 기다리게 하거나 무언가를 알아야 한다고 지나치게 요구하는 사람은 우리의 시간을 빼앗는다. 이것은 직접적인 커뮤니케이션의 가능성을 무자비하게 사용하는 일에도 해당되는 말이다. 누구나 끊임없이 울려대는 전화기의 문제를 알고 있을 것이다. 자동응답기의 발명은 기술이 내린 은총이었다. 이제는 오히려 다른 사람에게 '메시지를 남겨달라'고 강요할 수 있다. 이렇게 시간 유희 공간이 탄생한다. 이것이 적극적으로 변형된 형태가 바로 이메일이다. 이메일은 전화 통화만큼 편하고 빠르며 무엇보다도 수신자가 '커뮤니케이션의 시간'을 결정하도록 해준다. 시간을 낭비하게 하지 않고 방해도 하지 않는다. 그야말로 이상적이다. 그러나 이것이 거북이 우편 시대의 끝을 의미하지는 않는다. 커뮤니케이션의 기술이 생활의 시간을 훔쳐가는 도둑으로부터 나를 보호해줄수록, 나는 사치스러운 시간을 더 많이 향유할 수 있다. 따라서 고전적인 편지는 시간의 사치를 부릴 수 있는 품목으로 미래에도 중요한 역할을 할 것이라는 추측이 가능하다. 편지 쓰기는 시대에 적합하지 않다는 의미의 컬트로 발전해나가고 있다. 손으로 직접 쓰고 형식과 전체 구성에 주의하기. 여기서는 매체가 바로 메시지이다. 오늘날 손으로 직접 쓴 편지의 근본적인 메시지는 이런 것이다. 나는 당신을 위해 이렇게 많은 시간을 들였습니다⋯⋯ 다른 말로 하자면, 모든 편지는 사랑의 고백이다.

## 정보사회에서 병목현상을 일으키는 인간

　고도로 복잡해진 현대사회에서 우리는 인간이 중심에 설 때면 언제나 방해가 된다는 인상을 자주 받는다. 인간은 오늘날 커뮤니케이션 디자인의 병목으로 등장한다. 멀티미디어 사회는 언제나 "인간의 척도"라는 문제를 안고 있다. "새로운 매체─그 기회와 위험성" 등의 주제를 놓고 벌어지는 수많은 토론이나 토크쇼를 객관적으로 본 사람이라면 쉽게 이런 인상을 받을 것이다. 누군가 "인간"에 대해서 이야기할 때는 언제나 결국 테크놀로지를 비난하고자 할 때라는 것이다.

인간은 정보사회의 병목이다. 정보를 동시에 처리할 수 없기 때문이다. 제공된 정보의 약 98퍼센트가 의식적으로 처리되지 않는다고 추측된다. 실제로 의식이라는 모니터 위에는 아주 작은 세계의 단면만 나타나며, 초당 단 40비트로 일할 뿐이다. 따라서 의식은 정보를 무시할 수밖에 없다. 여기서 다시 한번 인간의 주의력이란 가장 부족한 자원이라고 말할 수 있다.

그러므로 멀티미디어 사회의 미래를 인간─기계─경쟁의 도식으로 그려내는 것은 무의미한 일이다. 대신 미래를 바라보는 인간─기계─협력의 과감한 디자인이 필요하다. 사이버네틱 유기체와 인공적인 삶에 대해 불안해할 이유가 없다. 오히려 이런 배경에서만 사이버스페이스에서 인간이 차지하는 위치, 즉 **컴퓨터가 할 수 없는 것**에 대한 질문이 유의미한 일이 된다. 인간은 망각의 힘과 조직화된 간과의 힘을 가지고 있다. 이러한 이유로 인간은 의미 있는 것을 걸러내는 자로서, 또 선택하는 대리인으로서 중요해진다. 컴퓨터가 할 수 없는 것은 바로 정보 맵핑과 지식 디자인이라는 지적인 일이다. 미래에 인간이 스스로를 신화적으로 미화하고자 한다면, 이제 프로메테우스(생산)가 아닌 헤르메스(커뮤니케이션)의 형상이 될 것이다.

오늘날에는 누구나 지구적으로 사고하고 세계 곳곳과 접속하고자 하며 동시에 세계 지식과 함께하려고 한다―당신 손가락 끝에 있는 정보. 여기에서 구체적이고 현존하는 육체는 방해요소일 뿐이다. 기술적인 커뮤니케이션은 대부분 실제 참석자 간의 대화나 상호작용보다 훨씬 안정적이고 만족스럽다. 이웃에 대한 신뢰의 자리에 이제 사이버스페이스의 가상적 이웃관계가 들어선다. 우리는 장소가 더이상 아무 역할도 하지 못하는 세계에 살고 있다. 미래의 성공적인 사업가는 자신을 커뮤니케이션의 유목민(Nomade)으로, 커뮤니케이션의 단자(Monade)로 이해해야 한다. 모든 개인은 글로벌 플레이어가 되어 언제나 새로운 네트워크상에서 스스로를 '설계한다'. 고유의 정체성은 계속 바뀌는 파트너와 접속하며 언제나 새롭게 형성된다. 그러나 이러한 관점에서의 낙관적인 만족감에는 중요한 인류학적 사실이 무시되기 쉽다. 개인의 정보처리의 한계는 그대로 조직과 네트워크 안에서의 상호의존의 한계가 된다는 것이다. 다른 말로 하자면, 인터넷상의 새로운 인간을 약속한 (비즈니스의 '영원한 혁명') 매니지먼트의 선구자들은 이동성과 변화 능력에서 인간의 한계를 고려하지 않았다는 것이다.

따라서 지식사회로 향하는 길에 놓인 가장 큰 장애는 귄터 안더스(Günther Anders)의 시대부터 자신의 '구식 모습'을 극적으로 구체화하기 시작한 인간이다. 기술적인 커뮤니케이션은 다양한 선택 가능성을 열어주지만, 우리의 시간 자원과는 관계가 없다. 멀티미디어 세계의 정보의 흐름은 결과적으로 주의력을 가장 부족한 자원으로 만든다. 이러한 조건하에서―마치 맥도날드에서 한 끼 식사를 해결하듯―일종의 지식의 패스트푸드가 관철된다. 슈피겔에 대한 포쿠스의 가장 성공적인 공격은 한눈에 들어오는 일목요연한 지면 편집이었다. 그리고 교육학자들도 이제는 아리스토텔레스가 『형이상학』의 첫 문장에서 언급한 "지식에의 의지"를 전적으로 신뢰하지는 않으며, 공부와 오락의 혼합 형태에 더 관심을 보이고 있다. 이제는 정보애니메이션(Info-Animation), 줄여서 "인포모션(Infomotion)"이라는 용어까지 등장했다.

오늘날 지식사회는 인본주의적인 '인간의 척도'를 걸러내기(Filtering)와 선별이라는 기술적인 개념으로 재구성하고 있다. 걸러내는 장치는 일단의 정보 덩어리에 대해 '소음(Noise)'이라는 부적격 판정을 내림으로써 복잡성을 덜어준다. 소음은 사람들이 알고 싶어하지 않는 정보이다. 우리가 현재 고도로 복잡하고 '조망 불가능한' 세계에 살고 있다는 것은 잘 알려진 사실이다. 이러한 복잡성은 우연적이며 그렇기 때문에 위험한 선별 작업을 강요한다.

선별 작업이 우연적이라 함은, 모든 것이 내일이면 또다시 달라진다는 것이다! 그리고 그 누구도 무엇이 중요한지 친절하게 설명해줄 수 없기 때문에 모든 선별은 위험요소를 포함한다. "당신은 지우고 고치는 기능 없이는 살아갈 수 없다"는 그레고리 베이트슨(Gregory Bateson)의 말은 그래서 옳다. 여기서 '지적 변별력'의 문제가 중요해진다. 무엇을 연구하지 않을 것인가? 소홀히 해도 되는 것은 무엇인가? 어떤 책을 정말로 읽어야 할 것인가? 오늘날 가장 가치 있는 지식은, 알 필요가 없는 것이 무엇인지 아는 것이다. 어떤 지식이 나에게 진정으로 유용하고, 무엇을 안심하고 무시해도 되는가? 유용성은 수학적으로는 형식화될 수 없는 인간 중심적인 개념이다.

『미디어의 이해 Understanding Media』는 매클루언의 유명한 저서이다. 매체를 이해하라. 이 요구는 시효가 지나지 않았다. 지금 무슨 일이 일어나고 있는지 이해하기 위해서는 무엇보다 우리 사회에 퍼져 있는 기술 적대적인 직접성의 낭만주의에 이별을 고해야 한다. 사적인 대화가 반드시 화상회의보다 효과적인 것은 아니다. 기술 면에서 커뮤니케이션이 발전할수록, 후자는 더욱 안전하게 진행된다. 매체는 의미를 이해하지 않고도 그것을 성공적으로 처리할 수 있다. 이러한 기술화는 의사소통성을 오히려 확장시키는데, 내용과는 거의 무관하게 선별 작업을 하기 때문이다. 따라서 성공적인 커뮤니케이션의 비결은 의견 합의 능력이 아니라 매체훈련이다. 그리고 의견 합의라는 것도 실상은 커뮤니케이션의 연합이다. 매체시대의 정언명령은 이렇다. 다른 사람이 그곳에 접속할 수 있도록 커뮤니케이션하라.

### 보이지 않는 컴퓨터

IBM 메인프레임의 시대에 컴퓨터는 어떤 문젯거리가 아니라 환상적인 발명품이었다. 특히 경제에 유용한 효과를 발휘하는 지식세계의 일대사건이었다. 가장 유명한 제조회사가 크기와 가격을 모두 줄이는 데 성공했을 때, 그리하여 모든 사람을 위한 컴퓨터라는, 생각도 할 수 없었던 일이 가능해진 바로 그때부터 컴퓨터는 문젯거리가 되기 시작했다. 갑자기 개인의 책상 위로 컴퓨터가 올라온 것이다. 이것이 바로 지식의 사과를 한입 베어문 원죄가 되었다. 매뉴얼과의 끝없는 싸움과 추락하는 프로세서의 고난의 역사, 언제나 통화중인 서비스 핫라인에 대한 짜증이 시작되었다. 그리고 이러한 문제는 곧 인터페이스 디자인이라는 이름을 얻게 된다. 어떻게 하면 문외한도 놀라지 않도록 인간과 컴퓨터가 만나는 공간을 창조해낼 수 있을까? 더글러스 엥겔바트

(Douglas Engelbart)가 맨 처음 마우스와 데스크탑의 은유법으로 알파벳과 숫자로 이루어진 명령어의 무리한 요구로부터 우리의 짐을 덜어주었다. 그 다음 데이터 글러브(Data Glove)는 방향 설정과 행동에 있어서 인간의 가장 중요한 기관인 손을 본래 있어야 할 자리로 되돌려놓았다. 그리고 우리는 곧 컴퓨터를 문명인처럼 다룰 수 있게 될 것이다. (키보드 없이) 발화라는 매체를 사용해서.

  이 여행이 어디를 향해 가고 있는지에 대해서 니콜라스 네그로폰테는 다음과 같이 확신한다. "인터페이스 디자인의 비밀은 다음과 같다. 그것을 사라지게 하라." 가장 훌륭한 컴퓨터는 사람들이 더이상 그것을 볼 수 없게 만든 것이다. 이러한 발전의 방향은 가장 간단하게는 영화 〈2001: 스페이스 오디세이〉와 〈토이 스토리〉를 비교해보면 드러난다. 권력을 장악하고자 했던 악마적인 컴퓨터 할(HAL)은 만화화된 장난감 집단의 깜찍한 악동들로 축소되어버렸다. 디지털 혁명을 이해하려는 사람은 이러한 놀이를 비즈니스의 심각함보다 더 진지하게 받아들여야 할 것이다. 왜냐하면 스콧 킴(Scott Kim)이 적절하게 지적했듯이, "어떤 것도 심각함처럼 추측 안에 스스로를 묶어두지 않기 때문이다". 따라서 컴퓨터 업계는 놀이를 인터페이스의 모범으로 연구할 때 훨씬 많은 것을 얻을 수 있다. 일자리와 놀이 장소의 분리가 점점 더 어려워진다는 사실을 증명하는 것은 윈도우에서 몰래 지뢰찾기나 인터넷 서핑을 하는 회사원뿐만이 아니다. 교차 지점은 늘어나고 있다.

  최근 에릭슨 등의 회사에서 내보내는 광고의 주제는 보이지 않는 컴퓨터, 더이상 컴퓨터로 인식되지 않는 컴퓨터이다. 이것은 단순히 성공적인 마케팅 아이디어가 아니라 바로 테크놀로지의 현 상태 그 자체다. 이제는 하드웨어를 고려하지 않고 단순히 기능으로 컴퓨터를 묘사할 수 있다. 그리고 컴퓨터를 언급하지 않고도 성격에 따라 네트워크를 특징지을 수 있다. 사이버스페이스, 네트워크, 지구촌 등과 같이 잘 알려진 개념에 대해서는 누구든 이야기하기를 즐기지만, 기계에 대해서는 그렇지 않은 것이다. 인터퍼스널 컴퓨터는 기계 한 대로 시작되는 것이 아니라 연결관계에서 시작된다. 네트-컴퓨터는 하드웨어와 소프트웨어의 패키지가 아니라 인터넷 커뮤니케이션의 한 매듭이다. 이미 윌리엄 콥이 개발하고 있는 개인화된(Personalized) 컴퓨터는 단순한 숫자 처리기(Number Cruncher)가 아니라 주인이 원하는 것을 알고 있는 피고용인이다. 그러므로 시대의 기호는 이미 퍼스널 컴퓨터를 벗어났다. 컴퓨터는 편재성 속으로 사라지고 있다. 그러나 사실 고전적인 컴퓨터가 문화사의 조명 아래 들어선 것도 그리 오래된 일은 아니다.

### 승리에 대한 회고

아니, 패배였던가? 그것은 인간 정신의 자랑스러운 생산품, 그러니까 여기에서는 체스프로그램 딥 블루(Deep Blue) 같은 것과, 창조성이나 천재, 상상력 등의 다양한 이름으로 불리는 나머지 프로그램 중 어느 것에 더 공감하느냐에 따라 달라진다. 나머지 프로그램이란 간단하게는 체스 세계 챔피언 카스파로브를 말한다. 어디든 한쪽은 기쁨의 환성을 지르게 되어 있다. 기계가 승리하면 인공지능의 기술이 크게 발전한 것이다. 챔피언이 승리하면 '인간'이 컴퓨터의 권력 이행 요구에 대해 다시 한번 스스로를 방어한 것이다. 그리고 당연히 인간의 한 분파는 그들의 패배 후에도 컴퓨터 프로그램의 원시성과 카스파로브의 짧은 '블랙 아웃(Black out)' 상태를 지치지도 않고 언급할 것이다. 그러나 그런 것들은 모두 위장을 위한 싸움이었고, 지금도 마찬가지이다.

딥 블루의 게임은 천재적이었는가 아니면 상투적이었는가. 고작 취미 삼아 체스를 두는 우리 가운데 누가 그것을 판정할 수 있겠는가? 그러나 이 또한 부차적인 일이다. 컴퓨터의 승리가 주는 교훈은 전혀 다른 것이다(그리고 다음번에 카스파로브가 이긴다 하더라도 그것이 이에 대한 반증의 이유가 될 수는 없다). 체스 두기가 지적인 능력이라면 딥 블루의 승리는, 컴퓨터는 그것을 만들어낸 프로그래머만큼만 영리하다는 전설이 끝났음을 의미한다. 즉 기계 뒤에는 언제나 인간이 있다는 전설 말이다. 영광을 얻게 된 딥 블루의 프로그래머는 체스를 두도록 기계를 프로그래밍했지만 한 '인간'으로서는 게임에서 딥 블루의 상대가 되지 못할 것이다.

바로 체스가 많은 사람에게 고도의 지능을 요구하는 게임의 대명사이기 때문에, 딥 블루의 승리는 우리의 사고 능력이 계산기보다 우월하다고 생각하는 모든 이에게 깊은 상심을 안겼다. 왜 우리는 소프트웨어에 부어넣은 정신에 대해서는 자부심을 갖기가 어려운가? 그 이유는 간단하다. 우리는 컴퓨터 내부에서 초당 몇십억의 프로세서가 작동하고 있음을 알고 있기 때문이다. 그러나 우리 머릿속에서 무슨 일이 일어나는지, 더구나 체스 챔피언의 머릿속에서 무슨 일이 일어나는지는 전혀 알지 못한다. 그렇기 때문에 우리는 창조성과 직관을 동경하는 것이다. 그러나 이제 지능과 관계된 테크놀로지는 직관조차 알고리듬으로 대체될 수 있다고 주장한다. 그러고는 우리에게 체스 게임을 선보였다. 수준 낮은 계산기였던 숫자 처리기가 체스 챔피언에게 승리를 거두었을 때 세계는 알게 되었다. 천재는 바로 수학이라는 것을. 라이프니츠와 홉스가 옳았던 것이다. 사고한다는 것은 계산이다.

19세기에 멜첼의 체스 기계는 시대를 매혹했다. 그러나 곧 게임을 하는 것은 기계가 아니라 그 안에 숨어 있는 체스의 대가인 난쟁이라는 것이 밝혀졌다. 오늘날 체스의 대가는 기계 안에서 게임하는 것이 아니라 기계에 대항하여 게임한다. 이것을 꼭 진보라고 할 이유는 없다. 왜냐하면 멜첼의 시장의 트릭은 오늘날 인간과 기계의 승부를 연출하는 형이상학적인 행사가 되어버렸기 때문이다. 물론 처음 등장할 때 체스의 대가로서 나온 것은 아니었던 프랑켄슈타인이나, 적어도 할을 생각하면 더욱 흥미진진해진다. 인간과 기계의 승부는 우리를 제압하는 신화적인 이미지다. 실제로는 디지털 괴물에 대항한 카스파로브의 헤라클레스적인 모험이 아니라, 오히려 그가 실패한 인간과 기계의 협력이 흥미로운 것이다. 이것이 바로 IBM이 만들어낸 푸른색의 진정한 깊이다.


**컴퓨터-두뇌-정신**

컴퓨터와 네트워크의 논리적 깊이를 계속 파헤치고 들어가보기 위해서는 컴퓨터와 두뇌의 경계 영역을 연구하는 학문에서 정보를 가져와야 한다. 연결주의(Konnektionismus)는 상징적 논리의 문턱에서 네트워크가 작동하기 위한 이름이다. 이러한 네트워크에서는 의미가 시스템 상태의 기능으로 표현된다. 따라서 저장은 정확히 나누어진 각각의 공간이 아니라 네트워크 안에서 이루어지며, 네트워크에서 모든 규칙성은 결합의 카오스라는 배경 앞에서 창발적 진화의 가치를 갖는다. 연결주의적 기계들의 네트워크 안에는 두뇌의 경우 소음, 즉 신경세포의 우연한 자극이라 불리는 것에 정확히 일치하는 것이 존재한다.

우리는 이로부터 원칙적으로 정신은 오직 관계와 상호작용, 상황과 맥락 안에만 존재한다는 것을 알 수 있다. 미하이 네이딘(Mihai Nadin)은 정신을 선취된 열린 우주로 이해했다. 정신에 대한 이러한 개념은 더이상 앨런 튜링의 만능기계와 그의 유한한 상태를 지향하는 것이 아니라, 브라운 운동과 같은 카오스 연구의 모델을 향하고 있다. 이 모델은 완벽한 계산 가능성에 대한 요구는 물론이고, 인간의 서로 뒤바꿀 수 없는 개성까지도 정확하게 고려한다는 장점을 가지고 있다. 개성은 바로 그것의 차원이 계산 가능한 변수인 정신의 자기 동일성 외에는 아무것도 아닌 것이다.

그러므로 학문은 인간의 정신에 대하여 고쳐 생각하는 것에서 시작된다. 오늘날 지능이 무엇인지 알고자 하는 사람은 전문가나 그를 대체하는 소프트웨어가 아니라 학습하는 아동을 연구한다. 문화사는 인간의 교육과 마찬가지로 본질적으로 두뇌에서 일어나는 변화에 관한 역사이다. 두뇌생리학적 변화는 뉴런의 결합에 의해 발생한다. 개별적인 경우의 진행방식에 대해서는, 뉴런의 네트워크가 패턴을 구별하는 것을 어떻게 배우는지 보여주는 헵(D. Hepp)의 학습법칙에서 형식화되었다. 오류가 계속해서 피드백되는 기초 위에 뉴런의 네트워크는 "개연적인 학습 알고리듬(probabilistic learning algorithm)", 즉 개연성의 매체에서 학습규칙에 따라 처리된다. 몇몇 연결은 반복되고, 다른 것들은 부적합하다고 판명되어 잊혀진다. 이렇게 의미 차원이 생성된다. 신경세포의 연결 발전이라는 헵의 법칙은 신경체계의 놀라운 형식화 가능성을 시사하고 있다. 매우 의미심장하게도 여기서 두뇌의 물리적인 현실과 정신을 구분할 수 있는 것이다. 미하이 네이딘은 이것을 다음과 같은 함축적인 공식으로 만들었다. "정신은 두뇌와 육체를 조종한다."
  패턴 구분을 학습하는 동안 뉴런은 자기 조직 내에서 진보한다. 스스로를 조직하는 모든 시스템은 일종의 '자기 행동'을 안정화한다. 결정적인 것은 비선형 네트워크에서 요소 각 부분 간의 역동적인 결합이다. 스스로를 조절하는 커뮤니케이션의 네트워크에는 학습 능력이 있다. 여기에는 피드백-네트워크에서 커뮤니케이션을 통하여 조정되거나 경우에 따라서는 스스로 조정하는 시스템이 중요하다. 이러한 맥락에서 학습능력이란 피드백 반응과정에서 조직의 목표와 구조 원칙을 바꾸어 나갈 수 있다는 것을 의미한다.


## 도구와 장난감 그리고 네트워크의 아름다움

  네트워크화된 사회는 굉장히 역동적이어서 인터넷을 활발하게 돌아다니는 사람들 대부분은 초심자라고 해도 될 정도이다. 이 여행이 어디로 향하고 있는지는 아무도 모른다. 다르게 이야기하면, 네트워크는 서로 연결된 상태가 무엇을 의미하는지 아직 '알지' 못한다. 그렇기 때문에 시도와 오류만 있을 뿐이다. 동시에 네트워크는 도대체 그 형상을 거의 알 수 없을 정도로 복잡하다. 다시 말하자면, 네트워크는 설명하는 것보다 그냥 이용하는 것이 훨씬 편하다. 이것은 멀티미디어 사회의 가젯(Gadgets)*에도 해당하는 말이다. 따라서 그냥 "한번 해보세요"는 아주 훌륭한 충고다. 그리고 누군가 컴퓨터 문화의 상품을 일차적으로 일

---

\* 첨단 소형 커뮤니케이션 기기.

에 필요한 도구가 아니라 일종의 장난감으로 여기고 있다면 그는 제대로 조언받은 것이다. 이는 어린이가 어른보다 쉽게 새로운 매체를 받아들일 수 있는 이유를 설명해주기도 한다. 놀이란 진지함(비즈니스)의 반대가 아니라 시시한 장난(재미)의 반대인 것이다.

네트워크에서 배울 수 있는 것은 컴퓨터가 도구가 아니라는 점이다. 네트워크-은유와 함께 이제 이론은 토대에서 매체로 위치를 바꾼다. 이 때문에 상황이 매우 복잡해져 조망이 불가능해졌다. 다음은 이로 인해 발생한 두 가지 결과이다.

- 많은 사람이 새로운 매체현실의 조망 불가능성에 불안하게 반응한다. 그리고 이러한 불안의 반응은 국가로 하여금 구조조정을 시도하게 하지만 효과는 별로 없다. 네트워크화된 사회는 안전 문제(데이터 보호, 해커, 소비자 정보 유출)를 지나칠 정도까지 논의하도록 만든다. 여기에서 간과되는 사실은 복잡한 사회에서는 위험요소를 기피하는 것만큼 위험한 것이 없다는 점이다. 왜냐하면 발전 속도에 맞추어 따라가지 않는 것 자체가 모험이기 때문이다. 안전에 대한 광적인 요구는 불안의 제단에 더 좋은 것으로의 가능성을 제물로 바친다. 여기서 미디어 제국과 미디어 정치가들은 전적으로 '교육학적인' 공공의 과제를 갖는다. 프리먼 다이슨(Freeman Dyson)이 말한 것처럼 "우리는 거절의 숨겨진 비용을 계산하는 법을 배워야 한다".
- 그러나 네트워크의 고도의 복잡성은 또다른 의미심장한 결과를 낳는다. 설명하기 어렵지만 사용하기는 쉬운 기술의 경우 그것을 가지고 놀아보는 게 이해의 왕도가 된다는 것이다. 간단히 컴퓨터나

디지털 카메라를 생각해보면 된다. 이것이 도구일까, 장난감일까? 그러나 이 질문은 잘못되었다. 미디어 테크놀로지의 도구적 가능성을 인식하기 위해서는 가지고 놀면서 탐색해야 한다. 여기서는 '도구(tool)'와 '장난감(toy)'의 시너지 관계가 중요하다. 이 때문에 어린이가 새로운 매체현실에 쉽게 적응하는 것이다.

이는 네트워크 자체에도 해당된다. '네트화된 사회'가 무엇을 뜻하는가는 엔지니어 기술로써 혹은 철학적으로 대답할 수 있는 질문이 아니다. 도구와 장난감으로서의 새로운 매체를 시도와 오류 과정에서 탐색해보는 사회만이 이에 대답할 수 있다. 정치가에게는, 구조조정 대신 "퍼포먼스에 의한 조직화"(아론 윌다브스키Aaron Wildavsky)가 필요하다는 의미이다. 네트워크에는 중심 지휘 장소가 없고, 개별적인 경우에 따른 법칙만 존재할 뿐이며, 이것이 서로 맞물려 전체를 이루게 된다. 이러한 네트워크의 자기 조직과정에서 결정적인 것은 바로 프란시스코 바렐라(Francisco Varela)가 "지역적 법칙에서 지구적 관계로의 이행"이라고 부른 것이다. 네트워크에는 개별적 경우와 그 다음 것에 대한 지식만 있을 뿐, 전체에 대한 조망은 없다. 네트워크의 부분들은 네트워크의 또다른 부분들을 관찰하며, 그 이상의 조망은 없다. 네트워크에서의 모든 매듭은 자동적으로 스스로와 네트워크를 위해 동시에 작동한다. 열린 네트워크와 특히 네트워크들로 이루어진 네트워크는 통일된 구조를 만들어내지 않는다. 여기서 훨씬 중요한 것은 "분명하고 통일성 있는 계획된 시스템에 의한 것이 아니라 오히려 '조립'이라는 복잡한 과정을 통해 결합된 부분네트워크들의 패치워크"(바렐라/톰슨Thompson)이다.

객관적으로 보면 사이버스페이스는 세계 곳곳에서 접속한 사람들에게 가상의 이웃관계를 가능하게 해주는 다국적인 데이터 지대이다. 네트워크들로 이루어진 네트워크는 우리가 그 안에서 침착하게 조정하는 법을 배워야 하는 가상공간의 인프라 구조를 형성한다. 앨빈 토플러는 이것을 다음과 같이 정확하게 지적한다. "일반 사용자에게는 대부분 보이지 않기 때문에, 우리 문명은 이들 숨겨진 네트워크의 응집된 광채와 개념적인 아름다움, 그리고 진화적인 중요성을 전적으로 과소평가하고 있다." 사용자 환경이라는 표면의 뒤쪽까지 볼 수 없는 사람은 이러한 커뮤니케이션 네트워크의 개념적 아름다움에 대한 감각 또한 없다. 그리고 우리 문화의 진화를 위해 그것이 어떤 의미를 가지는지도 이해하지 못할 것이다.

### 인터넷 문화

오늘날 인터넷은 ― 기술적인 면을 완전히 제외한다면 ― 자생적 질서의 키워드로서의 은유다. 열린 네트워크는 이미 오래전부터 계몽의 유토피아를 위한 프로젝트의 장이었다. 사람들은 전자정부와 가상의회에 대해 즐겨 말한다. 그러나 특히 청소년들에게 매력적인 것은 인터넷의 열린 구조 안에서 소수 집단이 네트워크를 설립할 수 있는 가능성이다. 네트워크 문화는 사회의 위계적인 피라미드 구조와 비교할 때 분명한 차이를 보인다. 열린 네트워크에서는 자유롭게 연결된 개인들이 만나며, 그 안에서 그들은 각자 언제나 새롭게 '쓸' 수 있는 하이퍼텍스트로서의 사회를 형성한다. 이러한 문화는 통일성 있는 하나의 문화가 아니라 특이한 관심과 지식을 가진 집단으로 이루어진 네트워크이다.

인터넷에서 뉴스 그룹은 언제나 자신을 중심으로 돌고 있는 낭만주의의 영원한 대화를 연상시킨다. 사람들은 '커뮤니케이션하는 것'을 커뮤니케이션한다. 수많은 유즈넷(Usenet) 회원 그룹의 토론은 아주 특이해서, 네트워크는 다른 무엇보다도 자기 스스로와 관계한다는 것, 즉 인터넷의 중심 주제는 바로 인터넷이라는 사실이 분명해진다.

열린 네트워크에는 여러 단계의 익명성이 존재한다. 그 장점은 분명하다. 익명으로 남아 있을 수 있다면 명예를 실추하지 않고 의견을 간단히 바꿀 수 있다. 역할은 물론 성별도 바꿀 수 있다. 말하자면 네트워크는 성정체성을 위해 서로 일종의 튜링 테스트를 하는 디지털 트랜스젠더들로 가득 차 있는 셈이다. 인터넷 커뮤니케이션의 가장 유혹적인 제안은, 당신은 다른 누군가가 될 수 있다는 것이다. 우리는 여기서 네트워크 정체성이라는 문제를 통해 만화경적인 개인화와 관계하게 된다. 셰리 터클(Sherry Turkle)은 이런 맥락에서 시라노 효과[*]를 언급하는데, 열린 네트워크는 나를 새롭게 창조하도록 허락해준다는 것이다.

이와 함께 사회적 위계구조에서 익숙했던 형식은 오늘날 '탈위계적' 네트워크 문화에 의해 결정적으로 점점 사라져가고 있다. 탈위계란 바로 탈중심화와 권력분립, 공동체 등을 의미한다. 이것은 우리가 원초적인 종족 형제애의 시대(Tribal Brotherhood, 종족 공동체)와 근대의 지구적인 타자애(Universal Otherhood, 모든 인간은 형제다—그러나 '타자'로서, 낯선 자로서)의 시대 이후, 이제 새로운 형태의 공동체 앞에 서 있다는 미래의 위대한 문화적 약속이다. 바로 전자적인 네트워크에 의해 전송되는 조직화된 이웃관계(Organizational Neighbourhood)인 것

---

[*] Cyrano-Effekt, 가상공간에 등장하는 개인의 성격이 실제보다 더 긍정적으로 나타나는 현상.

이다. 네트워크의 원래 의미는 인포메이션 프로세싱 차원에 있는 것이 아니라, 공동체 형성에 있다. 니콜라스 네그로폰테는 인터넷과 관련하여 "지구적 사회 조직(global social fabric)"에 대해 언급한다. 이로 인해 정체성을 형성하는 심급으로서의 '국가'는 점점 그 의미를 잃어간다 — 세계화되는, 다른 한편으로는 종족화되는 세력들을 마주해서. 다시 한번 네그로폰테를 인용해보자. "우리가 스스로에게 서로 접속할 때, 국가의 가치는 커지는 동시에 한편으로는 작아지는 전자 공동체에 그 자리를 대부분 내주게 될 것이다."

### 잡아당기기 혹은 밀기? 수동성에 대한 칭찬

상당히 특이한 일이지 않은가? 인터넷 사용자들은 대부분 최상의 소프트웨어를 소유하고 있고 이제 그것들로 해결할 수 있는 문제를 찾아 나선다. 인터넷은 해답으로 가득 찬 보물창고로 표현된다. 그러나 우리에게 부족한 것은 제대로 된 질문이다. 그리고 이것이 컴퓨터 회사들이 '상호작용'이라는 마법의 말로 우리를 속여넘기려는 일상의 전도된 세계이다. 상호작용에 적극적인 인터넷 서퍼는 브라운관 앞에서 퇴화한 카우치 포테이토 족*의 반대쪽에서 빛을 발하며 오랫동안 칭송받아왔다. 그러나 이러한 이미지에는 미적인 결함이 있다. 상호작용성이란 한편으로는 계속해서 능동적으로 커뮤니케이션하라는, 스스로 구성적으로 '형성하라는' 무리한 요구이기도 한 것이다. 그 안에는 자신이 무엇

---

\* couch patato. 군것질하며 텔레비전을 보는 게으른 시청자를 지칭하는 용어.

을 원하는지 정확히 알고 있는, 독립적이며 결코 지치지 않는 고객이라는 마케팅의 허구가 숨어 있다. 그러나 대부분의 상호작용적인 서비스에 실제로 존재하는 것은 복수의 선택 가능성일 뿐이라는 사실은 완전히 다른 것을 가르쳐준다. 우리는 무엇이 우리에게 맞지 않는지, 무엇이 우리를 지루하게 만드는지를 말할 수는 있지만, 대부분의 경우 우리가 무엇을 원하는지, 어떻게 개선할 수 있는지는 말할 수 없다.

텔레비전의 경우 이 문제가 좀더 간단해진다. 텔레비전의 리모컨은 마술봉인 동시에 비판의 무기이다. 더이상 필요한 것은 없다. 독일의 상업방송 RTL의 사회자가 비꼬며 한 말이 진실을 드러내고 있다. '텔레비전을 보는 시청자는 냉장고와의 상호작용만으로도 충분하다.' 스스로에게 물어보라. 당신은 정말 유럽 축구 리그전을 시청할 때 스스로 서로 다른 카메라의 위치를 고르고 싶은가? 또 멜로 영화를 볼 때 해피엔딩일지 비극으로 끝날지 스스로 정하고 싶은가? 서비스와 편리성은 전혀 다른 것을 요구한다. 나는 서비스를 편하게 제공받고 싶을 뿐, 선택에 대한 강요로 고통받고 싶지는 않다.

이로써 우리는 텔레비전과 인터넷의 새로운 결합 형태인 웹캐스팅 단계에 이르게 된다. 텔레비전 시청은 여기서 대량의 디지털 데이터를 다루는 모델이 된다. 잡아당기기보다는 밀어내기. 데이터에 '자유롭게 접근하는 것', 즉 수많은 선택 가능성과 사용자가 직접 디자인할 수 있는 자유는 물론 매력적이고 유혹적이지만, 다른 한편으로는 피곤한 것이며, 방향감각을 상실할 수도 있다는 것을 드디어 사람들이 이해하고 있다. 바로 여기에서 웹캐스팅은 누구나 벗어나고 싶어하는 짐을 덜어준다. 무엇이 나에게 흥미로울 수 있는지 직접 찾아 나설 필요 없이 간단하게 맞춤 데이터 방송을 인터넷에서 수신한다. 웹캐스팅은 상호작용의 일을 나를 위해 봉사하는 소프트웨어-로봇에게 맡겨버린다. 이러한 에이전트가 나를 위해 일하도록 해야 할까? 그걸 내가 생각할 필요가 있나?—내 소프트웨어는 충분히 똑똑한데. 이것은 일상생활의 무대를 노리는 초소형 컴퓨터의 공격이기도 하다. MIT에서 논의되고 있는 생각하는 사물(Things that think) 말이다. 아울러 수동적인 인터넷 관람자들은 불쾌한 지식의 역설에 부딪힌다. 그것은 원하는 것을 찾기 위해서는 먼저 원하는 것이 무엇인지 알아야 한다는 사실이다. 이런 이유 때문에 맞춤 방송을 보는 것으로 충분하다. 그리고 이제는 카우치 포테이토 족을 차별하지 말자. 사이버스페이스에서도 게으를 권리가 있다.

### 주도 동기 : 단순함

'컴퓨터의 해' 1997년의 새로운 트렌드가 무엇이냐는 질문에 빌 게이츠는 간단히 이렇게 대답했다. 단순성. 이것은 전혀 무해한 것처럼 들리지만, 반드시 그렇지는 않다. 이 단순성으로의 결정은 해커와 기술자들의 세계를 은폐하기 때문이다. 항상 세 가지 디지털 세계, 즉 컴퓨터에 대한 서로 다른 세 가지 입장이 존재해왔다. 첫째, 해커들은 복잡성에 맞서 작업한다. 그들은 어떤 복잡한 프로그램이라도 오류가 전혀 없지는 않다는 사실로 먹고살며, 그들의 창조성은 디버깅*이라는 이름으로 불린다. 한편 기술자들은 납땜인두를 손에 든 환원주의자이다. 이들은 하드웨어만 중시하며, 기계언어와 피학적인 사랑에 빠져 있다. 그

---

\* Debugging, 오류 교정 시스템.

리고 마지막으로 사용자, 바로 단순성을 소비하는 고객이 있다. 그들은 프로그램이나 프로세서에 대해서는 알고 싶어하지 않으며, 사용자 친화적인 환경에만 머물러 있고자 한다. 이것은 생활 태도에도 영향을 미친다. 셰리 터클은 "우리는 사물을 인터페이스의 가치로 받아들이는 것을 배웠다"고 올바르게 지적한다. 이제 이 검은 판 안에서 무슨 일이 일어나고 있는지 모른다는 사실을 받아들여야 한다. 이것은 원래 자동차에 해당하는 말이었지만, 오늘날 컴퓨터의 블랙박스에도 잘 들어맞는다. 왜냐하면 그 안에서 무슨 일이 일어나는지를 아는 것이 그것의 사회적인 기능을 이해하는 데 그리 중요하지 않기 때문이다. 컴퓨터가 기술적으로 어떻게 작동하느냐는 질문은 컴퓨터가 사회적으로 어떤 의미가 있느냐는 질문과는 아무런 관련이 없다. 하나의 질문을 전혀 이해할 수 없는데도 다른 질문은 이해할 수 있다. 차가 아우토반에서 멈춰 섰을 때 요즘 누가 보닛을 열어보겠는가. 우리는 모든 것을 알 수는 없으며 어딘가 상세한 부분에서는 알고자 하는 마음을 접어야 한다. 이것은 '실천의 결핍'이 아니라 아무리 해도 걸러지지 않는 거친 입자들이다. 혹은 반대로도 추측해볼 수 있다. 실천은 개념이 부족한 사람들이 가장 사랑하는 개념이다. 컴퓨터를 매체로 이해하고자 한다면 그것을 비틀어 열어보는 것은 아무런 도움이 되지 않는다.

그러므로 커뮤니케이션의 매체로써 컴퓨터에 관심을 가지는 사람이라면 안심하고 해커와 기술자들은 잊어도 된다. 달리 말해서 사회학적으로 논증하는 사람은 더이상 '커뮤니케이션'의 요소를 해체할 수 없다. 소프트웨어의 내부 세계에서도 모든 기호는 이미 오래전부터 단순성과 거친 입자를 지향하고 있다. 새로운 소프트웨어 미학은 우리에게 더이상 법칙을 배우라고(통사론Syntax) 강요하지 않고, 우리가 환경을 연구해나가도록(형태Gestalt) 해준다. 또한 인터넷상의 '존재의 디지털화(Being digital)', 즉 홈페이지의 저자가 되는 일은 점점 더 쉬워지고 있다. 오늘날 웹페이지 제작은 인쇄 명령 대신 'html로 저장하기' 항목을 클릭만 하면 해결된다. 그리고 이제 우리가 그 자체로는 훌륭한 검색엔진들에서 경험한 어려움, 즉 인터넷에서 도대체 무엇을 찾아야 하는지의 문제를 해결할 방법도 마침내 찾은 듯하다. 야후!의 사장 팀 쿠글(Tim Koogle)에 따르면 "사용자는 자신이 무엇을 찾고 있는지 먼저 그것을 본 후에야만 알 수 있다"는 것이다.

그리고 그렇기 때문에 자바와 마림바(marimba)가 있다. 이들의 이름부터가 벌써 건조한 설치작업이 아닌 순수한 도락을 약속해준다. 쉽게 말하자면 브로드캐스팅과 인터넷의 결합인 것이다. 더이상 여기저기 찾아다닐 필요 없이, 모든 것이 전송되어온다. 이보다 더 단순할 수는 없다. 그러나 단순한 것이 좋은 것이기도 할까? 이 질문은 빌 게이츠 같은 비즈니스 천재에게는 물론 관심 밖의 일이겠지만, 우리는 한번 깊이 수심을 재볼 필요가 있다. 아마도 철학자 화이트헤드의 공식이 여기서 다시 현실성을 획득하게 될지도 모르겠다. "단순성을 찾아내라, 그리고 그것을 의심하라."

제2장

# 지식 사회

세계화, 네트워크화, 세계커뮤니케이션. 여기서 사람들은 모든 것이 함께 하나의 세계로, 디지털 지구촌으로 성장한다는 환상에 쉽게 빠진다. 실제로 모든 장소의 경계가 무너지고 있다. 유럽 국가들 사이, 계급의 취향 사이, 기업의 분야들 사이에서. 이제는 도처에 할리우드 스타들이 빛나고, 어디에서든지 맥도날드를 볼 수 있으며, 세계 곳곳을 마이크로소프트가 지배하고 있다. 그리고 적어도 실업자가 될 수 있는 기회만큼은 우리 모두에게 거의 평등하게 주어진다. 그러나 이러한 밀레니엄-백일몽에서 깨어나면 새로운 경계를 분명하게 인식할 수 있게 된다. 가장 뚜렷한 경계에 대해서는 벤저민 바버가 언급했는데, 그것은 맥월드에 대항한 지하드, 즉 이제 근본적인 것은 전혀 남아 있지 않은 서구의 네트워크 문화와 매체문화에 맞서고 있는 이슬람 근본주의의 성전이다. 이와 비슷하게 접속한 자와 접속하지 않은 자, 즉 '링크된

자' 와 '링크되지 않은 자'의 임시분계선도 작동한다. IP주소가 없는 사람은 세계 네트워크의 그물망에서 떨어져나간다. 여기까지는 간단하다.

이보다 어려운 것은 프로그래밍하는 사람과 프로그램된 사람의 경계를 인식하는 일인데, 문제는 이러한 새로운 계급 분열에 따른 결과를 과소평가하는 것이다. 무엇보다 소프트웨어 산업이 학습 능력이 있는 구매자라고 부추겨 사용자를 현혹하고 있는 것이 문제다. 사실 컴퓨터의 논리적 깊이에 대해서는 아무것도 모르는 고객이 이상적이다—"반드시 전문가만 본체를 개폐하십시오." 그리고 사이버스페이스를 통해서도 하나의 분명한 경계, 즉 자본주의와 무정부주의의 경계가 형성된다. 로터스(Lotus)의 광고가 아주 분명한 메시지를 전해준다. "자본주의의 보이지 않는 위대한 손이 인터넷의 머리를 위쪽으로 철썩 때렸다. 이제 어떻게 될 것인가?" 다시 말해 인터넷은 잡담과 사진, 농담과 미친 짓으로 가득 차 있는 아우기아스 왕의 마구간이다. 이것은 마침내 깨끗이 청소되어 '진지한 사업(serious business)'의 안정성이라는 기준에 예속된다. 다른 모든 것은 '어리석은 일(stupid stuff)'일 뿐이다.

이미 이야기한 대로 이는 자명한 일이다. 반면에 존 캐츠(Jon Katz)가 사이버컬트 잡지 *와이어드Wired*에서 인터넷 정신으로부터 디지털 국가의 탄생을 불러낸 것은 거의 낭만적인 동화처럼 들린다. 디지털 국가의 시민은 젊고 교육을 받았으며 명예욕에 불타는 사람들이다. 그들은 보통 대학이나 텔레커뮤니케이션 회사, 매체 관련 직종이나 금융회사에서 일한다. 관용적이고 이성적이며 매체를 다룰 수 있는 능력이 있으며 비정치적, 아니 '포스트-정치적'이다. 이러한 네트워크의 시민이 열광하는 것은 단 하나, 자유롭게 흐르는 정보뿐이다. 누구나 말할 수 있고 들을 수 있어야 한다.

그러나 이것은 사실이라기에는 너무 이상적이다. 사회 자체가 이미 절대적인 정보의 자유를 배제하고 있다. 단지 암호화의 자유를 통해 보장된 사적 영역뿐만 아니라, 군사 문제나 정치에 있어서 극비 정보, 또 경제에서 기업 비밀과 저작권에서도 마찬가지다. 그렇기 때문에 어느 곳이나 방화벽(Firewall)*과 출입구(Gateway)**가 있고, 접근 제한과 비밀 정보가 있다. 급진적으로 민주적인 커뮤니케이션 수단은 자본주의의 관심 밖에 놓여 있기 때문이다. 인터넷 1은 '진지한 사업'을 위한 도구로 제공된다. 물론 유료이다. 그리고 인터넷 2는 나머지 세계가 '어리석은 것들' 안에서 서핑하도록 내버려둔다. 이것이 새로운 경계다.

### 네트워크로서의 비즈니스—네트워크에서의 비즈니스

그렇다면 '진지한 사업'으로 눈을 돌려보자. 멀티미디어 사회의 경제는 어떻게 보이는가? 그것은 커뮤니케이션의 생산력과 커뮤니케이션의 욕망이라는 두 개의 중점으로 구성되는 타원으로 묘사할 수 있을 것이다. 계몽으로서의 정보나 데이터 처리과정만 문제가 되는 것이 아니라—정말 완전히 다른 것이다!—매혹으로서의 커뮤니케이션이 문제가 된다. 멀티미디어 사회에서 매혹으로서의 커뮤니케이션은 이제까지 이야기해왔다. 여기서는 커뮤니케이션 생산력을 가장 중요한 일로 여기도록 모든 기업가와 최고 매니저들에게 강요하는 객관적인 사실을 명시해보자.

---

\* 컴퓨터 정보 보안을 위해 네트워크상의 불법 접근을 차단하는 시스템.
\*\* 프로토콜이 다른 네트워크들 사이의 접속장치.

- 경제의 세계화(글로벌 플레이어, 장소가 사라진 사회)
- 노동관계의 가상화(원거리 근무자, 커뮤니케이션 유목민)
- 조직에서의 탈위계(커뮤니케이션 네트워크로서의 기업)
- 생산품의 비물질화(점점 증가하는 상담 요구)

보이지 않는 것의 경제의 경우, 탈중심적인 전자지구촌, 위성 커뮤니케이션의 축소된 세계라는 매클루언의 비전이 실현되었다. 네트워크에 접속되어 있는 동안은 공간적인 거리가 중요하지 않다. 이러한 의미에서 윌리엄 노크는 네트워크화된 사회를 "장소 없는 사회"라 특징짓고 있다. 경제의 경우, 회사가 원래 자리하고 있던 지역과의 감정적인 연결을 쉽게 끊을 수 있다는 것을 의미한다. 특히 회사가 그곳에서 규정에 얽매이는 사람들을 상대해야 할 때는 더욱 그렇다. 바로 이것이 독일사무원노조연합(DA)의 마르틴 헤어초크(Martin Herzog)의 간결하면서도 효과적인 문장이 의미하는 바다. "우리가 애국자일지는 몰라도, 바보는 아니다."

기업은 아주 복잡한 시스템이다. 소란스러운 세상에서 그들은 환경의 영향에 대한 개방성을 통해 자신의 정체성을 안정화시킨다. 다시 말해, 기업 같은 복잡한 시스템은 언제나 자극에 민감해야 한다. 이는 방해라는 말로부터 긍정적인 개념을 발전시켜야 함을 전제한다. 복잡한 조직의 자기 보존, 그러니까 기업의 생존전략은 피드백이 순환되는 네트워크 안에서의 커뮤니케이션과정으로 묘사된다. 원칙적으로 조직이 스스로와 관계할 때, 그것이 바로 커뮤니케이션이 된다. 피드백과정에서 자극과 난기류가 처리되는 것이다. 이러한 사실은 기업이 시장의 혼란을 비상사태가 아니라 하나의 규범으로 파악해야 한다는 것을 전제하고 있으며, 시장과 테크놀로지가 밀접하게 연결되어 있는 상황에서 언제나 급박한 결정을 내리도록 강요당하는 모든 조직에 해당하는 사안이다.

시스템의 안정성과 유연성은 커뮤니케이션에 대한 시스템의 선호도에서 드러난다. 기업 네트워크의 매니저가 명령과 위계질서를 통해 운영 능력을 증명하고자 한다면, 그의 총명한 동료들은 그저 지휘를 받고 있는 듯 연기를 할 것이다. 더 많은 기업이 평면적 네트워크와 탈위계적인 피드백 시스템으로 변화할수록, 직원 영역에서도 결정적인 권력 과정이 더 많이 바뀌게 된다. 이와 함께 매니저의 과제가 완전히 새롭게 정의되는데, 그는 스스로를 트레이너로서, 그리고 동시에 부하직원들의 권력 다툼을 판정하는 심판으로서 이해해야 한다. 매니저는 자신이 조종하는 시스템의 한 요소인 것이다.

그러므로 위노그래드(Winograd)와 플로레스(Flores)가 말했듯이 "매니지먼트는 상호 교차되는 책임을 가진 네트워크의 표현과 활동을 돌보는 것"으로 정의할 수 있을 것이다. 탁월한 경영자란 미래에는 그 안에서 진화적인 자기 조직과정이 성취될 수 있는 배경으로만 정의될 것이다—자기 경영으로의 경영. 위계질서는 곧 커뮤니케이션의 반대말이다. 그러므로 네트워크의 새로운 기술 수준은 결정과정의 근본적인 변화를 강요한다. 명령은 꼭대기에서 바닥으로 흐르는 것이 아니라 작은 순환 속에서 흐르게 된다. 키워드는 탈위계질서(Heterarchie)이다. 작은 프로세서들이 메인프레임이라는 거대 공룡을 멸종시킨 것처럼, 미래에는 기업의 모듈화가 새로운 조직 형태인 프랙털한 매니지먼트를 요구할 것이다.

이러한 마법의 주문은 빠르게 설명할 수 있다. 미래의 대기업은 유연하고, 준독립적으로 작동하는 '자기 유사적인' 기업 모듈로 분해된다. 기업의 외적 관계는 원거리협력(Telecooperation)의 성격을 가지며, 그들의 동료는 갈수록 원거리 근무자(Telecommuter)가 될 것이다―가상적인 일자리의 극한치와 함께. 벌써 인터넷상에서 프로젝트로만 결합된 가상의 기업이 존재한다. 프로젝트가 완수되면, 기업은 다시 분해된다―정확히 말하자면, 서로 완전히 독립적인 모듈로 돌아간다.

그래서 미래의 비즈니스에서 성공하려는 사람은 매체능력과 수준 높은 커뮤니케이션 개념을 갖고 있어야 한다. 회사와 기업은 조직이고, "조직은 지침과 임무로 구성된 네트워크로 존재하기"(위노그래드/플로레스) 때문이다. 복잡한 듯하지만, 간단히 이해할 수 있다. 모든 사업에서 문제가 되는 것은 제안과 문의, 약속과 확인이다. 조직의 네트워크는 대화의 네트워크이다. 따라서 비즈니스 네트워크에서 더이상 분해되지 않는 네트워크 요소가 커뮤니케이션이라는 것이 확실해진다. 매니지먼트 이론의 선구자 톰 피터스(Tom Peters)의 지적에 따르면 "지식의 산출과 네트워크의 운율은 일에 대해 우리가 생각하는 방식에서 일어나는 드라마틱한 변화의 한 부분이다―대화로서의 일". 오늘날 일과 사업이 대화가 되었다면, 이러한 대화과정을 진보적인 매체를 사용해 지원하는 일은 결정적으로 중요하다. 바로 멀티미디어와 하이퍼미디어, 하이퍼텍스트를 둘러싸고 한창 벌어지고 있는 토론의 근본적인 의미가 여기에 있다.

## 네트워크 의존성 : 비즈니스 대 비즈니스

프리드리히 폰 하이에크(Friedrich von Hayek)는, 중요한 경제정보들이 집중되어 있는 곳이 시장이라고 생각했다. 이 이론은 우리 시대 정보사회에서 새롭고 의미심장한 의미를 얻는다. 마케팅은 시장으로부터의 커뮤니케이션을 통한 기업의 조정이다. 물론 오늘날 스스로를 경제적으로 방향 설정하기 위해서는 가격의 정보와 경쟁의 '탐색과정'만으로는 충분하지 않다. 소비자 정보에 대해서는 트렌드 연구와 컴퓨터로 지원되는 디렉트 마케팅의 기술로 조심스럽게 접근해야 한다. 그렇지만 비즈니스 대 비즈니스 영역에서는 어떻게 마케팅을 조정해야 하는가?

기업의 홈페이지에 사업 파트너나 시장 파트너의 링크를 제공하는 것만으로는 부족하다는 것은 자명하다. 그러나 인터넷은 비즈니스 대 비즈니스 마케팅을 최적화하는 데 아주 중요한 매체이다. 비즈니스 대 비즈니스는 시장의 틈새를 발견하기 위해, 자사보다는 다른 곳에서 좀더 발전시킬 수 있는 소스의 공개를 위해, 현명한 파트너를 찾아 조인트 벤처를 형성하기 위해, 혹은 단지 조직구조를 변형하기 위한 기업들 사이의 비교를 위해 무엇보다도 탁월한 매체로 작동한다. 따라서 기업들은 더이상 경쟁관계에만 머물지 않고, 서로를 보충해서 네트워크를 형성한다.

상호조직적인 네트워크(Interorganizational Networks)는 기업과 시장의 구분을 무력화한다. 네트워크화된 세계에서는 시장과 조직 사이의 잡종 형성과 상호 침투가 갈수록 빈번해진다. 이것이 바로 에리히 샨체(Erich Schanze)가 말한 "공생적인 협약"이다. 조인트 벤처나 프랜차이징을 생각하면 쉽게 이해할 수 있을 것이다. 앤터니 든(Antony Dnes)은 말한다. "프랜차이징은 독립적인 회사들로 구성된 한 세트라기보다는 편입된 비즈니스에 가깝다." 네트워크에서 모든 결절점은 동시에 스스로와 네트워크를 위해 독립적으로 기능한다. 여기서 문제는 순수한 조직구조나 단순한 시장 협약이 아니라 바로 미래의 비즈니스를 특징 지을 특수한 혼합 형태다. 그들은 생각보다 견고해서, 시장보다는 신뢰할 수 있고 조직보다는 유연하다.

디지털로 네트워크화된 조직은 위계적인 명령체계 안에서는 더이상 유의미하게 표현될 수 없으며, 분명한 윤곽이 있는 '몸체'와 일치하지도 않는다. 오늘날 하나의 기업은 본질적으로 정보 처리과정으로 형성된 내부적이고 외적인 관계의 화신일 뿐이다. 톰 피터스는 이것을 "모든 것의 무형화"라 부른다. 조직도 일도 생산품도 이제는 손으로 잡을 수 없다. 더 나아가 케빈 켈리(Kevin Kelly)는 네트워크 경제의 "새로운 정신성"을 말한다.

따라서 한 기업의 경쟁력은 무엇보다도 이 기업이 다른 기업들과 맺는 관계구조에 의하여 결정된다. 이러한 관계에서 회사들은 동시에 고객으로, 경쟁자로, 파트너로 등장한다. 앨빈 토플러는 "권력-모자이크"를 언급하는데, 여기에는 커뮤니케이션이라는 단 하나의 통제형식이 존재한다. 경쟁은 갈수록 '파트너가 되는 과정'이 될 것이다. 그리고 오늘날 시장 의존성은 구체적으로 네트워크 의존성을 의미한다.

군터 토이브너(Gunther Teubner)는 이러한 맥락에서 비즈니스 네트워크를 정밀하게 구분되는 개념으로 발전시키려 한다. "행동 시스템이 형식을 갖춘 조직으로, 그리고 동시에 독립적인 행위자들 사이의 계약관계로 형성된 다음에야 비로소 네트워크를 이야기해야 한다." 토이브너의 이러한 정의는 분명하고 전적으로 앞서는 것이지만, 아직 지나치게 행동에 고정되어 있어, 대화라는 새로운 사업에서 더이상 분해할 수 없는 최종 단위가 바로 커뮤니케이션이라는 사실을 간과하고 있다.

토이브너는 비즈니스-네트워크를 무엇보다 행동 시스템으로 논의하는데, 그에게는 "집단 행위자"의 문제가 중요하기 때문이다. 그렇다면 프랜차이징-네트워크를 행동 주체로 이해할 수 있는가? 어떻게 네트워크를 행위에 편입시켜야 하는가? 이러한 질문은 법률적인 해석에서뿐만 아니라 노동조합에도 커다란 관심을 불러일으킨다. 왜냐하면 기업의 결정이 네트워크의 창발적 진화현상이라면 노동쟁의도 무의미해지기 때문이다. 전자(電子)적인 연결방식은 조직 내의, 그리고 조직들 사이의 경계, 다시 말해 투쟁과 경쟁의 전선을 지워버린다.


### 사이버스페이스에서의 회사생활

경제의 세계화에 대해서 이야기하려면 동시에 기업 내부의 국지적인 자기 조직에 대해서도 언급해야 한다. 양쪽은 상보적이기 때문이다. 그래서 인터넷은 오늘날 세계커뮤니케이션의 인프라 구조로서뿐만 아니라 자생적인 질서의 은유로서도 매력적이다. 이 두 가지는 회사생활에도 뚜렷한 변화를 가져온다. 사람들은 위계적인 권위가 점차 커뮤니케이션으로 대체된다는 인상을 받는다. 이전에 정보는 권위에 의해 보장받았다—"보스가 그렇게 말했다". 지금은 정보가 권위를 보장해준다. 그리고 정보를 얻는 소스 경쟁을 통해서만 조직의 효율성을 높일 수 있다는 것을 모두가 차츰 이해해가고 있다. 이것을 탈위계라 부른다. 정확히 말하면 조직은 대화의 네트워크다.

이렇게 오늘날에는—전통적인 회사생활의 사회적 위계질서의 심기를 거스르면서—'수평적인' 네트워크 문화가 퍼지고 있다. 기술적으로는 미팅웨어(Meetingware)라 불리는 소프트웨어를 통해 이행되어, 보이지 않게 위계질서를 전복했다. 그러나 위계적인 권위가 커뮤니케이션으로 대체되면서 의견 수렴까지 걸리는 시간이 늘어난다는 대가도 치러야 했다. 하달되는 명령은 시간을 절약할 수 있지만 수평적인 커뮤니케이션은 시간을 빼앗는다. 직접 얼굴을 대하는 일대일 커뮤니케이션의 경우가 특히 그렇다. 이런 커뮤니케이션은 언제나 시간을 정해 만날 것을 강요한다.

탈위계적인 회사생활이 안고 있는 또하나의 문제점은 커뮤니케이션의 촉진이 곧 정보처리의 촉진이 아니라는 점이다. 그와는 반대로 사회적 사교는 잡담으로 기우는 경향이 있다. 그러나 바로 이 잡담, 이른바 사무실의 비공식적인 커뮤니케이션은 사무실을 제대로 돌아가게 하는 매우 중요한 요소이다. 따라서 소프트웨어 디자인도 언제나 커뮤니케이션을 목표로 한다. 이전의 IBM 메인프레임은 고전적이고 권위 있는 정보처리 방식의 화신이었고, 퍼스널 컴퓨터는 모든 개인에게 '당신 손가락 끝에 있는 정보'를 약속해주었다. 그리고 오늘날은 정보가 아니라 관계와 함께 회사생활을 시작하도록 해주는 인터퍼스널 **컴퓨터**를 지향한다.

네트워크 문화에서 회사생활은 국지적인 자기 조직의 영향 아래 있지만, 그것이 매니지먼트를 불필요하게 만들지는 않는다. 오히려 문제는 매니지먼트가 계속 매니저의 일인가, 하는 것이다. 현재 인공지능의 이름으로 테일러 식 과학적 매니지먼트의 적용이 매니지먼트 정신에 실험되고 있다. 매니저에 대해 항구적인 튜링 테스트를 실시할 수도 있을 것이다. 당신의 수행 능력 가운데 어느 부분을 소프트웨어로 대체할 수 있나요? 이 테스트를 견뎌낸 사람, 즉 '인텔리전트 에이전트에 기반한 시스템'으로 대체되지 않은 사람은 바로 역설을 해결하는 일에 있어서의 대가일 것이다. 오늘날 매니지먼트는 무엇보다 탈중심화와 통제의 문제에 봉착해 있기 때문이다. 오로지 통제를 포기할 때만이 그 통제를 성공적으로 행사할 수 있다는 데 역설이 놓여 있다. 즉 탈중심화와 느슨한 결합(loose coupling)만이 '핵심 가치(core value)'의 통제를 가능하게 한다는 것이다. 이것을 다시 공식으로 말하자면, 기업 내에서 이유로서의 위계질서를 구해내려는 자는 바로 탈위계질서라는 방법을 후원해야 한다는 것이다.

이러한 복잡한 상황은 컴퓨터가 새로운 사무도구라는 소박한 생각으로는 해결할 수 없다. 인터넷이나 인트라넷 같은 네트워크에서 컴퓨터가 단순히 도구가 아니라는 것을 배울 수 있다. 관료주의도 도구가 아니라 객관적으로 흘러나온 정신이다. 오늘날 누군가 네트워크-은유를 즐겨 쓴다면, 매체를 전환하고 있다는 좋은 의미다. 좀더 정확하게 말하자면, 하이퍼미디어로서 컴퓨터는 도구가 아니라 총체적인 일자리이다. 정확한 의미에서는 사이버스페이스도 워크스페이스(Workspace)로 이해해야 한다. 이것이 세계 경제의 전자적인 신경체계이다.


"나는 비즈니스다"


사무실 책상에 놓여 있는 컴퓨터―이것은 새로운 매체환경에서 익숙하지만 한편으로는 지나치게 단순화된 일자리의 모습이다. 패러다임의 변화를 정확하게 표현하기 위해서, 사무실이란 전통적으로 다음 세

가지를 뜻한다는 것을 다시 한번 상기하는 게 도움이 될 것이다.

- 개인 생활과 일의 분리.
- 파일 형식성.
- 기업체의 성격.

습관은 여기서 고유한 가치가 된다. 독립적인 것은 당연한 것으로, 기업은 그렇게 '굴러간다'. 그리고 이런 식으로 더 잘 굴러갈수록 예측하지 못한 것에 적응하는 능력은 오히려 적어진다. 다르게 표현하면, 전통적인 사무실의 세계는 합리적이고 안정적이며 신뢰할 수 있었다. 그러나 바로 그 때문에 유연하지 못하고 반(反)개혁적이기도 했다.

이 반대의 자리에 오늘날의 일인 사무실 개념이 있다. 기술적으로 구체화하면, 모뎀이 전통적 사무실의 반대상이 된 것이다. 텔레워커(Teleworker)는 이렇게 말할 것이다. 모뎀이 있는 곳에 내 사무실이 있다. 이러한 커뮤니케이션 유목민은 대개 커뮤니케이션 모나드로 등장한다. 그것이 비행기 안의 노트북이든 인터시티 객실 안 휴대폰이든 당면 문제에 한해 일인 사무실이 생성되고 나머지 세계는 잠시 사라진다. 이미 노키아 커뮤니케이터 같은 가젯들은 이 여행이 어디로 향하고 있는지 보여주고 있다. 전화, 팩스, 컴퓨터, 인터넷 접속—이제 손 안에 사무실이 있다.

그러나 이와 같은 가젯을 도구로만 설명한다면, 지나치게 근시안적인 이해이다. 적어도 이것은 도구로서 유용한 만큼이나 매혹적이고 지적인 장난감이다. 그리고 이것이 바로 일자리와 놀이공간이 겹치는, 사이버스페이스에서의 회사생활이 가진 특징이다. 업무 시간에 컴퓨터

게임을 하는 부하직원을 발견한 경영자들에게 이 말은 위로가 될 것이다. 그렇지만 문제점은 놀이 욕구가 아니라 전혀 다른 것이다. 기계 작동의 즐거움과 그 영향은 우리가 컴퓨터를 다루면서 컴퓨터로 자동 해결할 수 있는 과제만 선호하게 되는 결과를 낳는다.

컴퓨터 전문가인 페터 글라저(Peter Glaser)는 이와 관련하여 다음과 같이 적절하게 지적했다. "이제는 사람들이 일을 하러 회사에 갔다가 일을 마친 후 집으로 돌아오는 것이 아니라, 일거리가 집으로 와서 완성된 후 회사로 보내진다." 일이 일자리에서 해방된 것이다. 이것은 자유를 얻었다는 말처럼 들린다. 그러나 여기에도 치러야 할 대가가 있다. 얼굴을 맞대는 일대일 상호작용의 사회적 환경이 축소된다. 이에 더하여 이러한 종류의 업무는 '직업'이 아니라 조직의 문제를 해결하기 위한 전략으로 표현된다. 이때 직업뿐만 아니라 기업 또한 사라진다. 철학자들은 회사에 대해서도 해체이론(Dekonstruktion)의 개념을 사용할 수 있을 것이다. 개개인이 기업 경영자가 된다. "내가 비즈니스다." 이것이 탈조직화의 논리적 극한치이다.

사무실의 레이아웃이 커뮤니케이션 구조를 결정한다. 어떤 커뮤니케이션 형식을 목표로 하고 있는가? 직접적인 일대일 커뮤니케이션, 서류 전달, 전화, 이메일은 서로 다른 작동방식을 갖는다. 이메일과 자동응답기, 팩스는 메시지를 남기는 새로운 형식이다. 이것들은 편지나 커뮤니케이션 스펙트럼의 반대편에 있는 전화와는 달리 내용을 빨리 전달하면서도 직접성과 현재성의 압박을 덜어준다. 그리고 이렇게 기술적으로 가능해진 커뮤니케이션 형식과 비교될 수 없는 것은, 바로 어빙 고프먼(Erving Goffman)이 말한 "얼굴을 맞대고 하는 일(face-work)"이다. 널리 알려진 선입관과는 달리, 이러한 직접적인 일대일 커뮤니케이션은 그리 간단하지 않다. 이들은 고도로 복잡한 '멀티미디어'적 성격을 갖고 있다.

그래서 오늘날 매니저에게는 미디어 능력, 즉 사무실에서의 적절한 미디어믹스에 대한 감각이 필요하다. 매니지먼트는 커뮤니케이션 디자인이며, 사무실은 새로운 커뮤니케이션 매체들의 실험실이다. 이곳에서 '살아 있는 객체'를 대상으로 한 실험은 다음과 같은 질문들에 대한 답을 줄 것이다. 사회적으로 기초된 비공식적인 커뮤니케이션은 새로운 매체조건 아래서 어떻게 변화할 것인가? 모든 사람이 모든 사람과 커뮤니케이션할 수 있다는 사실을 사람들이 어떻게 견뎌낼 것인가? 바로 자신이 가상의 기업이라는 정체성을 획득할 수 있을까? 우리는 미래의 사무실에서 데이터 프로세싱과 피플 프로세싱이라는 두 가지 요소가 가위의 양날처럼 계속 벌어지리라는 것을 추측할 수 있다. 우리 사회는 정보처리 영역에서 막대한 진보를 이루고 있지만 '사회적'으로는 여전히 제자리에 머물러 있다. 그리고 어떤 '매니지먼트 방정식'으로도 이 문제를 풀 수 없다. 아마도 이런 것들이 미래 회사생활의 최종 도안을 그려낼 것이다.

네트워크화와 상호작용성은 시스템 내의 관련성과 상호 구속을 강화하며, 더 촘촘한 접속 상태를 획득한다는 목적을 가지고 있다. 그러나 조직들 사이의 상호 의존은 개인의 정보처리 용량에서 원칙적인 한계를 발견하게 된다. 인터넷과 이메일은 우리를 이러한 한계로 아주 빨리 끌고 간다. 모든 사람이 모든 사람과 커뮤니케이션할 수 있다는 사실은 주의력의 한계를 넘어 부담을 주는 일이기 때문이다. 여기에서 우리는 사이버스페이스에서 회사일을 하는 데 가장 부족한 자원이 주의력이라는 사실을 배울 수 있다. 그렇기 때문에 매니지먼트는 언제나 "주의력 매니지먼트(attention management)"(허버트 사이먼Herbert A. Simon)인 것이다. 선별, 걸러내기 그리고 디자인.

　이와 함께 우리는 정보 아나키즘의 성스러운 정신을 없애고 싶어하는 조직 위계질서의 필요성에 다시 봉착한다. 정보의 과부하에 대해서는 선별작업을 위임하는 것만이 도움이 된다. 멀티미디어 사회의 정보 흐름에서 '부가가치'란 오로지 더 적은 정보라는 의미일 뿐이다. 그러나 어떻게 적은 정보로 만들 것인가? 이미 있는 정보를 처리하지 않도록 할 수는 없다. 여기서 다시 **컴퓨터**는 할 수 없는 무언가를 인간이 할 수 있다는 사실이 분명해지는 지점에 이르게 된다. 무엇이 정보를 필요한 것으로, 의미 있는 것으로 만드는가? 그것은 정보처리에서 특수한 인간적 형태이다. "잊어버리기".

### 정보에 대한 불만

　'정보사회'로 우리 문화를 묘사하는 데에는 불편한 점이 있다. 여기에서 정보사회란 물질과 에너지의 과정이 아니라 차이에 의해서, 결국에는 0과 1의 연속으로 움직이는 사회를 말한다. 그레고리 베이트슨의 유명한 정의에 따르면 정보란 곧 결과를 불러일으키는 차이를 뜻하기 때문이다. 이 결과는 또다른 차이를 낳는다. 이렇게 되면 모든 존재는 손으로 잡을 수 있는 구체적인 성질을 잃어버리며, 실제로 매니지먼트 이론가 톰 피터스는 이런 맥락에서 "모든 것의 무형화"를 이야기한다.

　지식사회에 대해서 이야기하는 사람은, 정보사회라는 유행 공식에 대한 불만을 강조한다. 정보는 유의미한 것과 무의미한 것을 구분하지 못한다. 그것은 메시지의 가치를 정하는 척도가 아니다. 미국의 시인 도널드 홀(Donald Hall)은 이러한 이유로 "정보는 지성의 적"이라고 말한다. 이보다 덜 공격적으로 표현하자면, 디지털 정보는 지향성의 세계와는 관계가 없다. 우리가 '의미'에 대해서 말할 때 뜻하는 세계 말이다. 허버트 사이먼은 "정보가 그곳에 있다는 이유로 처리될 필요는 없다"고 적절하게 지적한다. 그러나 이런 단순한 시각은 시야에서 멀티미디어 사회를 놓치고 있다. 새로운 정보 기술의 압박 아래서 사람들은 모든 문제를 알지 못해서 발생하는 문제로 표현하려는 경향이 있다. 그러나 의미를 묻는 질문에는 정보로 대답할 수 없다. "문제는 혼란이지, 무지가 아니다."(카를 바이크)

정보 전달은 인간의 커뮤니케이션을 형성하는 것과는 거의 관련이 없다. 여기에는 즉각 처리되는 정보과정이 우리에게 숙고할 만한 시간을 주지 않는다는 사실이 덧붙는다. 가속화는 성찰의 가능성을 빼앗는다. 이러한 구분이 철학자 위르겐 미텔슈트라스(Jürgen Mittelstrass)의 유명한 문장, 서구 사회의 인간이 "정보 거인이자 동시에 지식의 난쟁이"라는 말 뒤에 숨어 있다. 정보를 이용하기 위해서는 (그리고 즐기기 위해서는) 사전 정보가 필요하다. 문화로서의 지식, 인문교양의 과잉. 간단한 공식으로 표현하면, 정보가 지식이 아니라, 지식이 매체 내의 정보형식이다.

### 끝없는 지식의 자원

대니얼 벨은 포스트산업사회에 대해서 "이론적인 지식이 혁신의 모체가 되었다"고 말한다. 비슷한 맥락으로 요약하자면, 아는 것이 힘이라는 것이다. 이 관용어는 의미하고 있는 정황에(시대에 앞선 것인지 이미 일반화된 것인지) 시간 차를 주어야만 의미가 있다. 지식이 아닌 것이 힘이다. 왜냐하면 오늘날 지식이란 일반적인 것이기 때문이다. 그러나 앞서 나가고 있는 지식은 힘이다. 오늘날 효과적인 지식은 시간의 색인이다. 이것은 지식의 '반감기'\*라는 용어로 뒤에서 다시 살펴볼 것이다.

지식사회에 대한 이야기는 글자 그대로 '무한히' 낙천적이다. 지식은 절대로 고갈되지 않을 듯한, 더군다나 사용할수록 점점 늘어나는 자원이기 때문이다. 이에 비해 전통적인 생산력의 요소(소유지, 자본, 노동)들은 오늘날 유일한 복지의 근원인 지식에 대한 '속박'일 뿐이다. 이러한 현상은 이미 혁신적인 시장에서 관찰할 수 있다. 미래의 생산품은 내용으로서의 지식과 포장으로서의 서비스로 구성된다. 지식이라는 생산력이 점점 더 중요해질수록, 경제와 교육은 서로 더 수렴해간다. 그래서 최근 경제에서도 학문에서와 똑같은 종류의 문제들이 발견된다. 예를 들면 가스통 바슐라르의 "인식론적인 장애(obstacles épistémologique)", 즉 과거의 성공 때문에 생기는 장애가 그중 하나이다.

자원으로서의 지식, 그리고 경제와 교육의 수렴―구체적으로는 이제야 비로소 정신적인 작업의 생산력이 발견되었음을 의미한다. 보이지 않는 경제는 무엇보다 보이지 않는 비용과 관계한다.

- 연구와 발전.
- 라이선스, 특허.

---

\* 방사능 등의 수치 혹은 가치가 반이 되는 기간.

● 마케팅, 서비스.

이 모든 것이 지식의 형태이다. 미국의 전(前) 노동부 장관이었던 로버트 라이히(Robert B. Reich)는 이러한 맥락에서 상징분석적인 서비스를 이야기한다. 이것은 문제를 다루거나 자료를 조작하는 사람들이 제공하는 서비스를 뜻한다. 인포-엘리트(Info-Elite)들의 이런 직업은 지식 디자인에 존재한다. 이러한 맥락에서 정보 맵핑(Info Mapping)이라는 개념은 오늘날 지식이 어디 있는지 아는 것이 무엇보다도 가장 중요하다는 것을 알려준다. 누가 접근할 수 있는가의 문제는 그 대상이 재화에서 지식으로 위치가 옮겨졌다.

**지식의 패러독스**

『헨리 애덤스의 교육 *The Education of Henry Adams*』에는 이런 멋진 문장이 나온다. "배우면 배울수록 그가 이해하는 것은 점점 줄어든다." 좀더 긍정적으로 표현하면, 많이 배울수록 배울 것이 많아진다는 이야기이다. 현대사회에서 우리는 종종 말 그대로 학문이 오히려 무지를 확장시키는 실망스러운 경험을 하곤 한다. 대니얼 벨의 용어를 빌리면, "알면 알수록 아는 것이 적어진다". 몇 명의 사람들이 더 많이 알게 될수록, 나머지 사람들은 더욱 무지해진다. 니클라스 루만은 이 때문에 "지식 습득에서 직업적인 위험 부담을 준비하는 자세"를 촉구한다. 미래의 불안을 원하지 않는 사람은 다른 사람의 선별을 받아들여야 한다. 그가 일하고자 하는 회사가 그가 무엇을 배워야 하는지 규정할 수 있는 것이다. 이에 반해 스스로의 선별을 고집하는 개인주의는 시장에서 불확실성을 의미한다. 무엇을 배우고, 알고 싶은지를 스스로 정하고 그럼으로써 시장에 참가할 자격을 상실하는 위험을 감수해야 한다.

이 문제는 정보를 더 많이 획득하는 것으로는 해결할 수 없다. 오히려 그 반대다. 정보가 많을수록 불확실성은 커지고, 받아들이게 되는 것은 줄어든다. 그렇게 현대사회는 점점 상승하는 무지를 신뢰를 통해 보상하도록 강요한다. 그리고 그 신뢰는 누군가를 통해서 혹은 누군가로부터 직접 얻은 정보를 자신의 몸에 걸치는 것을 의미한다. 다른 사람의 지식에 대한 우리의 신뢰는 스스로의 지식에 기반하고 있는 것이 아니기 때문에, 어쩔 수 없이 '맹목적이다'. 무엇보다 우리가 더 무지해질수록, 그만큼 더 많은 지식을 소유하게 되는 몇 안 되는 전문가의 자기 신뢰를 신뢰할 수밖에 없다.

다른 사람의 지식에 대한 신뢰의 필요성 외에 자신의 지식을 블랙박스화해야 할 필요성도 생긴다. 이러한 형식화로 구조의 지식과 작동의 지식, 그러니까 인식과 노하우를 구분하고자 한다. 어떤 것을 잘 다룰 수 있다는 것이 그것을 이해한다는 것을 의미하지는 않는다. 현대사회에는 이해하지 못해도 잘 사용할 수 있는 지식이 성장하고 있다. 따라서 노동 분배는 지식 분배와 일치한다. 오늘날 "분리해서 정복하라(divide et impera)"는 경구는 지식의 영역에도 해당된다. 그리고 바로 이러한 지식의 노동 분배를 블랙박스화라고 부를 수 있다. 게오르크 지멜(Georg Simmel)은 이것을 다음과 같이 정확히 관찰했다. "객관적으로 주어지는 지식 재료의 엄청난 확장은, 그 의미가 제대로 파악되지 않은 채 표현만 이 사람에서 저 사람에게로 옮겨 다니며 사용하기를 허락하고 또 강요한다."

오늘날에는 죽은 학자보다 살아 있는 학자가 더 많다는 말은 우리의 포스트산업사회를 이전의 모든 사회 형태와 구별짓는 지식의 빅뱅 현상에 대한 정확한 표현이다. 이러한 지식 폭발에 대한 보상으로 이제 지혜의 단순함과 소박함이 호경기를 맞이한다. "우리가 지식 속에서 잃어버린 지혜는 어디에 있을까? 우리가 정보 속에서 잃어버린 지식은 어디에 있을까?"라고 T.S. 엘리엇은 「바위The Rock」라는 시에서 묻고 있다. 이렇게 아름답게 형상화된 소박함은 다음과 같은 것을 분명히 해준다. 학문이 적수를 잃어버렸다는 사실을 통해서만 이해할 수 있는 지식 권태의 시대에 지식사회가 조직된다. 그리고 늘 그렇듯이 패배한 적은 부담스러운 짐으로 돌변한다.

### 배우는 법을 배우기

오늘 가치 있는 것이 내일은 이미 지나가버린 옛것일 수 있다. 학생, 직업훈련생, 그리고 누구보다 교육자들은 이제 '인생을 위해서 배우는' 것은 불가능하며, 지식의 반감기를 계산에 넣어야 한다는 것을 이해해야 한다. 그렇기 때문에 고용주가 교사의 역할을 하게 되는 일이 점점 더 많아진다. 전통이라는 의미에서의 경험은 더이상 중요하지 않으며, 인생은 영원한 다시 배우기의 과정이 되기 때문이다. 정확히 말하면 성인 교육은 인생 전체가 교육과정이 된다는 뜻이다. '일생 동안 계속되는 교육'의 개념에서는 교육 자체가 최종 목표다. 그리고 일생 동안 계속되는 교육은 다시 상황에 적절하게, 시간에는 탄력적으로 진행된다. 내가 내일 무엇을 알아야 하는지 오늘의 내가 거의 알 수 없는 것처럼, 경영주도 내일의 시장이 무엇을 요구할 것인지 거의 알지 못한다. 학습에 해당하는 것이 미래의 생산에도 해당된다. 단지 시간에 맞추어서만(Just in time)*. 모든 시장에서—교육 시장에서도—변화의 속도와 시간 차에 대한 민감한 반응이 결정적이다.

전근대의 교육학은 완전한 인간을 창조하려 했다. 근대의 목표는 '교양인'으로 바뀌었다. 복지사회는 더이상 교육에 대해 언급하지 않고— 현대성을 비판하면서—'비판적인' 인간을 양성했다. 다른 말로 하자면 모던의 사회는 교육을 '비판 능력'이라는 새로운 자격증으로 대체했다. 그러나 '비판'은 스스로 독단화되어 자신을 저항 커뮤니케이션의 판에 박은 틀과 계몽의 패러독스 안에 가두어버렸다. 그후부터, 즉 포스트모던부터 우리 사회는 다시 학습 능력을 선전하기 시작했다. 이 발전은 철저하게 '교육 이념'의 선상에 놓여 있다. 이미 슐라이어마허(Schleiermacher)와 훔볼트(Humboldt)는 "배우는 법을 배우기", 그러니까 개념이 그 안에서 스스로 적용되는 자기 논리적인 형식을 후원했던 것이다. 이에 따라 교육은 자기 관련적인 것, 학습은 지속적인 것이 된다. 슐라이어마허 때부터 "지식에 도달하는 능력"에 도달하는 것이 중요해진 것이다. 학습해서 배운다는 것이 배운 것이 있다면, 바로 학습 그 자체다. 이것이 대니얼 데넷(Daniel C. Dennett)의 학습에 대한 정의인 자기 디자인(Self-Design)이 의미하는 것이기도 하다.

그렇다면 지식 혹은 학습, 이중에서 배워야 하는 것은 무엇인가? 오늘날 우리는 무엇보다 '다시 배우기'와 긍정적인 의미에서의 '배운 것을 잊어버리기'를 배워야 한다. 교육 대신, 학습 매체에서 실망을 매니

---

* Just In Time(JIT), 경제용어로 필요한 때 필요한 부품만 확보하는 경영방식.

지먼트하는 법을 배워야 한다. 루만과 쇼어(Schorr)는 이렇게 표현한다. "배운다는 것은 이미 학습으로 예상된 전형의 변화를 통해 새로운 것을 만나려는 지속적인 준비 자세이다." 그러므로 배운 것으로부터의 탈피이다. 이제 배운 것 잊어버리기, 즉 수정과 실망 없이는 학습이란 없다. 그래서 프리츠 시몬(Fritz B. Simon)은 이렇게 주장할 수 있었다. "지식과 학습은 반대말이다. 지식이 유지되는 곳에서는 학습이 저지된다. (……) 학습은 옛 구분들이 계속해서 유지되는 것을 저지하면서 지식을 파괴한다. (……) 지식과 성공은 학습 장애를 만든다. 실패 없이는—이 실패가 현재적이든 단지 미래를 위한 걱정이든—학습에 대한 필요도 없다."

그렇기 때문에 학습과 권력은 서로를 견뎌내지 못한다. 의지는 스스로를 관철하고자 하기 때문에 아무것도 배우지 않는다. 포스트모던의 학습은 따라서 윤리와의 관계도 좋은 편이 아닌데, 학습의 준비 상태란 규준적 기대에 반대되는 것이기 때문이다. 이는 긍정적으로 말하면, 공부의 방향(방식)을 바꾸어 배우기와 탈학습으로서의 학습은 우연성으로의 교육, 그리고 불확실성 흡수 훈련이라는 의미이다. 모든 배우기는 방해하는 것, 즉 새로운 것을 과잉과 친숙한 전형 안으로 불러들이면서 혼란을 불러일으킨다.

여기서 학습과 훈련을 구분하는 것이 중요한 듯하다. 훈련이 사람들을 특정한 입력(Input)에 특정한 출력(Output)으로 반응하는 진부한 기계로 만드는 것이라면, 학습은 근본적으로 진부하지 않은 기계, 예를 들면 여러 대답이 가능한 열린 질문을 지향하고 있다. 테스트하기 위해 질문하는 지식은 지성의 만족스러운 기준이 되지 못한다. 그렇기 때문에 교육학도 학습의 경우처럼 '자기 논리적', 즉 자기 관련적으로 형성되어 있어야 한다. 즉 배우는 법을 배워야 한다. 그것도 훈련과는 다르게. 훈련에서 학습을 구분하는 것은 바로 계몽의 주된 동력이었으며, 칸트는 이러한 의미에서 이미 "정보 제공자"와 "지휘자"를 구분했다.

### 불행한 교육과 선별에서의 불화

'교육'은 한때 교육학자들이 정치와 경제에 맞서 스스로를 방어하기 위해 사용한 마술의 주문이기도 했다. 그러나 오늘날 교육 시스템은 자신의 자율성에 대해 행복하지 않다. 이 때문에 교육 시스템의 지도층은 이제는 '정책'이나 '윤리'를 불러낸다. 윤리의 호경기는 스스로 배우려 하지 않는 교육학의 절망적인 상황에 대한 징후일 뿐이다. 그리고 부족한 학습 준비 상태는 대부분 현실에 대한 도덕적인 의무 요구로 나타난다. 규준이란 사실에 적합하지 않아도 남아 있고자 하는, 배우고 싶어하지 않는 기대들이다. 그리고 정치와 교육의 접촉에서는 격려가 아니라 어떤 경우든 결국 찬조금 문제가 생긴다. 국가적인 보조금은 피할 수 없는 것을 지연시키고, 그것으로 당사자들을 마취한다.

교육의 패러독스를 은폐하기 위한 또하나의 확실한 방법은 구조 개혁 논쟁, 정확히 말하면 구조 개혁 프로그램으로 도피하는 것이다. 그러나 교육의 구조 개혁 논쟁은 그들이 치료를 약속하는 바로 그 병 자체인 듯하다. 왜냐하면 교육학자들이 여기서 — 그것도 언제나 '교양'이라는 개념으로 — 억압하는 것은 선별과 강제이기 때문이다. 선별의 필요성은 교육기관에 말썽을 불러일으키는 문제다. 모든 교육은 아날로그 식이기 때문인데, 이 말은 점진성을 요구하고 또 이에 바탕을 두고 있다는 뜻이다. 이에 반해 선별은 디지털적이다. 그것은 '합격' 또는 '불합격' 같은 결정으로 이끈다. 이러한 시각에서 처음에는 좋은 의도로 시작한 종합학교* 프로젝트를 되돌아볼 수 있을 것이다. 정치적으로 원한 것은 선별 없는 세분화였지만, 제대로 진행되지는 않았다.

정치의 딜레마는 분명하다. 한편으로 교육에 대한 요구는 의료보험에 대한 요구처럼 끝이 없다. 그러나 다른 한편으로 누군가를 후원하는 것은 누군가를 뒤로 밀어내는 셈이 된다. 누군가를 밀어내지 않고는 평가를 할 수 없다. 따라서 선별은 합의의 가능성을 배제하고 있다는 말이 맞다. 그리고 이러한 이유로 선별을 '사회'의 '책임'으로 돌리려는 유혹은 거의 저항할 수 없을 정도다. 그것은 잘 알려진 대로 68세대의 특기였다. 오늘날 교육기관에서는 선별의 정보를 기피한다—그래서 '상담'을 요청한다. 그러나 제대로 관찰한다면 평가, 칭찬, 처벌과 점수 매기기는 교육 시스템이 갖고 있는 단 하나의 확실한 보상이다. 그리고 대학교수라면 누구나 (적어도 인문학에서는) 선별이 디지털화되지 않은 시험은 "무능력을 관용할 수 있는 능력이라는 관점에서 오히려 시험 심사자를 심사하는 것"으로 변질된다는 루만과 쇼어의 관찰을 확인해줄 것이다.

아마도 교육 시스템에서는 미래로 되돌아가는 방법이 있을지도 모르겠다. 루만은 (커뮤니케이션 이론으로서의) 트리비움(Trivium)**과 (세계 인식으로서의) 쾨드리비움(Quadrivium)***이라는 중세의 시스템에 흥

---

\* 독일의 고등교육기관 김나지움과 직업학교인 레알슐레 등이 분리되어 있지 않고 혼합된 학교.
\*\* 중세 대학의 교양 7학과 가운데 3학과인 문법, 수사학, 논리학.
\*\*\* 중세 대학의 네 가지 고급 학문인 산술, 기하, 천문, 음악.

미로운 지지를 나타냈다. "그것은 눈에 보이는, 경험할 수 있는 세계의 차이를 학교 수업에 그대로 복사해오는 것을 지양한다. 여기에는 거리 두기의 가능성이 이용된다"—그리고 교육에서 수업이라는 짐을 덜어 준다. 19세기 초부터 교육학은 가르치는 수업이라는 착상으로 과중한 부담을 받았다. 여기에서 우리는 오랜 시간 동안 스스로를 사회의 대리자라고 이해해온—미국에서는 인종주의 때문에, 독일에서는 나치 문제 때문에—학교와 대학이 이제는 사회적인 목표로부터 학습이라는 목표로 스스로를 재발견해야 한다는 것을 배울 수 있다.

그러나 선별을 둘러싼 문제는 교육자뿐만 아니라 학습자들 또한 혼란에 빠뜨린다. '교육'은 언제나 '독립적'이고 책임감 있는 인간을 양성해내고자 했고, 책임이란 우리의 문제제기의 맥락에서는 바로 자기 선별을 의미하기 때문이다. 이는 누구나 지식의 형태나 교육 가능성에 대한 자신의 선택에 스스로 책임을 진다는 뜻이다. 교양인으로 교육받은 개인은 교육과정에서 스스로 선별한다—그렇기 때문에 그것이 직업생활에도 적합한 지식인가, 라는 질문을 받는다면 확실히 대답할 수가 없다. 이에 반해 미래의 안정성을 바라는 사람이라면, 다른 사람의 선별을 수용할 수 있어야 한다. 실제로 현재 우리의 교육 시스템은 선별의 문제를 경제에 맡겨버림으로써 이러한 선택을 지원하고 있다. 그러나 모든 사람에게 직업의 미래가 불안해질수록 '실습 위주의' 교육은 오히려 더 위험해진다. 잘 알려져 있다시피 신입사원은 다음과 같은 관례적인 문구를 접하게 된다. "네가 지금까지 대학에서 배운 것은 모두 잊어라." 이것은 일단 이해하기 쉬운 것처럼 들린다. 실습이 우위를 점하게 된 것은 그들이 다루어야 하는 대상이 고도로 복잡하기 때문이지만, 실습은 오히려 간략화로서, 즉 '마치' 안정성을 획득한 것처럼 행동하도록 강요한다. 그러나 실습의 충격이 학습 능력을 촉진하는 것은 아니다. 오히려 반대로, 실습자는 자신의 경험만을 주장하게 된다. 이러한 이유로 실습은 자주 개념의 부재를 은폐하는 개념이 된다. 위축될 필요 없이 솔직하게 말하자. 실습은—특히 대학에서도—개념 없는 자들이 가장 좋아하는 개념이고, '실습의 필요성'이란 오늘날 이론적인 호기심을 마치 부도덕한 악덕인 것처럼 만들어버리는 용어이다.

**블랙박스 다루기**

   교육은 언제나 자신의 형태를 서로 전혀 다른 두 매체, 즉 한번은 느슨하게 연결된 학습자의 상상에, 그 다음에는 기술적 매체의 데이터에 각인해야 했다. 컴퓨터로 지원되는 오늘날의 현실에서 교육기술과 매체기술의 관계에 대한 질문은 새로운 논쟁거리를 제시한다. 매체기술은 '데이터 프로세싱'과 관련이 있으며, 교육학은 '피플 프로세싱'의 문제를 다룬다. 피플 프로세싱의 경우에는 특별한 커뮤니케이션 매체가 존재하지 않는다. 여기서 성공의 잣대는 접속 커뮤니케이션이 아니라, 교육이나 심리치료 등을 통한 인간의 변화이다. 교육과 치료는 서로 분리되지 않는 법이다.

   교육학자는 오늘날 학습자라는 블랙박스와 컴퓨터라는 블랙박스, 이 두 개의 블랙박스 사이에 서 있다. 학습자는 교육자에게 하나의 블랙박스이다. 이미 알고 있는 사람은 모른다는 것이 어떤 것인지 알 수 없기 때문이다. 그래서 학습자는 교육학자에 의해 언제나 새롭게 '허구적으로 창작'되는 존재다. 학습자보다 좀더 꿰뚫어보기 쉬운 것은 컴퓨터다. 블랙박스로서 컴퓨터는 복잡성을 통해 매혹한다. 컴퓨터는 교육학자에게 단순성에서 복잡성으로 통하는 개념의 다리로 이용된다. 컴퓨터는 시계만큼 간단하지는 않지만, 인간보다는 안을 들여다보기가 훨씬 쉽다.

일상적인 교육과정에서 컴퓨터 사용이 매우 유용하다는 데는 현재 논란의 여지가 없다. 또한 컴퓨터는 기술매체로서도 학습 친화적인 환경을 표현하고 있다. 컴퓨터는 — 표제어 : 사용자 친화성 — 실수에 대한 사람들의 불안을 덜어준다. 아론 윌다브스키는 "실수에 대한 불안이 학습을 방해한다"고 말한다. 그리고 바로 여기에서 컴퓨터로 지원되는 학습이 시작된다. 교육매체로서 컴퓨터는 — 표제어 : 하이퍼텍스트 — 우리에게 "실수의 불안으로부터의 자유"(스나이더맨Sneiderman)를 선사한다. 그러나 물론 교육기관이 이러한 사실에서 인간 대 인간의 교육학과 결별하자는 결론을 이끌어내기란 쉽지 않은 일이다. 그래서 라인하르트 칼(Reinhart Kahl)은 다음과 같이 시니컬하게 지적한다. "이제 슬슬 미디어 공포증을 교육학자들의 직업병으로 인정할 때가 왔다."(차이트*Die Zeit*, 1998년 3월 26일)


### 지식 매니지먼트

이제 우리는 주어진 '교육방법'이라든가 불변의 지식은 더이상 없다는 사실에 익숙해져야 한다. 이러한 상황에서 교육정책의 주요 과제는 문서보관소와 데이터 풀(Data Pools)로의 진정 자유롭고 유능한 접근을 조직하는 것이다. 접근의 문제는 재화에서 지식으로 자리를 옮겨갔다.

이러한 맥락에서 매체능력을 이야기할 수 있다. 그러나 공적인 토론에서 이 개념은 아직 적절한 복합성을 획득하지 못했다. 우리는 질문의 기술을 다시 배워야 한다. 우리에게 부족한 것은 지식이 아니다. 우리는 우리가 가진 지식으로 대답할 수 있는 질문을 찾고 있다.

케네스 볼딩(Kenneth Boulding)은 지식의 근본적인 패러독스를 이렇게 표현했다. "알고자 하는 것이 무엇인지 알고 나서야 그것을 추구하기 시작할 수 있다." 달리 말해, 우리의 지식이 대답이 될 수 있는 질문을 찾고 있는 것이다. 그리고 철학이 질문의 기술로 이해되는 한, 철학은 지식사회에서 복잡성을 줄이는 기술로서, 그리고 지식의 메타디자인으로서 미래가 밝다. 왜냐하면 단순히 문제 해결을 최적화할 뿐인 오퍼레이션 리서치는 도움이 되지 않기 때문이다. 중요한 것은 문제가 제대로 제기되었는가이고, 바로 여기에 철학자들이 이론의 디자이너로서 관여할 수 있다.

그러므로 교육 대신 필요한 것은 지식의 매니지먼트다. 이것이 어떻게 가능해졌는가? 서구 지식사회의 시작은 '나는 내가 모른다는 것을 안다'는 소크라테스의 상투어가 총성이 되었다. 이천 년 이상 세월이 흐른 지금도 결정적인 문제는 지식의 (단순한 의견에 대한) 경계에 대한 것이다. 칸트의 표현을 빌리면 다음과 같다. '우리가 무엇을 알 수 있을까?' 역사주의가 시작되면서부터는 이에 덧붙여 전체의 목적을 인식했다. '우리가 무엇을 알고자 했는가?' 그러나 이제 포스트모던한 우리의 상황은 더이상 이러한 논제와 질문을 이해하지 못하게 한다. 오늘날 헤겔의 "스스로를 아는 지식"의 반대 지점에 안착해 소크라테스를 패러디하면 오히려 이렇게 말해야 한다. '우리는 우리가 무엇을 아는지 알지 못한다.'

지식을 일에 적용하는 것은 몇백 년 전에 생산력을 발견했다. 오늘날 우리는 지식의 자기 적용에 종사하고 있다. 지식은 지식에 적용된다. 그리고 여기서 정신적인 작업의 생산력이 모습을 드러낸다. 그러므로 미래의 근본적인 지적 능력은 지식의 디자인에 있다. 지적인 생산력이 중요해질수록, 경제와 교육은 그만큼 서로 수렴한다. 지식은 미래 문화의 거대한 자원이다. 그리고 그렇기 때문에 더이상 '지식으로의 연구'는 인식에 관심을 가지고 있는 학자들만의 일이 아니다.

로버트 라이히는 이러한 맥락에서 상징분석적인 서비스에 대해 이야기한다. 이것은 앞서도 말했듯이 문제를 다루거나 자료를 조작하는 사람들이 제공하는 의미의 서비스를 뜻한다. 인포-엘리트의 직업은 지식 디자인인 것이다! 그리고 여기서 정보 맵핑이란 용어는 오늘날 지식이 어디에 있는가를 아는 것이 가장 중요하다는 것을 알려준다. 상징분석적인 서비스 제공자는 인포메이션 오버로드 세계에서 '의미'라는 사치품을 판매한다. 여기서 무엇보다 문제가 되는 것은 이미 언급한 '지적 판별력'이다. 연구 대상이 아닌 것은 무엇인가? 무엇을 소홀히 해도 되는가? 정말 어떤 책을 읽어야 하는가? 오늘날 가장 가치 있는 지식은 무엇을 몰라도 되는지를 아는 것이다.

우리는 포스트모던 시대의 교육이 지식의 반감기를 계산해야 한다는 사실, 즉 더이상 인생 전체를 위해 배울 수는 없다는 사실에서 출발했다. 슐라이어마허는 "배우는 법을 배우기"를 교육의 중심에 옮겨놓았다. 그러나 이것은 오늘날에야 비로소 기술적 이행이 가능해졌다. 하이퍼미디어는 학습자에게 적합한 지식을 제공하며, 처음으로 상호작용적이고 멀티미디어적인 지식 습득을 가능하게 한다. 하이퍼미디어는 커뮤니케이션의 연속적 정보처리과정에서 의식의 동시적인 프레젠테이션 능력을 관철한다. "논리적인 주장은 데이터와 마찬가지로 시각화할 수 있는데, 그것은 한 가지 문제에 대한 다양한 입장을 다차원적인 형태로 표현하고 이를 하이퍼텍스트를 통해 연결함으로써 이루어진다." 이것이 에스더 다이슨(Esther Dyson)이 제시한 바람직한 지식구조의 구체적인 유토피아이다. 그렇다면 이것이 멀티미디어적인 교육을 뜻하는 것인가? 사이버스페이스에서의 훔볼트적 '우주'? 내가 추측하기로는 컴퓨터는 교육에서 오히려 트로이의 목마가 될 것이다.

### 새로운 대학 신화

아직도 컴퓨터를 잘 모른다는 데 자부심을 가지고 있는 대학교수와 교육자들이 있다. 이는 철저히 인문학자들의 컬트 마케팅으로 기능한다. 그들은 자신의 기술적 무지를 철학적 신중함으로 양식화하는 것이다. 인터넷과 사이버스페이스에 맞서 그는 고독과 자유를 지지한다. 이러한 태도는 다시 '의미'를 추구하는 사회에서는 매우 매력적이다. 주체에 대한 복무, 이것이 '인문학'이라는 서비스 회사가 제공하는 상품이다. 그러나 정보의 흐름을 가로막는 기둥으로서의 영웅적인 숙고는 현대의 시간 논리에 반한다.

이것은 쉽게 설명할 수 있다. 고독한 숙고는 빨리 진행되지 않고, 그렇기 때문에 점점 사회적 가치를 잃어버리고 있다. 지금 꼭 행할 필요가 없는 것들은 뒤로 미루어진다. 이것은 결국 급하지 않은 것은 스스로 자격을 상실한다는 의미이다. 이에 반해 긴급한 것은 가치가 있다는 추정을 동반한다. 때문에 모두가 팀워크와 네트워크화에 대해 이야기하는 것이다. 협력은 기한을 정하고 행해진다는 것을 전제하며, 이것이 긴급함을 생산해낸다―그리고 여기에 바로 중요성도 포함되어 있다. 기한이 정해진 시간단위들은 숙고를 불가능하게 한다. 오로지 정해진 기간 안에 끝낼 수 있는 것만 고려의 대상이 된다.

고독과 자유의 파토스 공식이 인문학 마케팅을 위해서만 유효해진 뒤부터, 대학은 완전히 새로운 신화 만들기에 노력하고 있다.

① 실습 위주의 교육, 즉 다른 사람에 의한 선별. 그리고 분명하게 표현하면, 알아야 할 가치가 있는 것이 무엇인지 다른 사람이 (물론 무엇보다도 경제 분야에서) 결정한다는 것을 의미한다.
② 소속감, 고독과 자유를 대신한다. 여기서 '그룹'의 어떤 알 수 없는 성격이 사고과정에 도움을 주거나 '동기를 부여한다'는 망상이 소리없이 퍼지고 있다. 나는 오히려 어떤 것에 대한 금지가 이러한 결과를 더 쉽게 가져올 것이라고 생각한다.
③ 학업 지도와 상담, 즉 인간 대 인간 교육학. 대학생과 정치가들은, 대학교수들에게 가장 부족한 것이 조언과 지도, 개인적인 관심이라는 데 의견을 같이하는 듯하다. 이것이 바로 근절할 수 없는, '인간이 중심'이라는 이데올로기이며, 기술과 선별, 재정 같은 문제를 보이지 않게 하고 있다.
④ 피플 프로세싱 대신 서비스.

마지막 항목의 최신 대학 신화는 특별히 주목할 만하다. 오늘날 가르치는 직업은 명백히 상징분석적인 서비스로 이해되는 것이다. 학생은 역할 보완적으로 고객을 의미한다. 이렇게 사용자 친화성과 고객 상담이라는 시장의 격언이 대학 안으로 진입한다. 그러나 이렇게 좋아 보이는 공식 뒤에도 이미 되풀이되어온 판에 박은 일들이 그렇지 않은 것으로 드러나야 한다는 명백한 모순이 숨어 있다. 교수는 의사가 환자를 대하듯, 목사가 신자를 대하듯 학생을 대해야 한다. '학업 지도'에 대한 학생들의 희망과 마찬가지로, 서비스 제공자로서의 교수의 자기 이해는 직업을 떠난 개인적인 관심이라는 환상에서 그 영양을 취하고 있다. 시간의 압박이 전혀 없는 것처럼, 애초에 다른 사람에 대한 '관심'이 존재하거나 하는 것처럼 말이다.

능력이 부족한 사람들은 능력보다는 행동으로 월급을 받는다. 이런 이유로 그들의 연구실 문은 언제나 열려 있고, 그곳에서는 방금 끓인 커피 향이 흘러나온다. 그 안에서 언제나 대화할 준비가 되어 있는 교수들이 인기가 있다. 그러나 대학은 대가족이 아니다. 인간 친화성은 여기서 오히려 문제들을 지목하기 어렵게 하고, 결국 보이지 않게 만들어버린다. 그리고 바로 그 때문에 실습 위주의 교육, 소속감, 상담과 서비스 등이 끊임없이 이야기된다. 이러한 새로운 신화는 모두 선별의 문제를 은폐하고 있다.


### 무지의 항해자

연구와 가르침의 세계에서는 테크놀로지도 성공의 기준도 없다. 더 이상 진실이 존재하지 않는 이유를 아무도 알 수 없다. 학생들이 배우려 하지 않는 이유 또한 알 수 없다. 보상적인 합리화는 다음과 같다. 연구비가 부족하고 강의는 대형화되었으며 교수들은 게으르다. 특히 교수들이 게으르다. 다섯 달씩 휴가를 가고 한 주에 여덟 명의 학생만 상대한다는, 늘 되풀이되는 비난은 지적인 작업에서 핵심적인 문제가 무엇인지 보여준다. 지적인 작업은 전반적으로 보이지 않는 작업이다. 바로 이 때문에 학술적인 공공 영역에서는 출간한 책의 목록이라든가 인용된 횟수, 명성을 둘러싸고 모든 일이 벌어진다. 사회적 지위와 능력에 따른 비용을 보이는 것으로 만들기 위해서는 스스로의 역할을 효과적으로 극화해야 한다. 오늘날 지적인 서비스 제공자인 교수들은 고객, 즉 학생들과 관찰자들(정치가와 기자들)이 학술적인 '서비스'의 현재 가격을 보지 못한다는 문제에 직면해 있다. 그렇기 때문에 자신이 수행하는 일을 추가로 보여주고 극적으로 만들어야 한다. 나는 인용된다, 고로 존재한다.

  2차 세계대전 이후 학자들의 자기 극화기술은 성공적이었다. 그들은 학생들과 사회에 비판적 의식을 '생산' 해내는 '비판적 의식' 그 자체였다. 그리고 이는 그후에 교육사상에서 값을 치러야 하는 부담이 되었다. 파슨스(T. Parsons) 이후 이제 더 많은 '교육'을 받을수록, 사람들이 수업의 비현실적인 상호작용유형학의 마력에서 벗어나지 못한다는 문제가 알려졌기 때문이다. 사회심리적인 모라토리움 현상, 그러니까 어른이 되는 것을 거부할 수 있는 지속적인 가능성과 함께 대학은 아버지와 국가에 반하는, 객관적인 순수한 관찰의 장소가 된다. 이러한 아르키메데스적인 장소에서 사람들은 '폭로하기'를 훈련할 수 있었다. 그리고 비판적 의식이라는 무비판적인 자기 명명은 '비판'을 청년문화의 한 장식품으로 그리고 학문적 방법론을 비밀결사조직의 가입의식으로 만들었다. 당시 사람들은 "당신은 어떠한 동기를 가지고 있는가?"라고 물었는데, 이것은 사실 "어떤 종파에 속해 있는가?"라는 질문이었던 것이다.

그러나 과연 어떻게 달라질 수 있을까? 여기서 더글러스 헤이그(Douglas Hague)가 제시한 새로운 대학에 대한 개념을 살펴보는 것이 가치 있을 듯하다.

① 스타 학자, 전적으로 연구에만 집중하고 모든 대학에서 강연자로 활동한다.
② 미디어 조언가, 각각의 수업 내용과 학습과정에 맞추어 기술적으로 적합한(오늘날은 물론 멀티미디어적인) 지원을 안정적으로 확보해준다.
③ 학술적인 매니저, 연구 결과를 수업 가능한 지식으로 바꾸는 것이 그의 일이다.
④ '교육 컨설턴트', 학생들이 할 수 있는 모든 질문에 대해 조언해준다.

현재로서는 이러한 대학이 후원하게 될 성찰양식에 대해서 물론 추측만 할 수 있을 뿐이다. 이미 조직상으로 이것은 '이성'의 나르시시즘에 대한 모욕을 표현하고 있는데, 즉 고도로 복잡한 사회에서는 노동 분담의 합리성만 존재한다는 것을 대학도 배워야 한다는 뜻이다. 이는 반어적인 이성의 문화로 이끌 수 있다. 그 문화의 '정신'은 의연한 절충주의와 조직화된 무지로 규정될 것이다. 교육과정 마지막 단계에 이르러 스스로를 '무지의 항해자'라고 표현한 헨리 애덤스적인 의미에서 말이다.

## 미디어믹스에서의 프린트

그렇다면 책은? 독서는? 그리고 서구의 문화는? 독일에서 매체 관련 토론은 신문 뒤에는 언제나 현명한 두뇌가 있고, 텔레비전 앞에는 바보가 앉아 있다는 전제에서 시작한다. 사람들은 프린트미디어와 독서라는 문화적인 기술에 당연하다는 듯 '문화'와 지성의 친화성을 부여한다. 그렇기 때문에 독일인들이 그전보다 책을 덜 읽고, 대신 새로운 매체에 점점 매혹되고 있다는 통계가 나올 때, 서구 사회 전체가 위협당하고 있는 것처럼 보이는 것이다. 그러나 이러한 종류의 문화 염세주의에 겁먹고 싶지 않은 사람은 완전히 다른 추측을 해볼 수도 있다. 미디어로서의 프린트에서는 새로운 매체의 등장이 위협이 되는 것이 아니라, 다만 새로 위치를 정하고 스스로의 독자적인 장점을 자각하도록 이끈다는 것이다. 프린트 상품들은 최적화할 수 있는 질적 가치를 지니고 있으며, 이는 대체 불가능하다. 즉 간편하게 다룰 수 있고 읽기에 좋고 전체를 빠르게 조망할 수 있으며 만질 수 있고 심지어 집어던질 수도 있다. 이것이 신문이나 잡지가 온라인 세계보다 언제나 우월한 점이다. 또한 바로 그 때문에 이들은 살아남을 것이다. 그러나 지금까지 책과 신문의 생태학적인 틈새에서 성공적으로 자리잡고 있었던 '계몽'의 '비판적 의식'에는 틀림없이 조종(弔鐘)이 울릴 것이다.

인터넷은 온화한 제국주의자다. 그곳에서 빠져나오려는 시도는 매우 위험하다. 어떤 식으로든 인터넷에 접속하지 않을 수 없다는 뜻이다. 신문과 잡지의 경우 미디어믹스에서 자신의 새로운 기능을 스스로 결정해야 한다는 사실이 더해진다. 이상적인 경우는 전통적인 하드 카피*와 온라인상에 보이는 것 사이의 커뮤니케이션 연속체로 기능할 수 있을 것이다. 그리고 물론 청소년들의 특수한 문화적 기술의 관점에서도 그렇다. 인터넷에서의 네비게이션과 서핑, 텔레비전의 채널 바꾸기는 이전의 전통적이고 주의 깊으며 선형적인 독서 방법에서 급진적으로 구분되는 새로운 형태의 '독서 습관'이다. 청소년들의 수용 태도는 분열되어 있고 다차원적이며 모자이크 식이고 욕망원칙을 따른다. 그리고 무엇보다 시간의 압박 아래에 놓여 있다. 가장 부족한 자원은 주의력인 것이다.

프린트미디어의 존속은, 새로운 매체는 스스로에게 도달하기 위해서 이전의 매체를 필요로 한다는 사실에 의해서도 보장된다. 역사적으로 보면, 새로운 매체는 스스로의 고유한 매체특성적인 내용에 도달하기까지 우선 이전 매체의 판매 제안을 답습해야 한다는 것을 알 수 있다. 이것은 진화의 문제이며 이 때문에 가속화는 거의 이루어지지 않는다. 매체의 내용은 언제나 다른 매체라는 것을 매클루언은 이미 파악하고 있었다. 이것은 이전의 매체가 새로 등장하는 매체를 보도하는 경우에 딱 들어맞는다. 오늘날 모든 신문은 미디어나 소프트웨어 섹션을 두고 있다. 그러나 여기서도 작가들은 정보를 제공하는 것뿐만 아니라, 무엇보다 잘 쓸 수 있는 능력을 가져야 한다는 것이 전제된다. 그리고 바로 이것이 독일에서 부족한 점이다. *Konr@d*는 앞으로 잘되었으면 하는 좋은 웹진이다. 그러나 여기에는 몬도 *2000*이나 *와이어드*가 사이버 세계에 열광하는 자들을 매혹했던 컬트적 가치가 결여되어 있다.

---

\* Hard Copy. 컴퓨터로 처리한 내용을 인쇄매체를 사용하여 출력한 결과물.

### 납으로 된 황야의 미래 시장

유에스에이 투데이 같은 신문이나 포쿠스 등 시사잡지의 성공은 오늘날 우리가 새로운 프린트미디어의 시대에 진입했음을 보여준다. 여러 가지 색으로 표현되는 시각적 이미지의 행진은 더이상 막을 수 없다. 그리고 몇 년간 타임스를 읽지 않은 사람은 현재 그것이 제공하는 화려한 사진들과 그래픽을 보면 매우 놀랄 것이다. 특히 금욕적인 슈피겔이 포쿠스(그야말로 객관적인 보도는 많지 않은 대신 더 많은 이미지를 제공하고 있는)의 시장 진입으로 인해 변화 요구의 압력 아래 놓이게 되었다는 것은 많은 점을 시사해준다. 의심할 여지 없이 미래는 시각적인 커뮤니케이션의 시대이다. 그럼에도 불구하고 미디어 시장에서 프린트미디어의 전망은 여전히 밝은데, 그 이유는 다음과 같다.

프린트미디어는 신빙성이라는 보너스를 가지고 있다. 이것은 역사적 배경에서만 이해할 수 있다. 그림 없이 글자로만 이루어진 텍스트 "납으로 된 황야(Bleiwüste)"는 계몽의 고전적 매체가 갖고 있는 그림 적대성을 비판할 때 사용하는, 악의적이지만 정확한 용어이다. 이러한 비판은 어느 정도 근거가 있는 것인데, 왜냐하면 실제로 계몽과 사회 비판 정신은 그림 속에서 언제나 현혹과 가상, 그리고 주의를 다른 곳으로 돌리는 요소만을 보고 적대했기 때문이다. 마력적인 그림 대신 분석 도구로서의 텍스트가 들어섰다—그리고 이것은 여전히 '진지한' 신문, 르 몽드와 프랑크푸르터 알게마이네 차이퉁(FAZ)의 파토스이다. AEG 공장의 사진은 AEG 공장의 현실에 대해서는 아무것도 이야기해주지 않는다는 브레히트의 비판적인 경구가 있다. 실제로 계몽주의자들에게는 하얀 종이 위에 검은색으로 인쇄된 것만이 진실의 매체가 될 수 있었다. 이러한 시대로부터 그림 없는 텍스트가 누린 신빙성이라는 보너스가 유래한다. 그리고 (더이상) 읽지 않는 사람들조차도 인쇄된 것에서 무언가 진실을 추측한다.

그러나 왜 전통적인 프린트미디어가 멀티미디어 사회에서 낙관적으로 미래를 전망할 수 있는가에 대해서는 더 영향력 있는 이유가 있다. 이미 지금도 신문을 개인의 취향에 맞추는 것, 그러니까 주문에 따라 만들어진 특수한 관심을 위한 잡지의 판매가 기술적으로 가능하다. 그러나 이것은 독자가 오로지 자신의 관심거리에만 흥미를 가지고 있고, 주문할 수 있도록 그것이 무엇인지 알고 있어야 한다는 점을 전제로 한다. 그러나 이는 예외적인 경우이다. 일반적으로 우리는 알고 싶은 것이 무엇인지 알지 못한다. 그리고 이러한 상황은 정보 흐름의 팽창과 함께 갈수록 극단화되고 있다. 문제는 정보가 아니라 방향 설정인 것이다. 우리에게 필요한 것은 의미의 대홍수 위로 날마다 찾아오는 노아의 방주이며, 그것이 바로 전통적인 신문이다. 달리 말하자면, 신문 편집자는 미래 지식 노동자의 선도자이다. 이들은 인간적인 정보처리기이며, 특별한 서비스는 정보 맵핑이다. 그들은 지식이 어디에 있는지 알고 있다. 정보 자체는 우리의 문제 해결에 그다지 도움이 되지 않는다. 정보들은 먼저 선별되고 구성되고 조직되어야 한다. 정보를 지적인 것으로 만들기 위해 지식 디자이너와 편집자, 기자들이 필요한 것이다. 경제학자나 연출자, 마케팅 전문가, 재정 상담가, 시인들과 마찬가지로 신문사에서 일하는 사람들은 문제를 다루고 데이터를 조작하는 사람에 속한다. 라이히는 이들을 "상징분석적인 서비스업자"라 부른다. 그들 모두 의미를 다루고 방향 설정을 판매한다.

현재 프린트미디어의 미래에 대한 토론은 컴퓨터로 지원되는 커뮤니케이션의 기술적인 가능성에 현혹되어 앞을 보지 못하고 있기 때문에 막다른 골목에 이르렀다. 바로 상호작용성이 주는 매혹 때문이다. 그러나 상호작용성도 하나의 행동일 뿐 심리학적으로나 사회학적으로 인간이 항상 적극적이길 바란다는 의미는 아니다. 인간은 아리스토텔레스가 믿고 싶어했던 것처럼 천성적으로 지식을 추구하기 위해 노력하지도, 빌 게이츠가 우리를 설득하려는 것처럼 끊임없이 손가락 끝에 있는 정보를 필요로 하지도 않는다. 완전히 수동적으로 소비되는 매체인 텔레비전과 비슷하게 신문을 읽는다는 것도 하나의 종교적 의식(儀式)이다. 사람들은 모닝커피만큼이나 신문을 필요로 한다. 소프트웨어 산업이 만들어낸, 상호작용적이고 적극적인 소비자라는 허상 때문에 일상의 현실을 보지 못하는 일은 없어야 한다. 실제로 정보 검색을 위해 신문을 보는 일은 극히 드물다. 신문을 읽는 것은 거의 언제나 유쾌한 페이지 넘기기이며, 방방곡곡의 새로운 소식에 스스로를 맡기는 일이다.

진부하지만, 결정적인 것은 독서에 편안함의 여러 단계가 존재한다는 사실이다. 예견할 수 없는 시기까지는 모니터의 무언가를 읽는 것은 인체공학적으로 불편한 일이다. 연애소설은 문고판으로 읽고, 좀더 자세한 배경 설명과 분석은 시사잡지에 어울리며, 스포츠 기사는 신문이 적당하다. 이러한 매체들은 저렴하고 다루기가 편리하다. 손으로 한번 접어버림으로써 신문의 문예란이나 두서너 줄짜리 광고에서 벗어날 수 있다. 포쿠스는 인터시티 객실에 놓아두고 올 수 있다. 문고판 책은 바닷가에서 모래가 묻는다고 불평하지 않는다. 또한 신문을 무심히 뒤적이는 것은 인터넷 서핑으로 칭송받는 효과를 아무런 문제 없이 가능하게 해준다—자신의 관심에 적중하는 것을 우연히 찾는 것. 바로 미국인들이 세렌디피티(Serendipity)라고 부르는 것이다. 이미 말했듯이, 나는 내가 무엇을 알고 싶어하는지 알지 못한다. 내 흥미를 불러일으키지 못하는 것은 휴지통에 버려진다. 그러므로 마우스를 발명한 엥겔바트의 유토피아인 하드 카피 없는 인생은 아직 요원하다. 새로운 디지털 세계로의 전환을 견뎌내기 위해서, 우리는 새로운 세계로 함께 가져갈 수 있는 이전 세계의 것을 필요로 한다. 여기에 바로 인쇄된 글자의 미래가 놓여 있다.

### 독서를 위한 시간

세계 최대 규모의 도서전을 개최하고 있는 나라에서 최근 몇 년간 자국의 작가들이 더이상 세계문학에 기여하지 못하고 있다는 불평이 계속 나오고 있다. 아마도 피나 바우슈, 귄터 그라스와 위르겐 하버마스를 독일 문화의 수출 히트상품으로 세계 곳곳에 전파했던 괴테 인스티튜트 덕분에 우리는 중앙 유럽 밖에도 독일 사상과 문학에 관심을 갖는 사람들이 있으리라는 달콤한 환상 속에 몇십 년 동안 빠져 있었을 것이다. 비용이 부족한 시대에는 이러한 덮개가 떨어져나간다. 소피아나 리투아니아 사람들이 독일 문화에 관심을 가진다면, 그것은 언어예술이 아니라 단지 경제를 위한 독일어다. 독일은 이제 문화의 나라로서가 아니라 무역의 상대로서만 매력적이다.

하이데거의 시대에는 세계를 내부에서 지탱하고 있는 것이 무엇인지 이해하기 위해 그리스어와 독일어를 배워야 한다는 사실을 믿어도 되었다. 그러나 오늘날에는 영어와 컴퓨터 전문용어를 배워야 한다고 바꾸어 말해야 할 것이다. 그리고 이미 영어를 세계어로 관철한 미국인들이 최근 스페인어 학습을 강화한다면, 그것은 세르반테스를 원어로 읽기 위해서가 아니라, 미국의 대도시마다 존재하는 라틴아메리카계의 독자적 문화를 견제하기 위해서이며, 멕시코시티와 부에노스아이레스 사이의 거대한 시장의 관용어를 이해하기 위해서이다.

독자가 할 수 있는 가장 정당한 질문은 다음과 같다. 어떤 텍스트가 재미있을까? 어떤 작가가 나에게 독서의 즐거움을 선사할 것인가? 그러나 즐거움이란 갈수록 시간의 문제가 되어간다. 예를 들면 나는 직업적인 독자이다—아마 이 책을 읽는 몇몇 독자들도 그러할 것이다. 우리는 예외적인 상태를 연마하고 있다. 그리고 바로 이 사실 때문에 우리는 직업적으로 다음과 같은 사실을 못 보게 된다. 사람들이 책을 마주하게 될 때는 저녁 시간 침대에서라든지, 주말에 마당의 잔디를 깎고 난 뒤라든지, 소리 지르는 아이들 사이에서라든지, 이미 지쳐서 녹초가 된 상태라는 것이다. 여기서 이런 질문을 해볼 수 있다. 도대체 이러한 상황에서 책을 읽는 것이 가능한가? 여기에 이런 문제도 덧붙는다. 지금 가장 주목받고 있는 책들이 무엇인지 그 경향을 늘 따라잡을 수 있는 사람은 누구인가? 요헨 회리슈(Jochen Hörisch)는 이미 몇 년 전에 새롭게 등장한 문학들이 빠르게 노화하는 현상에 대해 쓴 책에서 이 문제를 거론했다. 이 경우 이미 새롭지 않은 것도 사실 그리 오래된 것은 아니라는 경험이 중심에 놓여 있다. 우리 같은 사람에게 이러한 노화의 가속도는 다음의 의미가 된다. 문학적 경험이 많을수록 사람은 일찍 늙어 보인다!

우리의 주제에서는, 체면 때문에 거실의 이케아 책장에 꽂아두기만 하고 읽지 않는 책들은 별 관심의 대상이 되지 못한다. 그보다는 첫 페이지를 읽은 책들이 훨씬 시사하는 바가 많다. 오로지 첫 페이지만이라도 말이다. 독자는, 처음에는 읽고 싶은 마음이 있었지만 그후에는 독서라는 노동을 포기할 수밖에 없었다. 무질의 『특성 없는 남자 Der Mann ohne Eigenschaften』, 존슨의 『기념일들 Jahrestage』, 조이스의 『율리시스』— 한번 펼쳐보고는 그걸로 끝인 책들이다. 이들은 문화적 체념에 대한 시각적인 기호로 우리의 거실을 장식하고 있다. 따라서 시장 연구의 통계와 출판사들의 판매량이 현재 독일문학이 처한 상황을 이야기해줄 수는 없다. 무슨 책이 팔렸는지는 확인할 수 있지만, 무엇이 읽혔는지는 알 수 없기 때문이다. 구매하는 것으로서 사람들은 책이라는 매체의 문화적 가치에 대한 존경을 표시한다. 그리고 무엇을 읽어야 하는가라는 질문에 대해서는 직업적으로 책을 읽는 사람들의 책상에 산더미처럼 쌓여 있는 책들을 고려해볼 수도 있을 것이다. 그러나 그 다음에는 당연히 읽지 않는다. 예를 들면 한트케의 『아무도 없는 만灣 Niemandsbucht』 같은 책을 누가 읽겠는가.

따라서 우리가 시급히 필요로 하는 것은 방향 설정의 도움이다. 그리고 바로 여기서 시장 연구가 아주 중요한 역할을 하게 된다. 왜냐하면 무엇이 정말 중요한지 아무도 알지 못한다면, 그것은 수치에 의해 정해지기 때문이다. 이는 상당히 민주적이다. 베스트셀러 목록은 책을 전혀 읽지 않는 사람들을 위해서 중요하다. 이 목록을 통해 그는 적어도 무엇을 읽어야 했는지 정도는 알 수 있는 것이다. 사람들은 언제나 확신에 차서 적절한 책을 구매해 선물할 수 있다. 『향수』라든지 『소피의 세계』 같은 책들 말이다. 간단히 말해 베스트셀러 목록은 판단의 짐을 덜어준다. 그리고 여기에서 확신할 수 있다. 독일문학의 침몰에 대한 불평들은, 쉽게 말하자면 다른 언어권에서 베스트셀러를 내고 있다는 뜻이다.

## 컬트 브랜드로서의 작가와 비평가

베스트셀러와 도서전이 있다는 사실, 우리가 매년 가을 문학의 가을이라는 서프라이즈 이벤트를 예상할 수 있다는 사실, 심각한 신문 문예란에 컬트 도서들에 대한 평이 실리고 있다는 사실, 해마다 노벨문학상 선정이라는 창피스러운 일이 되풀이된다는 사실, 문화부 관리들이 더이상 그 무엇으로도 깊이 감동받지 않는 대중에게 안데스 산맥에서 온 서정시를 처방해주고 그것으로써 인문주의적 문학정책을 촉진하고 있다고 믿는다는 사실, 이 모든 것은 문학이 더이상 예술의 무대에만 등장하지 않는다는 것을 분명히 드러내주고 있다.

여기서 문학적인 컬트 마케팅으로 부를 수 있는 것에 대한 기본 스케치들도 분명히 알아볼 수 있다.

- 저자가 되는 것은 마케팅이다.
- 베스트셀러 작가는 컬트 브랜드이다.

문학적인 컬트 브랜드의 경우에도 다른 브랜드들과 마찬가지로 구매를 권장하는 안정성을 제공하는 것이 중요하다. 그륀바인(Grünbein)이나 괴츠(Goetz)의 책을 산다면 제대로 된 구매를 하는 것이다. 그리고 다른 모든 컬트 브랜드와 마찬가지로 베스트셀러 작가 주위에는 커뮤니케이션 세계가 형성된다. 차이트에 실리는 감수성 예민한 인터뷰에서부터 스캔들을 불러일으키며 토크쇼에 등장하는 것까지.

여기서 이런 질문을 해보자. 오늘날 사람들이 더이상 책을 읽지 않는다는 것이 사실이라면, 어떻게 작가들이 컬트적 위치에 도달할 수 있을까? 컬트 영웅에 대한 사회적 인정이 더이상 독서를 통해서 이루어지지 않는다면, 작가는 이를—이것이 바로 대중매체의 논리와도 가까운 것인데—도발해야 한다. 예를 들면 『속죄양의 노래 Bocksgesang』(보토 슈트라우스Botho Strauß) 같은 에세이를 통해서라든가 아니면 세르비아인들을 지지하는 발언(페터 한트케)을 한다든가 말이다. 그러나 포스트모던 시대는 이미 도발될 것은 모두 도발되어 더이상 선동할 것이 없다는 원칙적인 문제를 가지고 있다. 그렇기 때문에 위에 언급된 슈트라우스나 한트케의 텍스트는 도발적이긴 하지만 지나치게 단순하다. 이들은 보수주의자들의 의미 잠재력을 바닥낸다고 할 수 있다. 이에 비해 진정으로 시대에 적합한 것은 그들의 자기 양식화이다. 스스로 선택한 고독한 영웅으로서의 작가. 그들은 관객 모독으로부터 이제 대중을 꺼리는 보다 세련된 자세로 변해가고 있다. 한트케와 슈트라우스는 '요즘 시대에 부적합한 것'의 매체표본이다. 그리고 주류에서의 집단 도주를 연출하는 문화 시스템에서 이보다 더 시대에 적합한 것은 없다.

글을 쓰는 사람이라면 누구나 베스트셀러를 쓰고 싶어한다. 그리고 대부분, 거의 모든 사람이 왜 그것이 베스트셀러가 되지 못했는지 의문을 제기한다. 문학 시장이 질적 가치와 성공을 분리했다는 사실이 어쩌면 이들에게 위로가 될지도 모르겠다. 물론 그렇다고 성공하지 못했다는 것이 질적 가치를 보증해주지도 않는다. 그렇다면 누가 성공을 보증해주는가? 누가 독일의 문학 제국을 지배하는가? 카를 슈미츠의 유명한 문장을 바꾸어보자면, 베스트셀러를 결정하는 자는 독재적이다. 스타 비평가 마르셀 라이히-라니츠키(Marcel Reich-Ranicki)를 예로 들 수 있겠다. 그리고 비평이 문학과 기생관계에 있다면, 사람들은 적어도 비평가의 건재함을 보고 독일문학의 건강 상태가 양호하다는 것을 짐작해볼 수 있을지도 모르겠다.

유명 비평가의 문화적인 기능은 순전히 도서전과 연초에 발행하는 도서목록, 그리고 문학잡지 부록의 정글 속에서 통행할 수 있는 길을 내주는 데 있다. 문학이 쏟아붓는 의미의 홍수 속에서 비평가들은 우리에게 구원의 노아의 방주를 보여주는 것이다. 이것이 바로 제대로 된 글이다! 문학적 판결은 예측할 수 없으며 마법처럼 순식간에 만들어낼 수 있다는 점에서 매혹적이다. 우리는 울라 한(Ulla Hahn)의 서정시에 기꺼이 호감을 가질 수도 있지만 텔레비전에서 흘러나오는 신탁 없이 이를 이해하기란 무리일지도 모른다.

가치 평가는 환상이 가진 논증의 형태이며, 이것으로 비평가의 결정론은 마법을 부린다. 이 시는 형편없다! 여기서 중요한 것은 능력이 아니라 퍼포먼스다. 이렇게 문학 사중주\*의 경탄할 만한 연출은 무엇보다도 다음과 같은 장면에서 그 결정론의 매력을 이끌어낸다. 즉 첫번째 순서에서 독자들이 뢰플러 여사, 카라섹 씨와 함께 작위적으로 분명한 판결을 늦추고 있을 때 라이히-라니츠키가 반박의 여지가 없는 한 방으로 판결을 내려버리는 것이다. 작가는 순식간에 유명해질 수 있다. 탈락하는 자는 적어도 유명한 문학쇼의 성공에 기여했다고 스스로를 위로할 수 있다. 게임쇼의 지원자들과 마찬가지로 텔레비전은 독일 작가들을 문학 사중주를 위한 충돌 테스트용 인체모형으로 모집하고 있는 것이다.

이는 지금까지 별다른 마찰 없이 상당히 잘 진행되고 있는데, 비평이

---

\* 독일의 가장 유명한 텔레비전 문학비평 프로그램. 최근까지 마르셀 라이히-라니츠키가 진행했으며, 고정 패널과 초대 손님들이 새로 출간된 문학작품에 대해 토론을 벌인다.

문학 자체보다 중요하기 때문이다. 평론은 종종 평하고 있는 작품 자체보다 더 훌륭할 때가 있다. 초기 낭만주의 시대나 발터 벤야민의 축복받은 시대에도 그랬다. 이것을 간단한 공식으로 만들면, 문학이 문학비평의 실질 가치라는 것이다. 문학비평의 이러한 자기 재생산과정에 대한 순도 높은 표현이 가능해진 것은 문학 사중주의 공이다. 여기서 작품은 단지 촉매가 되는 사건으로, 완전히 자기 관련적인 이야기에 신선한 자극으로 기능하는 것이다. 어떤 작품에 대해서든 비평가의 결정이 주요 사건이 된다. 라이히-라니츠키의 모임은 노발리스의 끝없는 대화를 실현한다. 그리고 문학 컬트 마케팅의 두번째 근본 요소도 초기 낭만주의의 원천을 가지고 있다. 프리드리히 슐레겔이 예술작품의 "객관적 폭압"이라 불렀던 것은 이제 문학비평의 기업 비밀이다 : 임의적인 시작과 자기 조건화. 대중매체에서 유명한 비평가들이 문학을 처방해주면, 다음날 사람들은 '의미 상실감'에 유일하게 효과가 있는 약을 구하기 위해, 약국에 들어가듯 서점으로 들어간다.

물론 자신이 읽는 것이 무엇인지 이해하는 사람들도 있다. 그러나 고상한 문학은 사람들이 이해하지 못할 때도 효력을 발휘한다. 적어도 진정시켜주는 효과 말이다. 사람들은 구매행위로 이해를 대체하고 그 제목만 기억한다. 예술의 다른 형태들과 마찬가지로 고상한 문학도 이미 사람들이 그것이 위약(僞藥)임을 알고 난 후에도 계속 효과를 발휘하는 위약이다. 전문가가 아닌 독자들도 고상한 문학이 재미없다는 건 분명히 알 수 있다. 도대체 누가 『피네건의 경야』를 읽으면서 재미를 느끼겠는가? 또한 독서는 노동의 특성을 갖는다. 간단하게 표현하면, 독서과정에서 지루함을 느낀다는 것이 현대문학의 컬트적 가치이다. 우리는 이해할 수 없다는 것에서 깊이를 추론해내고, 지루함에서 의미 있음을 가정한다.

독일문학의 침몰에 대한 불평은 우리가 매체진화의 새로운 단계에 접어들었다는 사실의 징후일 뿐이다. 이러한 추정에 대한 유력한 증거는 침몰에 대한 불평이 바로 매체사건으로 연출되고 있다는 데서 발견할 수 있다. 사람들은 소설의 죽음이라는 주제에 대해 죽지 않는 소설이라는 주제보다 훨씬 흥미진진하게 비평하고 토론할 수 있다. 또한 자기 출판사에 소속되어 있는 최고 컨디션의 작가를 예로 들면서 소설의 죽음을 반박할 수 있는 가능성도 생긴다. 그러나 이에 대한 근거는 물론 그들의 작품이 아니라, 작가들 스스로가 다른 매체에 자주 출연하고 있다는 사실이다.

이 때문에 매체에서의 현존이 명성을 대체한다는 것은 작가들에게도 해당되는 말이다. 대중매체로 인해 작가는 '겁내지 않는 지식인'(귄터 그라스) 혹은 시대의 흐름을 거스르는 극작가(슈트라우스)로, 그리고 독자적 사상가(슬로터다익Sloterdijk)나 적어도 비틀린 사상가(프란츠 알트 Franz Alt)로 등장할 수 있다. 그리고 바로 그곳에서 그들은 최선을 다한다. 마르셀 라이히-라니츠키는 자신을 위해서뿐만 아니라, 정당한 이유로도 텔레비전을 의미 있는 표현들의 수사학적인 학교로 인정해준다.

매체는 메시지이며 매체의 내용은 언제나 다른 매체이다. 매클루언의 핵심 문구를 여기서 간단히 적용해볼 수 있다. 텔레비전에서 문학은 새로운 문화산업의 상품 가운데 가장 눈에 띄는 형태일 뿐이다 : 매체연합에서의 문학. 그리고 바로 그 때문에 — 여기에서 도발된 고전적 느낌의 재생산(reproduction antique feel)에 기여하기 위해서 — 예를 들면 『연필의 역사 Geschichte des Bleistifts』(물론 또다시 페터 한트케) 같은 것을 쓸 수 있다.

만약 한 번이라도 사회적 일반성에 대한 요구와 함께 시민적 공공성이라는 것이 존재했다면, 그것은 새로운 매체연합의 조건하에서 이미 "문화적 상자"(엔첸스베르거Enzensberger)인 텔레비전 속으로 와해되었을 것이다. 이것을 통해 고급문화와 대중문화, 그리고 오락적인 화이트 트래시* 프로그램이 동시에 진행될 수 있다. 여기서 고급문화는 삶에 대한 우리 양심의 가책을 교묘하게 이용함으로써 존속한다. 고급문화는 우리가 원래 관심을 가져야만 하는 것이다(이차적 욕망). 그리고 그렇지 못한 통속성에 대한 일종의 사죄로 우리는 실러 극장이나 괴테 인스티튜트가 후원받을 수 있도록 기꺼이 세금을 낸다.

---

\* White Trash. 백인 하류층을 뜻하는 사회학 용어.

제3장

# 디자인 — 피상적인 것의 시장

멀티미디어 사회의 비판적 관찰자는 우리 문화가 기술적 효과를 위해서 문학 교육을 희생시키고 있으며, 모든 것이 점점 빨라지고 단축되고 있다는 판단을 쉽게 내릴 것이다. 여기에는 전통, 책, 철학, 윤리 등 문자와 관련된 모든 가치가 해당된다. 그러므로 인문학을 하기에는 좋지 않은 시대다. 그러나 동시에 디자인을 위해서는 좋은 시대가 왔음을 의미한다. 우리 사회는 더이상 세계 설정의 주도 매체로서 문자에 기반한 교육만을 수행할 수 없다. 우리는 앞 장에서 사람들이 인생 전반을 위해 무언가를 배우는 대신 일련의 능력과 관점들을 발전시켜야 한다는 것을 자세히 살펴보았다. 그렇기 때문에 네이딘 같은 디자이너는 교육의 '컨테이너 모델'에서 '발견을 돕는 교육'으로의 전환을 주장하면서 문맹의 문명(Civilization of Illiteracy)을 선전하고 있다.

복잡하게 들리지만 이는 쉽게 설명할 수 있다. 문맹의 문명은, 예를 들어 수학이 그렇듯 언어 반대편에서의 사고와 작업을 말한다. 네이딘은 언어에 기반을 두지 않은 합리성을 추구하는데, 이는 문제를 한 단계씩 처리하는 것이 아니라 한눈에 전체 구성을 파악하는 것을 의미한다. 이에 따라 멀티미디어 사회의 가장 중대한 과제는 '자연언어에서보다는 매체 안에서 사고하기'가 된다. 그러므로 자연언어의 속박에서 사고를 해방시켜 다른 매체 안에서 발전시키는 작업이 중요해진다. 바로 여기서 디자인은 새로운 주도 학문으로서의 위치를 획득한다. 디자인은 본질적으로 비언어적인 행위이며 기호와의 실천적인 경험이다. 디자인과정에서 인간은 변화의 대리인으로 구상된다. 네이딘의 정확한 용어로 말하자면 "미래는 표시하는 것이다. 표시(sign)로 바꾸기, 즉 디자인(design)".

디자인이라는 새로운 주도 학문은 언어를 통한 속박과 조건화로부터 인간을 자유롭게 해주기 때문에 멀티미디어 사회는 문맹의 문명이다. 디자인의 '언어'는 표현하는 동시에 표현한 것을 생산해낸다. 사람들의 실천적인 경험들과 기대들을 구현하고 있는 것이다. 다시 한번 네이딘을 인용하면 "디자인을 하는 것은 가상의 실천 경험이다". 디자인과정은 실천적 경험의 가상현실이 된다. 그리고 이러한 디자인과정이 주는 가장 새로운 경험 속에서 멀티미디어 사회는 가장 오래된, 즉 종교적인 경험과의 연관성을 발견한다.

### 말할 수 없는 것의 형상화

종교적 예식은 직접성의 침몰에서 생성되었다. 말하자면 인간이 스스로를 자연적인 존재라 여기는 것은 치명적이다. 인간은 세계에 적합하지 않다. 그리고 종교적 예식들은 이러한 환경 부적응의 결핍을 보상해준다. 모든 제식(祭式)은 순수한 형식으로서의 신뢰성과 의미성을 생산해낸다. 종교적 예식이 갖는 신뢰성으로 설명할 수 있는 것은 아무것도 없지만, 대신 세계의 이해할 수 없는 일들을 견딜 수 있도록 도와준다. 오늘날 이것들은 정보(본보기, 전형, 도식)의 반대 개념으로 우리에게 과잉의 가치를 가르쳐준다. 우리는 컬트적인 것을 데이터 홍수를 뚫고 지나가는 화살로 이해하기 시작했다. 그러므로 현재 문화의 제식적이고 컬트적인 요소는 무엇보다 보상 기능을 가지고 있다. 이것을 좀 더 자세히 살펴보기로 하자.

먼저 제식화는 이동 가능성, 즉 현대화 과정의 가속화를 보상해준다. 아주 당연하게도 속도를 따라가지 못하는 것을 문화적 능력으로 여기는 '느림'이라는 컬트가 발전하고 있다. 그리고 이것은 현대의 '속도'라는 특수한 컬트와 동등한 권리를 주장한다. 사실 극단적인 빠름이나 극단적인 느림이나 문화적으로는 동일한 것을 수행한다. 즉 일상적인 것을 다시 매력적으로 만든다. 느림의 천재적인 마케팅 매니저인 몽블랑의 노르베르트 플라트는 이러한 맥락에서 '시간의 닻'에 대해 언급한다. 몽블랑의 만년필은 손으로 쓰는 편지를 위한 것이며, 그 자체로 편지의 모든 내용을 압축하고 있다. 나는 당신을 위해 이렇게 많은 시간을 들였습니다…… 또 스스로 담배를 말아 피우는 사람들은 가난한 자를 위한 느림의 컬트를 연마한다. 담배를 직접 말아 피우는 사람들은 다른 보통 흡연가들에 비해 몇 배의 부가가치를 즐기는 셈이다. 삼손\*을 피

---

\* 말아 피우는 담배의 상표.

우는 청년들은 담배를 직접 말아 피우는 종파에 속한다. 그들은 친밀함을 강요하고("내가 하나 말아 피워도 될까?"), 숙련된 완결성을 증명하며(종교적 예식), 하나 달라고 부탁하는 일을 어렵게 만든다.

사실 종교적 예식이라는 것은 무엇보다 이미 있는 것을 바꾸지 않고 공고히 하는 일을 의미한다. '안으로부터' 관찰해보면, 제식은 종교적 초월 경험의 집단적인 표현이다. 언어가 실패한 바로 그것 말이다. 따라서 종교적 예식이 신비주의의 실천이라는 정의가 가능하다. 신비롭다는 것은, 비트겐슈타인의 뛰어난 정의에 따르면, 말할 수 없고 단지 보여줄 수 있는 것을 의미한다. 따라서 종교적 예식이 '말하고' 있는 것은 관용어에서는 그에 상응하는 등가물이나 일치하는 것을 찾을 수 없다. 동시에 단지 종교적 예식 안에서만 '끝없이 가치 있는' 무언가에 종사할 수 있다는 것을 의미하기도 한다.

종교적 예식은 공론을 자신의 소리로 더빙한다. 생물학자 포르트만(Portmann)의 말에 따르면 그것은 "초개인적인 형태의 기관"이다. 그러므로 무엇이 사회를 내부에서부터 지탱하고 있는지 알고자 하는 사람은 우선 그 사회의 컬트와 종교의식들을 관찰해야 할 것이다. 독립적인 종교의식은 사회적인 끈으로 기능한다. 오늘날에도 매너와 예의범절의 잔재에서 제식적인 것이 어떻게 사회적인 것을 자극하는지 관찰할 수 있다. 이제까지 고정된 관습을 갖고 있지 않은 사회가 훌륭했던 적은 없었다. 컬트와 제식, 예식들은 언어가 필요 없는 커뮤니케이션을 성취하는 매체일 뿐만 아니라, 사회가 이를 통해 커뮤니케이션의 위기를 조절하는 안전의 매체이기도 하다. 여기서 말하는 위기란 커뮤니케이션의 의사가 거절당하고 발화가 무시되며 말의 흐름이 고갈된 경우를 의미한다. 잘 지내세요? 휴가는 어땠나요? 오늘 날씨는 정말! 종교의식은 우리에게 초월성을 보증하는 말할 수 없는 것들뿐만 아니라, 생존에 중요한 내용 없는 말들 또한 공급한다.

여기서 우리는 컬트와 제식의 치유적이고 사회위생적인 효과를 확인할 수 있다. 제식적인 것의 우위로 위약효과가 가능해진다. 쓰레기 분리수거, 수자원 절약, 비닐봉지 쓰지 않기, 호텔에서 일회용 수건 안 쓰기 등 환경을 위해서 하는 이 모든 일은 자연에는 큰 도움이 되지 않을지 몰라도, 우리의 영혼에는 도움이 된다. 그리고 환경을 지키는 일을 통해서 스스로의 영혼을 구원하는 것만으로는 충분하지 않고, 나아가 스스로를 '실현'하고자 하는 사람에게는 오늘날 대량생산되고 있는 고유한 형식들이 제공된다. 사이비 개인주의자는 자신만의 의식을 원한다. 이것이 오늘날 예식 컨설턴트들에 의해 전파되고 있는 멋진 패러독스인데, 결과적으로 정신과 상담 비용을 줄여준다.

마케팅 전문가들은 이런 종류의 판매상품을 감정 디자인(Emotional Design)이라고 부른다. 그것은 종교적 예식의 커뮤니케이션 디자인이며, 이러한 맥락에서 광고가 "하이퍼 제식화(hyper-ritualization)"라는 어빙 고프먼의 정의가 다시 현재적인 의미를 획득한다. 감정 디자인에서 중요한 것은 사람들에게 아주 많은 것이 가능하다는 것을 보여주고, 동시에 모든 것이 다르게 가능할 수 있다는 경험, 즉 우연이라는 경험으로부터 그들을 보호하는 것이다. 그렇기 때문에 디자인과 마케팅은 더이상 자각이 아니라 그것의 면역 시스템인 감정을 목표로 한다. 예전에 경제학자들이 만들어낸 '호모 에코노미쿠스(homo oeconomicus)'와의 '대화'라는 허구보다 이제는 감정을 통해서 훨씬 더 많은 고객을 확보할 수 있다. 주의력을 집중시키는 것은 자각이 아니라 감정이기 때문이다—이것이 오늘의 일정을 결정한다.

감정은 어쩌면 가슴에서 오는 것인지도 모른다. 그러나 감정에 대한 판단은 가슴으로 해서는 안 된다. 학자들은 최근 몇십 년 동안 인식형태로서의 감정을 인정하고, 감정들도 행동양식에 일치한다는 것, 즉 일정한 방법으로 학습할 수 있다는 것을 증명할 수 있었다. 제임스 랭(James Lange)에 따르면, 행동은 다시 감정에 영향을 미친다. 그렇기 때문에 모든 사회에는 감정을 의무화하는 구문론이 존재한다. 그리고 이 때문에 감정의 모델을 만드는 것 또한 가능하다. 감정 디자인은 감정의 표본을 형성하고, 이를 사용해서 형체 없는 감정을 위한 포장용기를 만들어낸다. 헤르만 슈미츠(Hermann Schmitz)는 이러한 맥락에서 "장소 없이 쏟아부은 분위기"에 대해 적절하게 언급했는데, 이것으로 사람들은 객체, 곧 아우라를 선사할 수 있는 상품을 포착할 수 있다. 그러므로 이제는 생활용품이 아니라 관계의 표본들이 생산된다. 이 브랜드는 너를 사랑해! 결론적인 공식으로 만들어보자면, 컬트 마케팅과 감정 디자인은 소비매체에서의 경험과 감정을 형성한다.

### 피상적인 것의 깊이

시장은 부패했고 트렌드는 피상적이며 시대정신은 단지 스스로의 정신을 지배하는 매체일 뿐이다―세계를 이렇게 파악하고 있는 사람이라면 쉽게 현혹되지 않는 통찰자로 신문 문예란의 명예로운 한 자리를 차지할 만하다. 독일적 깊이는 (매체라는) 시대정신에 대해서는 알고 싶어하지 않으며, 이는 사람들이 여전히 역사철학이나 보편타당한 법칙, 가치를 신뢰하고 있음을 의미한다. 반면 문화 트렌드에 관한 글을 쓰는 사람, 그러니까 사회의 '피상적인 것'을 관찰하려는 사람은 늘 자신의 글에 논리 정연함과 연관성, 논증성이 결여되어 있다는 비판을 예상하고 있어야 한다.

우리는 이런 '피상성'과 '깊이'의 분리가 너무 단순하다고 반박하고, 이제 드디어 피상성을 재발견할 때가 되지 않았는지, 즉—니체와 옛 그리스 철학자들과 함께—현대는 '깊이에서 오는 피상성'의 시대가 아닌지 질문해볼 수 있다. 그리고 이로써 우리는 다시 디자인으로 돌아온다. 디자인은 깊이로부터의 조직화된 피상성이다. 이와 비슷하게—여기서부터는 괄호로 표시해야 할 듯하다—사진도 그렇다. 사진은 원칙적으로 무(無)저항의 문제를 갖고 있다. 사진에 나오지 않는 나머지 부분은 모두 버려진다. 그러나 사진의 이러한 피상성, 무저항성과 매끈한 표면은 사진이 탄생한 순간부터 이미 해방의 힘으로 간주되었다. 그들은 세계의 무게를 털어버린다. 보들레르와 동시대인이었던 올리버 웬들 홈스(Oliver Wendell Holmes)는 사진술을 재료로부터 형식의 해방이라 여기고 이를 환영했다. 대상에서 한꺼풀 벗겨낸 표면은 대상 자체보다 값싸고 이동이 간편했다. 이것은 홈스가 사진을 "물질적 재료를 전환한" 지폐에 상응하는 것으로 이해했다는 뜻이다. 돈과 사진, 이들은 타성에 젖은 세계를 끝없이 유연한 매체 속으로 용해시킨다. 괄호 닫기.

21세기의 경제와 문화를 위해 디자인이 갖고 있는 탁월한 의미를 이해하기 위해서는 디자인의 역사를 간략하게 살펴보고, 디자인학을 정립하기 위한 첫번째 개념을 역사 속에서 재구성해보는 것이 도움이 될 듯하다. 최초의 디자인 운동은 다음 세 가지 권력에 저항하는 투쟁으로부터 형성되었다.

- 첫째, 제국시대의 양식에 대한 저항. 즉 단순히 장식적인 것, 정교한 주름, 모티프 장식의 인플레이션에 기인한 장식의 평가절하와, 스스로를 독립시키는 가구가 야기하는 공간 해체에 대한 저항.
- 둘째, 재료에 대한 의식을 약화시킨 자카르 방직기계 같은 기계화 기술에 대한 저항.
- 셋째, 역사의 무대에 새롭게 등장한 대중과 대중 생산품에 대한 저항.

헨리 콜(Henry Cole)은 디자인 저널 *Journal of Design*에서 기술적 생산품에 미(美)를 적용함으로써 획득하게 되는 순수한 형식이라는 새로운 윤리를 보급하기 위해 노력한다. 순수한 형식을 선택하라(Select pure forms), 이것이 그 캐치프레이즈다. 다시 말하면, 콜은 근대적 의미의 예술 수공업자를 제안한 것이다. 이와 같은 맥락에서 그 다음에는 윌리엄 모리스(William Morris)가 예술가적 윤리를 변호한다. 재료와 그 처리작업은 다시 미학적인 가치를 부여받아야 했는데, 여기서 수작업은 질적 가치의 하락을 막아주는 방법으로 등장했던 것이다. 1861년 그는 예술산업 작업장을 설립한다. 여기서 작업장이란 공장이 아니라는 것을 의미한다! 모리스는 자신의 소설 『어디에도 없는 곳에서 온 뉴스 *News from Nowhere*』에서 "가까운 사람들"을 위한 물건의 생산을 촉구한다. 다시 말해 이는 불특정 다수를 위한 생산이 아니라는 것이다.

그러므로 디자인은 먼저 표면적으로는 사회의 현대화에 반대하는 논쟁적인 입장 표명으로부터 형성되었다. 그러나 예술사학자 알프레트 고트홀트 마이어(Alfred Gotthold Meyer)는 이미 독일공작연맹(Deutscher Werkbund)이 탄생한 1907년에 "양식사에서 19세기의 입장을 발효시킨 효소들 자체가 바로 현대 기술의 성과이기도 하다"고 평가했다. 처음에는 이러한 기술적 형식에 대한 요구가 역사주의의 의상과 가면의 마법에 의해 가려졌다. 여기서 바로 유겐트슈틸*이 가진 매력을 설명할 수 있다. 간단하게 말하자면 기술자들의 구성적인 공식에 대항한 아카데믹한 예술가들의 양식, 이 양쪽의 싸움에서 유겐트슈틸은 최초로 통합을 암시했던 것이다. 이것은 이른바 이륙(Take off)의 순간이었다. 디자인은 자유로운 구성양식이 되었다. 유겐트슈틸은 조형이 예술의 상아탑에서 이탈하는 것을 지지했다. 앙리 반 데 벨데(Henry van de Velde)가 회화를 포기한 것은 대단히 시사적인 징후였다.

독일공작연맹의 설립은 조형이 산업에 접속했음을 분명하게 드러낸다. 이른바 산업디자인이 탄생한 순간이다. 예술은 기계의 세계에서 새롭게 자신을 방향 설정한 것이다. 바우하우스의 초기 표현주의 단계에서는 여전히 인간이라는 척도가 지배적이었는데, 요하네스 이텐(Johannes Itten)은 이를 옹호하였다. 헝가리 출신의 예술가인 모호이-너지(Moholy-Nagy)의 등장과 함께 드디어 산업의 규준이 인본주의의 자리를 대신한다. 수공업연합의 생활에서 나온 감각은 DIN(독일공업규격)과 디자인학의 정확성에 굴복했다.

바우하우스를 미래주의와 구성주의에 연결하는 고리는 기계적인 작동과 산업적인 제작, 그리고 새로운 재료에 대한 강한 자각이다. 기술적인 미학은 이제 힘을 상실한 인본주의를 배제하고 기술적인 제작의 유희공간을 발전시킨다. 손상된 자연의 이름으로 기술에 대한 금욕을 지지하기보다는, 새로운 매체조건하에서 인간-기계의 시너지 효과를

---

* Jugendstil, 아르누보(art nouveau)의 독일식 명칭.

연마한다. 미학은 예술에서 이탈해 커뮤니케이션 매체 쪽으로 방향을 재설정한다. 이러한 모습은 광고의 멀티미디어 형상화에서 구체적으로 나타나고 있다. 그래픽디자인이 생성된 그 순간, 광고는 학문의 대상이 된다. 그리고 전통 미학이론의 자리를 이제 디자인학이 대신한다.

### 예술로부터 디자인의 해방

울름 조형디자인 대학(HfG Ulm)의 설립자이자 1956년까지 대학을 이끈 막스 빌(Max Bill)은 다음과 같은 프로그램을 선언했다. "우리는 예술을 인생의 지고한 표현단계라고 생각하며, 인생을 하나의 예술품으로 만들기 위해 노력하고자 한다. 우리는 앙리 반 데 벨데가 그 시대에 선언한 것과 비슷하게, 아름다움과 선, 그리고 실천으로써 추함과 싸우고자 한다." 이를 위해 자연의 미와 예술적 미 외에 하나의 새로운 아름다움을 장려해야 했는데, 그것이 "예술과 기술 사이의 경계"(막스 벤제Max Bense)에서 그 형식이 형성되는 "기술적인 미"이다.

막스 빌은 이처럼 조형디자인 대학을 바우하우스의 분명한 연장으로 이해했고, 실제로 바우하우스 운동에 참여한 몇몇 사람이 여기서 초청강의를 하기도 했다. 그러나 60년대 초반 학장을 역임한 오틀 아이허(Otl Aicher)는 울름의 디자인을 예술로부터 명확하게 분리했다. 대학의 발전단계에 대한 보고에서 그는 막스 빌이 거부한, 그전과는 아주 다른 의견을 제출했는데, 그것은 바우하우스의 역사에서와 마찬가지로 전통적이며 예술에 가까운 설립 당시의 프로그램과 신속히 작별하는 것이었다. 아이허는 "기술과 학문에 기초한 디자인 모델"을 선언한다.

"디자이너는 더이상 높은 자리로 분류되는 예술가가 아니라, 산업 생산의 결정과정에 동등한 자격을 가지고 참여하는 파트너이다. 공작연맹 예술작업의 마지막 유산은 포기되었다." 디자인은 이제 피드백을 가진 형성과정으로서 사이버네틱하게 이해된다. 표제어는 '시스템 디자인'과 '모듈 배치' 이다.

이 밖에도 오틀 아이허는 디자인에 이론적이고 역사적인 기초를 부여하는 '산업 고고학'을 촉구하고 있다. 이를 연구하는 사람은 예술사학자에 상응하는 '기술적인 인공물의 이론가' 이다. 전통적인 미적 가상과 함께 기술적인 '디자인의 미'도 등장해야 한다는 것이다. 아이허의 디자인 이론에서 이전과의 근본적인 차이는 디자인과 예술 사이에 놓여 있다. 디자인과 예술의 관계는 학문과 신앙의 관계와 같다. 이러한 관점에서 디자인은 이론화의 의무를 가지며 또한 기술적 아름다움이라는 독자적인 미 형식을 가지고 있다. 이것은 다음과 같이 뒤집어보아도 유효하다. 즉 "자율적인 미로서의 예술미는 기술에는 존재하지 않는다". 특정한 목적 아래 이루어지는 디자이너의 도안작업에서 예술은 방해자로 등장할 뿐이다. "인공물과 손의 접합점은 예술적 상상으로 갈라놓을 수 없다." 여기서 접합점이란 물론 인터페이스를 의미한다. 그러므로 기술적인 형식들의 진화에는 미학적인 논리가 존재하지 않는다. 하지만 반대로 "기술이 다양한 새로운 미학을 방출한다"고도 할 수 있다. 이러한 문제에서는 기술 쪽으로 강하게 전환된 바우하우스조차 아직은 충분히 급진적이지 않다. 왜냐하면 기술을 형식의 레퍼토리로 이해하는 사람은 여전히 예술의 지배 아래 서 있기 때문이다.

## 삶의 디자인

오틀 아이허에게 현대적인 인간이란 갈수록 낯설어지는 세계에 내던져진 존재다. 과거의 세대는 우리보다 훨씬 쉽게 인생의 방향을 정할 수 있었다. 오늘날 우리에게는 어떤 대답도 주어져 있지 않다. 그렇기 때문에 질문하는 것을 배우고 탐구하는 것을 훈련하는 일은 대단히 중요하다. 우리는 불확실한 가능성 위에 스스로를 설계한다. 디자인은 삶을 형성하며, 사물과 인간, 환경 사이의 균형 능력을 의미한다. 아이허는 "삶의 디자인", "삶의 형식을 최적화"하는 작업을 강조한다. 디자인은 개별적인 대상이 아니라, 시스템 자체를 위한 것이다. 구조, 체계, 패턴, 네트워크, 이들이 현대적 삶의 조건들에 적합한 비선형적인 디자인과정의 키워드이다.

이러한 디자인 개념의 인류학적 기본 가정을 좀더 정확하게 표현해보면, 내 몸의 한계가 아닌 내가 가진 기계의 한계가 내 세계의 한계라는 것이다. 인간은 자연적인 존재가 아니며, 그 때문에 인간의 발전단계는 자신이 가진 기술과의 시너지 속에서 성취된다. 동일한 이유로 아이허는 인간을 생물학적 존재가 아닌 시스템적 존재로 파악한다. "인간은 존재하는 것이 아니라, 스스로를 설치한다." 그의 에세이 「자아의 확장」에서 이는 더욱 분명해진다. "작업이나 커뮤니케이션을 위한 기계들이 비로소 우리를 완성시키고 인간답게 해준다. 인간은 누구나 자신에게 적합한 기계들의 척도에 따라 스스로를 발전시켜나간다."

기계, 그러니까 기술적으로 조직된 대상을 이해하기 위해서는 먼저 그것을 사용하면서 배워나가야 한다. 아이허는 여기서 "한 단어의 의미는 그 단어가 언어 안에서 사용되면서 정해진다"는 비트겐슈타인의 유명한 문장을 디자인으로 바꾸어 쓴다. 디자이너는 예술형식이 아니라, 삶의 형식과 관계하고 있다는 것이다. 사용에 주의를 돌림으로써 사물의 언어를 확실히 들을 수 있다. "디자인은 지식이 되기 전 단계의 사물을 다루는 일이다. 디자인은 예술이 가진 미학적인 절대주의를 택하지 않고, 대신 사용의 미학을 추구한다."

그 근본 사상은, 친숙한 것, 통용되고 있는 것이 사실은 낯선 것이라는 것이다. 디자인학자들이 중요하다고 생각하는 것은 '속으로 깊이 파고 들어가는 것이 아니라, 피상적인 것을 발견하는 일'이다. 이러한 피상성의 디자인 논리는 인과적으로 작동하는 것이 아니라, 일종의 형식들 사이의 다윈주의에 따라 게임의 원칙으로 작동하며, 디자인의 경우 바로 적자생존이 적용된다. 사용형식이라는 게임에서 끝까지 살아남는 것, 결국 적합한 것이 목적에 부합하는 것이다. 이것이 사용에서의 선별 원칙이며, 다른 한편으로 결과가 형식 진화의 원인이라는 것을 의미하기도 한다. 바로 여기서 디자인 이론은 사이버네틱이 된다. 원인과 결과의 연속이라는 자리에 이제는 피드백을 통한 자동조절시스템이 들어서는 것이다. "피드백은 행동에서 배우는 것이다."(오틀 아이허)


### 생각하는 사물

성찰로부터 자유로운 실행을 이야기하고 싶을 때면 사람들은 언제나 기술화에 대해서 이야기한다. 여기서는 수학의 정신이 지배적이다. 전적으로 처리에 관한 것이므로, 다시 말해 스스로 생각하기 때문이다. 그리고 바로 이 정신에 관련하여 오늘날 하이테크 연구소의 용어로 생각하는 사물이라고 불리는 가장 지적인 테크놀로지가 등장하고 있다. 생각해야 하는 것 대부분을 갈수록 사물이 처리하고 있다는 것이다. 기술은 의견 수렴 없이도 작동하고, 작동하는 기술은 더이상 혼란시킬 수 없다.

언뜻 위협적으로 들리지만, 사실은 그 반대로 우리가 진보된 문명에서 살아남기 위한 조건이다. 인간이 '아주 정확하게' 알고자 하지 않고 다만 이미 생각된 것에서 결론을 이끌어내는 데 만족할 때, 이 문명이 비로소 작동될 수 있다. 이는 기술과 연구소 안으로 흘러들어간 정신을 의미하며, 미래는 불확실하다는 사실만이 확실한 세계에서, 이 정신만이 우리가 살아남을 수 있도록 도와준다. 사회학자들은 이를 불확실함의 흡수(Uncertainty absorption)라고 부른다.

그러므로 우리 문명은 이제 위급한 경우, 지적인 인간들을 포기할 수 있어도 생각하는 사물들은 포기하지 못할 것이다. 인간이 생각하는 것이 아니라, 생각하는 수고를 절약할 수 있다는 사실이 문명의 진보를 가져온다. 수십 년 전 이미 이러한 사실을 간파한 철학자 화이트헤드는 "문명은 생각하지 않고도 실행할 수 있는 작업의 수에 비례하여 진보한다"고 지적했다. 문명은 사람들이 생각하지 않고도 무언가를 할 수 있는 바로 그 정도에 따라 전진한다는 것이다. 그러므로 사회적인 것은 '자연'에 반하는 기술화를 전제한다. 이러한 기술은 사용자의 신뢰 속에 숨겨져 있다. 무해한 무지를 가능하게 한다고도 할 수 있을 것이다.

디자인의 세계는 그 형상이 누구에게나 쉬운 사용을, 그리고 그 형식이 인식 가능한 작동을 향하는 한, 아무런 문제가 없었다. 그러나 마이크로 전자 시대에 살고 있는 우리들은 더이상 직관으로는 접근할 수 없는 블랙박스들에 둘러싸여 있다. 가정기기 사용자라면 누구나 사용설명서에 씌어 있는 이해할 수 없는 말들에 대한 일상적인 절망을 알고 있을 것이다. 이미 오래전에 우리들은 하이데거가 "손으로 잡을 수 있음(Zuhandenheit)"이라는 놀랄 만큼 정확한 용어로 표현한 대상관계, 아니 세계관계에 이별을 고했다. 손으로 잡을 수 있는 것이란, 사용하면서 즉시 알게 되고 바로 그 때문에 대상으로는 눈에 띄지 않는 것이다. 이와 대조적인 것으로 비디오 레코더를 비교해볼 수 있을 것이다.

멀티미디어 사회의 가젯은 헤르만 슈투름(Hermann Sturm)의 정확한 용어를 빌리면 "더이상 이해할 수 없는 보조기구", 다시 말해 즉물주의의 즐거운 포기 선언이다. 가젯이라는 개념으로 우리는 기술적인 혁신, 특히 매체기술의 혁신에서 '대상'이 더이상 문제가 되지 않는다는 것을 암시하고자 한다. 가젯은 '마치' 장난감처럼 리비도적으로 소유되고, 위니콧(Winnicott)이 말한 "변화하는 객체", 즉 이행기의 객체처럼 다용도로 작동한다. 아마도 여기서 사회적인 과잉을 생산해내는 사물을 지칭하는, 미셸 세르(Michel Serre)의 '유사-객체'의 개념이 이해의 심화에 도움이 될지 모르겠다. 유사-객체의 유통은, 예를 들어 축구 경기의 경우처럼 '우리'라는 개념을 창조한다. 미드(G. H. Mead)는 객체의 의미가—그리고 이로 인해 결국 객체 그 자체도—커뮤니케이션 안에서의 적응과정을 통해 생성된다고 보았다. 이 모든 개념의 공통점은 객체를 더이상 대상으로 이해하지 않고, 커뮤니케이션적이고 상호작용적인 과정의 실질 가치로 이해했다는 점이다.

그러므로 사용한다는 것은 가젯의 세계에서는 이미 오래전부터 더이상 자명한 일이 아니었다. 우리는 모두 사용자라는 자발적인 노예 신분으로 살고 있다. 덜 은유적으로 표현하면, 사람들은 그것을 사용하기 위하여 이해하지 못한다는 사실을 받아들인다. 경제나 정치의 세계와 마찬가지로 사람들은 이제 기술적인 대상성의 세계에서도 이해를 동의로 대체해야 한다. 자비롭게도 사용자 환경은 우리에게 기계의 논리적 깊이를 숨겨준다. 오늘날 디자인은 더이상 사물의 투명성이 아니라, 사용자 친화성을 의미한다.

### 보이지 않는 것의 형상화

"Intel inside", 대성공을 거두지는 못했지만, 이 문구는 우리의 보이지 않는 경제에서 핵심이 되는 생산품을 위해, 즉 비물질적인 것을 위해 시사하는 바가 많은 광고문구이다. 오늘날 결정적인 것들이 어떻게 시야에서 벗어났는지 마이크로칩보다 더 분명히 말해주는 것은 없다. 이미 오래전에 형식과 기능의 관계는 무너졌고, 전자적 소형화는 모든 대상을 피상적인 사용자 환경 위로 축소했다. 마이크로 전자와 나노테크닉, 그리고 바이오 테크놀로지들은 무엇보다도 인간의 척도 밖에 있는 것을 생산해낸다는 공통점을 갖고 있다.

철학자 한스 블루멘베르크(Hans Blumenberg)가 "세계의 표면을 결정짓는 사람은 가장 적게 이해하고도 자신이 무엇을 하는지 말할 수 있는 사람"이라는 것을 알아차렸을 때, 세계의 표면이라는 오래된 은유는 다시 매혹적인 현재성을 획득하게 된다. 기술적인 작동세계의 외관은 이미 오래전부터 표현이 불가능했다. 그리고 적어도 신즉물주의의 시대에는 이에 대해서 가상의 상실이라는 이름으로 자부심을 가졌다. 오늘날 기술은 볼 수 있는 것으로부터 갈수록 멀어지고 있다. 그렇기 때문에 디자인은 이제 작동적이며 즉물적인 투명성이 아니라 이를 대신하는 안정과 세계 신뢰를 제공해야 한다.

인텔리전트 디자인과 스스로를 설명해주는 매뉴얼, 그리고 온라인 도움말 등은 사실 고객에게 "기술적인 면은 포기하세요!"라는 신호를 보내는 개념이다. 오늘날 디자인은 더이상 기계를 포장하는 기술이 아니라, 블랙박스의 애니메이션으로 이해해야 한다. 속이 보이지 않는 검은 상자는 우리를 불안하게 하는데, 이러한 불안을 없애는 것이 바로 디자이너의 가장 중요한 과제이다. 프록디자인의 사장 하르트무트 에슬링거는 "하이퍼-리얼한, 그리고 '포스트-신뢰적인' 매체환경"으로 야기된 디자인에 대한 도전을 다음과 같이 이해하고 있다. 실제의 것과 인공적인 것, 그리고 우연적인 것과 미리 계획된 것을 갈수록 구별하기 어려운 매체현실에서 인간이 갖게 되는 불안감. 이러한 도전에 대한 대답은 고객에게 무엇보다도 신뢰와 믿음, 그리고 가치를 선사하는 포스트모던한, 혹은 에슬링거가 말한 대로 "포스트 신뢰적인 디자인"이다. 이는 굉장히 어려운 과제인데, 왜냐하면 고객은 더이상 기술적인 사실을 평가할 수 없기 때문이다. "우리가 디자인에서 필요로 하는 것은 신뢰의 번역기이다." 디자인은 신뢰를 형식으로 번역해야 한다. 이것이 성공하면, 블랙박스는 긍정적인 의미가 된다. 그 안에서 무슨 일이 진행되고 있는지 아는 것은 시스템의 작동을 이해하는 데 중요하지 않다. 이로써 사용자는 단순함의 고객이라는 명예로운 이름을 획득한다. 사용자는 사용자 친화성을 가진 표면에만 머무를 뿐, 프로그램과 프로세서에 대해 알려 하지 않는다.

이러한 사실은 당연히 우리의 생활양식에도 영향을 미친다. "우리는 사물을 인터페이스의 가치로 받아들이는 법을 배웠다"는 셰리 터클의 지적은 적절하다. 이 검은 상자 안에서 도대체 무슨 일이 진행되고 있는지 알지 못한다는 사실을 우리는 받아들여야 한다. 이는 이미 오래전부터 자동차의 경우에 적용할 수 있는 말이었는데 오늘날 컴퓨터라는 블랙박스에서도 쉽게 관찰된다. 회로를 이해하는 것이 사회적인 기능을 이해하는 데는 전혀 도움이 되지 않기 때문이다. 컴퓨터의 작동에 관한 기술적인 질문은 그것이 사회적으로 어떤 의미를 가지고 있는지 설명하는 것과는 아무 관계가 없다. 이 둘 중 하나를 전혀 이해하지 못하고도 나머지 하나는 이해할 수 있다. 자동차가 아우토반에서 멈추어 섰을 때, 보닛을 열고 무언가 해보려는 사람이 어디 있겠는가. 사람이 모든 것을 알 수는 없는 노릇이고, 어떤 부분에 대해서는 더이상 알려고 하지 말아야 한다. 이것은 절대 '실천의 결핍'이 아니라, 어쩔 수 없이 필요한 큰 입자다. 멀티미디어 사회를 이해하고자 하는 사람에게 컴퓨터를 뜯어보는 일은 아무 도움이 되지 못한다.

### 손을 가진 동물

나는 누구일까요? 수십 년 전 이런 제목의 인기 텔레비전 프로그램이 있었다. 유명인들로 이루어진 전문가 그룹이 참가자의 직업을 알아맞히는 게임이었다. 로베르트 렘프케가 "특징적인 손동작을 보여주세요"라고 말하면, 직업 특유의 몸짓에 첫번째 질문이 집중되곤 했다. 그러나 이는 많은 경우 추측을 막다른 골목으로 이끌기도 했는데, 그것은 몸짓이 언어만큼 분명히 이해되지는 않기 때문이다. 문장과는 달리 몸짓을 이해하기 위해서는 그것이 무엇을 뜻하는지 먼저 알고 있어야 하는 것이다.

그럼에도 불구하고 오늘날 문화인류학자들 사이에서 몸짓이 커뮤니케이션의 원초적 형태라는 사실에는 이견이 없다. 그리고 실제로 인간의 커뮤니케이션이 탐색 행동에서 발생했으리라고 추측해볼 수 있는데, 조지 허버트 미드는 "몸짓의 대화"라는 연구에서 일상적 커뮤니케이션의 사회 안정화 기능을 설명하기 위해 이를 언급하고 있다. 몸짓으로 경험의 상징화와 다른 것에 대한 적응을 가늠할 수 있다는 것이다. 그리고 이것은 모든 행동 사이의 협조를 위한 조건이기도 하다. 이렇게 본다면, '의식'이라는 수수께끼의 현상을 굳이 언급하지 않더라도 사회적으로 적합한 행동을 설명할 수 있다.

비트겐슈타인은 한 단어의 의미는 언어 안에서 사용되면서 결정된다고 했다. 이것을 우리의 경우에 적용해보면, 한 몸짓의 의미는 다른 몸짓들을 통한 해석에 놓여 있다고 할 수 있다. 그러므로 몸짓을 기능주의적으로는 반응을 유발하는 것으로, 이에 따라 사회적으로는 급진적인 것으로 파악할 수 있다. 우리는 몸짓들을 학습하는 가운데 우리를 사회적인 존재로 만들어주는 "다른 사람 역할 해보기", 즉 역할을 모방하면서 수용하는 것을 배운다. 자아는 다른 사람들을 모방하면서 형성되는 것이다. 혹은 미드의 좀더 정확한 용어로 말하자면 자아정체성은 "일반적이고 체계적인 견본들의 개인적 반영"이다.

그러므로 행동양식이 가지는 개성적인 색채는 표현 유형과 파토스의 공식을 제공하는 사회적인 선별과정의 결과다. 개인의 아우라는 행동을 특정한 몸짓으로 양식화하는 일의 성공 여부에 달려 있다. 개성은 언어보다 몸짓에서 훨씬 쉽게 지속화된다. 그리고 그 이유는 간단히 이해할 수 있는데, 비언어적인 커뮤니케이션은 그에 대한 해명을 요구할 수 없기 때문이다. 언어적인 커뮤니케이션이 언제나 거절 가능성으로 위협받고 있다면, 스스로를 표현하는 몸짓은 비판에 면역성이 있다고 할 수 있다. 이에 대해서 미국의 소설가 스콧 피츠제럴드만큼 정확하게 표현한 사람이 없는데, 그에 따르면 "개성이란 성공적인 제스처가 멈추지 않고 계속되는 것"이다. 따라서 축구선수나 영화배우가 세계적인 스타에 도전하는 일은 어렵지 않다. 반면 학자의 경우 그것은 거의 전망 없는 일일 것이다.

존 로곤 에콘(Zoon logon echon), 언어를 가진 동물―이렇게 인간은 언제나 자신의 특별한 생물학적 위치를 정의해왔다. 그러나 사실 인간은 손을 가진 동물이라고 정의해야 하지 않을까? "인간의 손은 수많은 객체로 이루어진 세계에 대항하게 해주면서, 고정된 본성을 깨뜨리는 데 광범위하게 기여했다."(미드) 우리가 본능의 영역에만 머무르는 대신 하나의 세계를 갖게 된 데 대해, 잡고자 하는 것을 잡을 수 있게 해준 손에 공로를 돌려야 한다. 인간이 세계를 이해하는 데 '손' '붙잡다' '파악(把握)하다'의 의미 연관성이 얼마나 의미심장한지는 바로 오늘날 완성된 보조기기들의 시대에서 분명히 드러난다. 세계를 대체하고 있는 끝없는 차원의 데이터 공간에서 손은 데이터 글러브라는 은유적 네비게이션의 도구로 다시 등장하고 있는 것이다.


### 인공적인 것에 대한 학문

텔레커뮤니케이션과 새로운 매체, 그리고 컴퓨터 테크놀로지가 만나는 장소를 디자인하는 일이 미래의 가장 중요한 조형적 과제라는 데에는 논란의 여지가 거의 없는 듯하다. 디자인학은 커뮤니케이션 중심의 테크놀로지를 도입하는 문제를 연구한다. 사용자가 가젯과 만나는 부분, 즉 사람들이 기계와 만나는 부분은 점인가, 면인가, 아니면 공간인가? 디자인이 마법의 몸짓으로 보이지 않는 인공물에 대한 우리의 불안을 제거해주어야 하는 곳은 어디인가? 인터페이스 디자인은 블랙박스의 문제를, 그리고 의미-디자인은 순수한 작동이 낳은 결과의 문제를 해결해야 한다. 여기에서 추론할 수 있는 것은 디자인이 형식과 기능의 차이에 대한 통일이라는 점이다. 이러한 정의는 디자인학이 예술학이나 자연과학과 다른 점이 무엇인지 알려주기도 한다. 인공적인 것을 다루는 학문으로서 디자인학은 분석과 미학 사이의 연구되지 않은 부분에 정주하며, 그들의 척도는 기술과 수사학으로부터 우선적으로 얻은 것이다.

사람들은 늘 그 안에서 살 수 있는 세계를 설계해왔다. 그러나 이것이 문제점으로 인식되고 난 후부터, 디자인은 다시 원래의 의미로 존재하게 된다. 디자이너는 설계하면서 세계를 이해하고자 한다. 그들의 의미를 마련해주는 것이다. 그리고 우리가 오늘날 사물-디자인과 작별할 때, 디자인의 방향 설정 기능은 더욱 주목받는 중심 위치에 놓이게 된다. 의미-디자인은 존재의 당위성과 함께 이해할 수 있으며, 이런 이유로 객체-디자인의 자리에 점차 인지와 생활양식의 디자인이 들어서고 있다. 폴 비릴리오(Paul Virilio)는 이러한 맥락에서 칸트의 유명한 책 제목을 반어적으로 사용해 "도덕의 메타디자인"을 언급한다. 실제로 오늘날 학문이 주체가 아니라 관계에서 시작되듯이, 포스트모던한 디자인도 더이상 객체가 아니라 관계에서 시작되어야 한다.

그러나 즉물주의의 종말 후에도 디자인 감각은 오직 형식 감각이 있는 사람들, 즉 기술의 수사학을 이해하는 사람들만이 가질 수 있다는 것은 여전히 유효하다. 그리고 이러한 사실은 다시 인공물의 세계에 대해 원칙적으로 긍정적인 관계를 전제하고 있다. 프란츠 보애스(Franz Boas)의 용어로는 "형식 감각은 기술적인 실천들과 함께 발전한다". 기술 사용은 형식 감각을 촉진한다. 여기서 말하는 것은 장식적인 효과의 선별, 대가다운 탁월함, 그리고 복잡한 형식에 대한 즐거움이다. 이렇게 디자인은 복잡성과 신뢰의 통일이라는 문제를 해결한다. 그러나 디자인의 역사를 기술적인 인공물의 역사와 동일시하는 것은 빗나간 시도일 것이다. 원칙적으로 말하면, 디자인은 통용되는 형식들이 더이상 존재하지 않는 바로 그때 탄생했다. 디자인은 인간을 위해 그들이 그 안에서 의미 있게 존재할 수 있는 인공적인 환경을 창조한다. 달리 표현하면, 디자인은 차이들을 통해 의미를 표현한다. 디자인은 세계 이해의 매체인 것이다.

디자이너들은 단순화의 대가이다. 그들의 과제는 복잡성을 줄이고 사용자를 위한 표면이 유의미한 이미지를 제공하도록 하는 일이다. 컴퓨터를 켰을 때, 모니터 위에서 당신을 맞이하는 것은 디지털의 위협적인 논리적 깊이가 아니라, 평소처럼 아날로그의 세계에서 작동하는 듯한 분위기를 조성하는 아주 친근한 아이콘들이다. 이것은 긍정적인 의미의 단순화일까, 아니면 그 반대일까? 아마도 표면이라는 피상성을 원칙적으로 신뢰하지 못하는 계몽주의자들에게는 끔찍한 단순화가 될 것이다. 디자이너는 이에 반해 한번 사용해보도록 사람들을 유혹하고, 그럼으로써 기술에 대한, 속이 보이지 않는 가젯들에 대한 사람들의 불안을 없애준다. 이미 말한 대로, 오늘날 디자인의 목표는 기능주의적이고 즉물적인 투명성이 아니라 안정성과 세계 신뢰이다. 그리고 이 때문에 그것은 계몽의 편이라기보다는 오히려 종교의 편에 서 있는 것이다.

물론 디자이너들은 앞으로도 계속해서 커피포트와 주유소의 주유 기둥을 디자인하겠지만, 그럼에도 디자인이 하나의 문화가 스스로를 이해하는 은유의 작업이라는 점은 점점 더 분명해질 것이다. 물론 인체공학적으로 디자인된 의자 같은 가구에서보다는 디지털 매체 세계의 인터페이스 디자인에서 더 분명하게 드러날 것이지만 말이다. 여기서 멀티미디어 사회는 사회의 키워드가 되는 은유를 형성한다―그러나 담론이 아닌 테크놀로지에서 형성되는 수사학에서 그러하며, 이를 통해 디자인은 문화적 은유의 작업으로 확장되고 있다.

**카이 크라우제와 하르트무트 에슬링거―지식 시장의 두 영웅**

보이지 않는 것의 경제에서 이미 교훈을 습득한 독일의 디자이너를 만나기 위해서는 캘리포니아로 가야 한다. 프록은 삼십 년 전 독일 슈바르츠발트에서 설립되어, 지금은 실리콘밸리에서 디자인계의 스타로 떠오른 매우 성공한 디자인 회사다. 이 회사를 설립한 하르트무트 에슬링거는 "형식은 기능을 따라간다"는, 즉물적인 파토스에 작별을 고하는 공식을 발견했다. 감정 디자인을 가장 분명하게 표현하는 이 새로운 마술의 주문은 "형식은 감정을 따라간다"는 것이다. 감정에 대해 느끼는 엔지니어의 기술적인 불안도, 시대정신에 대한 지적인 불명확성도 가지지 않은 에슬링거에게 형식은 다름아닌 감정과 시대정신의 번역을 의미한다.

*슈피겔*과의 흥미진진한 인터뷰(1998년 35호)에서 그는 디자인이 경제에서 차지하는 위치를 의미심장한 은유와 함께 설명한다. "디자인은 예술과 아무런 관계가 없다. 그것은 다만 하나의 서비스일 뿐이다. 여

기서 중요한 것은 인간과 기술 사이의 최적의 연관관계로, 말하자면 디자인은 배를 항구로 무사히 끌고 오는 선장과 같다." 애플 컴퓨터 디자인에서부터 루프트한자의 창구에 이르기까지 빛나는 성공을 거둔 프록 디자인은 현재 하나의 컬트 브랜드가 되었다. 여기서 우리는 보이지 않는 것의 경제에서의 경영 비밀을 알게 된다. 그것은 바로 "포스트산업주의 사회에는 공장이 아니라 브랜드와 이미지, 그리고 아이디어가 필요하다"는 것이다.

이것을 카이 크라우제(Kai Krause)만큼 잘 이해한 사람은 없다. 그의 회사 메타크레이티온(MetaCreation)은 오늘날 그래픽디자인 분야에서 과거의 애플사가 그랬던 것처럼 컬트적 위치를 차지하고 있다. 카이 크라우제의 회사 ― 물론 현주소는 캘리포니아 ― 에 대해서 들어보지 못한 사람들도 생활 속에서는 매일 그 회사 제품에 둘러싸여 유혹을 받고 있을 것이다. 그는 MTV에서 〈스타 트렉〉에 이르기까지 대중매체와 컴퓨터로 지원되는 디자인의 미학을 근본적으로 확립했다. 1970년대에 애플이 영감이 고갈된 거대 IBM을 상대했듯이, 오늘날 카이 크라우제는 상상력이 빈곤한 골리앗 마이크로소프트를 상대하는 영리한 다윗으로 스스로를 양식화한다. 상품에 대한 그의 약속은 다음과 같다. 진정한 인간과 기계의 시너지 효과는 우리가 "윈도우"라는 코르셋을 집어 던지고 나서야 시작된다는 것이다.

사실 인터페이스 디자인의 근본 개념은 이미 이십 년도 더 전에 확립 되었다. 소프트웨어 산업의 시간 감각에 따르면 한마디로 아주 오래된 것이다. 그러나 평범한 사용자들을 방해하는 것은 조망 불가능성과 악명 높은 '피처리티스'*뿐만이 아니다. 이보다 더 중요한 것은 오늘날 이차적 자연이 되어버린 인터페이스의 데스크탑-은유가, 리뉴얼

된 소프트웨어의 복잡한 프로그램들과 함께 넘어설 수 없는 한계에 부딪혔다는 사실이다. 오늘날 프로그램들이 수행하는 일은 더이상 50년대의 사무실 풍경으로는 그려지지 않는다. 소프트웨어를 개발하기 위해 언제나 디버깅(Debugging)의 양식 안에서 실행해보기보다는, 즉 이미 만들어진 프로그램들에 오류와 결함이 있는지를 조사하기보다는, 크라우제는 언제나 정신적인 새로운 시작을 강조한다. "삭제하는 것에서 모든 것을 재창조하자."

카이 크라우제가 창조적으로 제거하고 있는 멀티미디어 사회의 두번째 근본적인 문제는 소프트웨어 디자이너와 사용자의 간격이 점점 벌어진다는 것이다. 사용자 친화성을 위한 모든 노력에도 불구하고, 여전히 컴퓨터는 신뢰할 수 있거나 쉽게 이해할 수 있는 대상이 아니다. 이것을 해결하기 위한 크라우제의 제안은 다음과 같다. 쉽게 이해할 수 있는 컴퓨터는 보이지 않는 컴퓨터가 되어야 하는데, 사용자가 테크놀로지로부터 포괄적으로 보호받아야 한다는 것을 뜻한다. 이러한 개념에는 상당히 정치적인 관점이 포함되어 있다. 왜냐하면 쉽게 이해할 수 있고 어디든 항상 존재하며 보이지 않는 컴퓨터는 무엇보다도 모든 사람을 위한 소프트웨어가 가능해야 한다는 것을 전제하고 있기 때문이다. 이러한 의미에서 크라우제는 "프로그램의 민주화"를 강조해서 요청한다.

그는 디자인의 가장 중요한 과제가 사용자가 문턱에서 느끼는 공포심을 없애주는 일이라는 점을 이해하고 있다. 그렇기 때문에 호모 에코노미쿠스나 이성, 또는 가격만을 중시하는 소비자에게 호소하는 것은

---

* Featuritis, 소프트웨어 개발의 병폐로, 새로운 버전이 계속 나오면서 오히려 사용자들에게 필요 없는 특성과 기능이 누적되는 현상.

잘못된 마케팅이다. 가지고 놀아보는 것이 디지털 세계로 가는 왕도이다. 컴퓨터를 읽고 쓰는 능력(Computer Literacy)은 기초 강좌의 수강이나 매뉴얼을 통해서가 아니라, 프로그램을 실행해보는 즐거움을 통해서 얻는 것이다. 여기에서 모든 성공적인 경험은 인간과 기계의 상호작용에 있어서 첫발을 내디디는 일이 된다. "내가 방금 이렇게 되도록 했다!"

홀거 판 덴 붐(Holger van den Boom)은 카이 크라우제에게도 결정적인 요소였던 컴퓨터와 창조력의 밀접한 관계를 다음과 같이 표현한다. "컴퓨터가 무엇인지, 그 한계는 늘 사용자의 상상력이 정하는 것이며, 이로써 컴퓨터가 수행하는 일의 한계도 정해진다. 다시 말해서, 컴퓨터의 한계를 정하는 것은 오로지 우리의 상상력뿐이다. 컴퓨터는 그 자체로는 한계가 없는 기계, 즉 모든 것을 할 수 있는 만능기계 개념을 표현하고 있다." 그러므로 사이버스페이스로의 성공적인 탐험을 위한 입구는 이미 알려진 과제를 해결하기 위한 도구로 컴퓨터를 사용하는 것이 아니라, 완전히 새롭고 예상하지 못한 조형의 가능성에 열광하는 일이다. 그리고 사람들이 이 가능성의 공간으로 깊이 파고 들어갈수록, 일의 자리와 놀이의 자리는 더욱더 구분하기 어려워진다. 컴퓨터를 가지고 재미있게 노는 방법을 아는 사람만이 그것을 도구로 최적화하여 이용할 수 있다.

### 커뮤니케이션 모나드로서의 커뮤니케이션 노마드

지금도 기술 혁신이 인간 욕구에 대한 대답이라고 믿는 사람이 있을까? 차라리 뒤집어놓으면 말이 된다. 기술은 그들만이 채워줄 수 있는 욕구를 생산해낸다. 그렇기 때문에 휴대폰, 인라인스케이트, 인터넷 주소에 대해 "이런 게 필요할까?" 하고 묻는 일은 무의미하다. 사람들이 시대정신이라고 부르는 것은 지금 우리에게 결여된 것이 무엇인지를 가르쳐주는 문화의 현재적 교훈일 뿐이다. 여기서 우리는 기술의 문화적 기능이라는 주제에 다다른다. 이미 예전부터 기술적인 기계장치를 사용함으로써 사람들은 자신의 사회적 지위를 알릴 수 있었다. 오늘날 우리는 이러한 지위 표지의 급진적인 시간화와 관계하고 있다. 사회적 최고 가치를 표시하기 위해서는 언제나 기술 혁신의 최초 소비자가 되어야 한다. 뒤늦게 오는 사람들을 기다리는 것은 새로운 기술에 대한 사회적 접속의 강요이다. 처음에 인터넷 주소는 하이테크 종파의 밀교적인 표지였는데, 지금은 명함에 인터넷 주소가 없으면 의아한 일이 된다. 90년대에 청소년들을 @세대라고 부른 일은 따로 언급할 필요도 없을 것이다.

새로운 테크놀로지의 문화적 각인력이 얼마나 강한지는 코쿠닝 현상\*에서 분명하게 나타난다. 나와 내 매그넘. 여기서 중요한 것은 딱 맞추어 재단한 보호막이라는 상품의 제안이며, 이 보호막 덕분에 세계의 혼란은 부딪혀 다시 튀어나간다. 속도의 굉음이 점점 꿈으로 퇴색하기 시작한 후부터 자동차는 코쿠닝을 새로운 약속으로 내세운다―카오스 안의 통제된 섬으로 아늑한 고향 같은 곳, 예를 들면 교통 정체 때가 그렇다. 자신의 차 안에서는 모든 세계가 평화로운 것이다. 완벽한 감각을 위한 기술적 시뮬레이션은 최소형 뮤직 플레이어에서 더 직접적으

\* Cocooning, 한정된 공간에서 모든 것을 해결하려 하고 외부세계로 나가기를 거부하는 현상.

로 작동되는데, 이들은 세계의 소음을 자신의 소음으로 밀어낸다. 전철 옆자리에 앉은 사람은 속으로는 스윙에 맞추어 춤을 추고 있다. 그러니 절대 말을 걸 수 없다.

그리고 몰취미하게도 핸드폰이라는 이름이 붙은 **셀룰러폰**과 함께 공격적 자명성을 띤 나만의 공간에 대한 권리가 선언되었다. 공공장소에서 자신과 관계된 이야기만을 하는 정신이상자와 휴대폰 사용자는 오로지 손에 들고 있는 가젯으로만 구별된다. 이들은 주변의 사회적 정황을 전혀 고려하지 않음으로써 기술적인 커뮤니케이션의 우위를 시위하고 있는 셈이다. 공항 라운지의 사용 금지 푯말도 휴대폰 사용자의 카랑카랑한 목소리를 잠재우지 못한다. 그리고 오늘날 강연을 하는 사람은, 강연중 분명히 누군가의 휴대폰이 울리리라는 것을 예상해야 한다―그리고 그 휴대폰의 주인이 급히 강연장을 떠나리라는 것도.

휴대폰 네트워크 서비스 회사의 광고는 멀티미디어 사회의 원초적 제스처를 잘 보여준다. 손가락 세 개는 접고 엄지손가락과 약지는 쭉 뻗은 손 모양―바로 텔레커뮤니케이션을 위한 '태곳적' 신호이다. 이러한 원초적 제스처는 분명 원시림에서도 통할 것이다. 사회적으로 이상적인 상태, 그러니까 언제 어디서나 연락받을 수 있다는 것, 그리고 세계 어디에서나 모든 것을 수행할 수 있고 결과물을 보낼 수 있다는 것은 노키아 커뮤니케이터 같은 다목적 기기를 통해 구체적으로 실행할 수 있게 되었다. 전화, 팩스, 컴퓨터와 인터넷, 한마디로 포스트모던한 인간의 완벽한 일자리를 사람들은 문자 그대로 손에 쥐고 있다. 이에 맞추어 참여 가능성이 문명 윤리의 규준이 된다―존재의 스탠바이 모드. 언제나 호출에 응답할 준비가 되어 있다. 이러한 기술은 지속적인 사용 가능성과 연락 가능성에 대한 사회적인 기대를 일반적인 것으로 만든다. 시대정신적인 커뮤니케이션 노마드(유목민)는 커뮤니케이션 모나드(단자)로 공공장소에 등장하고 있다.


### 컴퓨터로서의 세계

인간이 스스로에게 가는 직접적인 길은 없다는 사실은 문화인류학자들 사이에 이론의 여지가 없을 것이다. 인간은 먼저 스스로를 비(非)자아와 동일시해야 하며, 동시에 비자아에서 스스로를 분리한다. 선사시대의 토템에서 디지털 시대의 튜링 테스트에 이르기까지 인간의 자기정의에는 항상 동일한 문제가 있었다. 태곳적 인간은 토템과 동일시되지 않는다—그러나 한편으로는 그렇기도 하다. 디지털 기계는 인간처럼 생각할 수 없다—그러나 할 수도 있다. 이것은 자아정체성과 차이의 관계이기도 하다. 인간은 스스로를 찾기 위해 언제나 당대의 기술과 비교되었으며, 이는 때때로 대상에 대한 페티시즘적인 관계로까지 이어지곤 했다.

오늘날 이러한 자기 비교의 비자아는 바로 컴퓨터인데, 컴퓨터는 처음부터 자신의 편에서도 스스로를 인간과 비교해왔다. 튜링 테스트에서는, 기술적으로는 입력할 수 없는, 인간만이 수행할 수 있는 지적인 능력이 존재하느냐는 질문이 문제가 된다. 앨런 튜링이 강조한 것은, 컴퓨터가 생각할 수 없는 것을 인간이 정확하게 지적할 수 있다면, 컴퓨터도 그것을 생각할 수 있도록 프로그램을 짤 수 있다는 것이다. 이때부터 인간은 후퇴의 길로 접어들었다—혹은 기꺼이 컴퓨터를 받아들였거나.

그러나 동일시이든 구별이든 인간은 주도 기술이라는 우회로를 통해 스스로를 이해한다. 이러한 이유로 오늘날 점점 더 많은 컴퓨터와 관계된 은유들이 인간의 자기 이해를 위해 등장하고 있다. 예를 들면 대니얼 데닛은 의식을 두뇌가 스스로 만들어낸 사용자 환상으로 이해했다. 또한 튜링 테스트라는 것을 나르시스적인 모욕으로 생각하는 기술 적대적인 사람들조차도 오로지 **컴퓨터가 할 수 없는** 것을 숙고함으로써만 오늘날 인간의 자기 이해로 가는 길을 발견할 수 있다.

    그 누구도 이 '중간적인' 복잡성이 주는 매혹에서 빠져나갈 수 없다—이 계산기계는 시계처럼 간단하지는 않지만, 그렇다고 인간처럼 전혀 꿰뚫어볼 수 없는 것도 아니다. 그렇기 때문에 컴퓨터는 단순성과 복잡성을 이어주는 다리로 적당하며, 필연적으로 컴퓨터로서의 세계라는, 새로운 키워드로서의 은유가 생겨난다. 물질과 에너지는 하드웨어이고 그 위에 자연법칙이라는 소프트웨어가 작동한다. 그리고 인식은 자연의 알고리듬적 압축이다. 존재란 계산되었다는 것을 의미한다. 또는 존 휠러(John Wheeler)의 간결한 공식에 따르면 "비트로부터의 그것(It from bit)"이다.

    좀더 자세히 들어가보자. 이처럼 새로운 키워드로서의 은유, '컴퓨터로서의 세계'는 어떻게 작동하는가? 세상에는 답이 없다는 것을 알게 되면 참을 수 없이 더욱 궁금해지는 질문이 있기 마련이다. 예를 들면 '인간'이라든가 '세계'에 대한 질문이 그렇다. 잘 알려진 대로 이것은 '철학'의 영원한 틈새시장이다. 형이상학자들이 실업자가 되는 일은 영원히 없을 것이다. 왜냐하면 단 하나의 합리적인 대답이 존재하기에 이런 질문은 너무나 복잡한 것이기 때문이다—그리고 바로 그 때문에 매혹적이기도 하다. 그렇다면 이렇게 대답이 없는 질문에는 어떻게 답해야 하는가? 한편으로는 복잡성을 경감시키면서 동시에 다른 한편으로는 수준 높은 해석 모델을 제시해야만 만족스러운 대답이 될 것이다.

이전에는 곧잘 세계를 한 권의 책으로, 인간을 하나의 시계로 비유했다. 그러나 오늘날 우리를 만족시키기에 이러한 모델들은 너무도 단순하다. 게다가 인문학적 교양을 가진 섬세한 영혼들은 프랑스 계몽주의의 기계 인간이라든가, 토머스 홉스가 고안한 거대 기계 국가라는 개념을 한 번도 받아들인 적이 없다. 무엇보다도 인도주의적으로 각인된 독일어권 문화에서는 인간이나 세계에 대해 기계라는 은유를 사용하는 것을 고집스럽게 거부해왔던 것이다. 이것은 분명 인본주의자들이 기계라는 단어를 들으면 자동적으로 피스톤이나 톱니바퀴를 연상하기 때문일 것이다―〈모던 타임스〉의 찰리 채플린처럼 말이다.

달리 말해 지금까지는 인본주의자와 기계에 대해서 대화를 나눌 수가 없었다. 메커니즘의 이미지에 사로잡혀 있기 때문이었다. 이로부터 컴퓨터가 우리를 풀어줄 수 있을지도 모르겠다. 컴퓨터는 기계 중의 기계이지만, 동시에 하드웨어 쪽으로는 시선 한번 주지 않고도 컴퓨터를 이해하는 것이 가능하다. 이것이 컴퓨터를 우리 시대의 지적인 매혹의 대상으로, 세계의 방향 설정을 위한 은유적인 키워드로서 만들어주고 있다. 이미 언급한 대로, 컴퓨터는 시계처럼 단순하지도 않고 인간처럼 꿰뚫어볼 수 없는 것도 아닌 중간적인 복잡성의 시스템으로 매력적이다. 다시 말하면, 컴퓨터는 단순성에서 복잡성으로 가는 정신의 자습서다. 그렇기 때문에 사람들은 언제나 '세계'를 시뮬레이션하려는 것이고, 또한 자기 스스로를 이해하기 위해 컴퓨터라는 은유를 점점 더 많이 사용하는 것이다.

### 사이버스페이스의 수사학

컴퓨터를 새로 구입하는 사람이라면, 하드웨어뿐만 아니라 사용자 친화성을 약속하고 있는 소프트웨어 패키지를 함께 구입해야 한다. 여기서 사용자 친화성이란 사용자가 자신이 지금 무슨 일을 하고 있는지 이해해야 한다는 뜻이 아니라, 이러한 환경이 그가 오류를 범하지 않도록 도와준다는 것을 의미한다. 다시 말해서, 사용자 친화성은 인간을 디지털적인 것으로부터 보호한다. 인간은 원래 아날로그적인 존재이기 때문이다. 그들은 가치와 우수성, 친숙함, 자명함을 원한다. 그리고 인간에게서조차 디지털적으로 작동되는 것, 바로 두뇌 작동과 유전 정보는 이제까지 '자연'이 잘 숨겨왔다. 사람들은 중앙신경시스템에서 일어나는 것들을 컴퓨터의 작동방식과 마찬가지로 훌륭히 아날로그화(아날로그화!)할 수 있는 것이다.

그렇기 때문에 사용자 친화적인 컴퓨터는 우리가 컴퓨터와 상대하고 있다는 것을 잊게 해준다. 즉 인터페이스 디자인은 포스트-인본주의적인 디지털 테크놀로지로부터 나를 보호해준다. 말하자면 평생 자동차 보닛을 열어 안을 들여다보지 않고도 자동차를 운전할 수 있는 것이다. 마찬가지로 평생 사용자 환경, 즉 유저 인터페이스 안쪽에 무엇이 있는지 들여다보지 않고도 컴퓨터로 작업을 할 수 있다. 그러므로 사용자 환경은 사회학자 셀스키가 "친숙함의 자기기만"이라고 부른 바로 그것이다.

컴퓨터 산업체의 성공 비밀은 비밀로 남아 있어야 한다. 그들이 디지털적인 것을 아날로그적인 것처럼 판매하고 있는 것은 그 때문이다. 아날로그적인 이미지들은 우리에게 친숙한 것이고, 디지털 코드화는 낯설다. 애플 매킨토시 때부터 인기 있었던 '데스크탑-은유'라는 것도 자세히 살펴보면 가면을 살짝 쓰고 있는 디지털일 뿐이다. 가상현실 또한 아날로그적인 디지털 시뮬레이션. 그러므로 사용자 친화성은 쉽게 말하자면 복잡한 구조에서의 단순한 사용을 의미한다. 쉽게 사용할 수 있지만, 이해하려고 들면 어렵다는 것이다. 그렇게 컴퓨터는 무언가 마력적인 요소를 획득한다.

제품의 지적인 면은 바로 이해할 수 없는 심연을 은폐하는 데 놓여 있다. 이렇게 이해에서 사용이 분리된다. 오늘날 인텔리전트 디자인이라는 것은, 기계의 사용이 스스로 설명적이라는 것이다. 그러나 이러한 설명이 이해에는 이르지 못하며, 다만 문제 없는 작동에 이를 뿐이다. 공식화하면, 사용자 친화성이란 우리의 무지를 정당화해주는 기술의 수사학이다. 그리고 담론이 아니라 인터페이스 디자인의 기술에서 형성된 이러한 디자인 특유의 수사학은 우리에게 세계 전체에 대한 사용자 환상을 불러일으킨다.

그렇기 때문에 우리는 인터페이스 디자인을 미디어테크놀로지의 수사학으로 이해해야 한다. 그리고 이것은 채 몇십 년도 안 되는 기간 동안 극적인 변화를 성취해왔다. 컴퓨터 인터페이스의 역사는 알려진 대로 IBM의 펀치카드와 함께 시작했으며, 사용자 환경의 다음 발전단계는 DOS-Wizzard의 새로운 비밀학문이었던 알파벳과 숫자가 혼용된 명령어들이었다. 그런 다음 더글러스 엥겔바트의 마우스와 애플의 매킨토시는 아이콘들을 직접 선택해서 프로그램을 사용할 수 있게 해주었다. 그리고 데스크탑-은유와 함께 사용자 친화성이라는 중대한 전환점에 도달하게 된다. 인터페이스 디자인의 다음 진화 단계는 사이버스페이스의 가상현실 속으로 들어간다. 사이버스페이스에서는 컴퓨터를 마침내 '자연스러운' 몸짓으로 이용할 수 있게 된다—프로그램을 작동하는 게 아니라 생생한 데이터 공간 속에서 우리가 움직이는 것이다. 이제 손가락으로 지시하는 것만으로도 충분하다. 그러므로 세계를 대체하는, 끝없이 뻗어나가는 삼차원 데이터 공간 안에서 손이 다시 데이터 글러브라는 네비게이션의 보조자로 등장하게 될 것이다.

장 파울(Jean Paul)은 "언어의 인간화"라는 탁월한, 은유 중의 은유를 각인했다. 우리의 주제와 관련해서는 이렇게 말할 수 있다. 인터페이스 디자인은 디지털 기계 언어의 인간화, 다시 말해 차가운 수학적 알고리듬을 일종의 감정 디자인으로 포장한 것이다. 확실히 우리는 인간과 컴퓨터의 문화적인 화해에서 컴퓨터 테크놀로지의 인격화만을 생각할 수 있는 것이 분명하다—스탠리 큐브릭의 〈2001 : 스페이스 오디세이〉에 등장하는 할에서부터 완전히 컴퓨터로 제작된 〈토이 스토리〉까지. 그리고 우리가 데이터 홍수에서 부담을 덜기 위해 감정의 전형을 필요로 한다는 것도—심지어 부끄러울 정도로 우스꽝스러운 이메일 문화의 '이모티콘'까지—원칙적으로 이에 해당하는 것으로 보인다.

인터페이스 디자인의 수사학은 첫째, 앨런 튜링이 2000년을 위해 예언했던 불안한 일—컴퓨터가 권력을 장악한다—에 대한 인지로부터 우리를 보호해준다. 둘째, 프로그램들의 논리적 깊이와 복잡성으로부터 우리를 보호해준다. 그리고 마지막으로 인간과 거리가 먼 디지털적인 것을 이미지와 아이콘으로 표시해줌으로써 그것을 가려준다. 그러나 이러한 수사학을 가능하게 하는 기술적인 조건은 무엇일까? 여기서 다시 한번 분명히 말할 수 있는 것은 첫째, 하드웨어를 고려하지 않고도 컴퓨터를 기능적으로 묘사할 수 있다는 점이다. 둘째, 네트워크를 관계 속에서 특징지을 수 있는데, 역시 컴퓨터를 언급하지 않고도 가능하다.

사이버스페이스 수사학의 가장 유명한 은유는 의심할 바 없이 서핑일 것이다. 스키를 탈 때처럼, 서핑은 목표에 도달하지 않고도 그 과정 자체를 충분히 즐길 수 있다. 따라서 인터넷 서핑의 은유는 제대로 선택된 것이다. 여기서 우선적으로 중요한 것은 정보와 지식이 아니기 때문이다. 우리는 매체 안에서 감각의 파도에 흠뻑 젖어보며 스스로를 즐긴다. 인터넷 서핑의 주목적은 정보를 찾거나 교환하는 것이 아니다. 메시지들의 잉여 속에 '같이 흔들리면서' 파도 위에 머물러 있고자 하는 것이다. 문제는 커뮤니케이션이 아니라 매혹이다. 그렇기 때문에 매클루언의 "매체는 메시지다"라는 문장이 그 어느 때보다 지금 현재성을 갖게 되는 것이다.

뉴에이지 몽상가나 가이아 이론가들은 사이버스페이스의 정신성을 약속해주고 종교로서의 세계커뮤니케이션에 대해 축제를 벌인다. 스티븐 탤벗(Stephen L. Talbott)의 책 『미래는 컴퓨터를 사용하지 않는다 The Future Does Not Compute』는 다음과 같은 문장으로 시작한다. "사회적 치유는 인터넷에서부터 우리에게로 오고 있는 듯하다." 그러므로 인터넷 서핑은 놀이 이상의 것, 바로 행복의 강요된 제공이다. 여기서도 참여 자체가 가장 중요한데, 뒤처지고 싶은 사람은 아무도 없기 때문이다. 그러나 물론 참여하는 데 의의가 있지만, 누구나 모든 것을 할 수 있는 것은 아니라는 점을 알아두는 편이 좋다. 인터넷에 참여한다는 사실은, 누구나 디자이너가 될 수는 없지만, 누구나 유저는 될 수 있어야 한다는 것이다. 사회학자라면 이렇게 말할 것이다. 접근의 문제는 결과적으로 보충적인 역할로 축소된다. 그러므로 능력 있는 역할로의 동일한 접근은 없다. 소프트웨어 디자인은 비밀 유지의 의무가 있는, 실리콘밸리와 방갈로르의 새로운 수도사들이 수행하는 비밀 학문으로 남을 것이다.

## 동일성과 차이의 디자인

포스트-자본주의적이고 포스트-물질주의적인 포스트모던한 사회의 인간은 차이를 만들려 하고, 차이를 만들어주는 물건을 요구한다. 따라서 경제적, 정치적 성공에서 결정적인 구호는 차이를 만들어내는 특징들을 만들어내라!이다. 디자인은 효과적인 차이의 기술이다. 차이의 디자인은 하나의 레퍼토리에서 선별로 작동한다. 그리고 이 레퍼토리는 오늘날 그 어느 때보다도 거대하다. "역사는 난센스들(History is bunk)"이라는 헨리 포드의 오래되고 악의에 찬 지혜는 흥미진진한 또다른 의미를 갖고 있는데, 그것은 전체 역사가 오늘날 유행에 맞는 선별을 위한 레퍼토리로 기능한다는 것이다. 이를 포스트-역사라 부를 수도 있을 텐데, 이는 역사의 종말 후 모든 시대성이 공존함을 의미한다. 디자이너와 유행을 만드는 사람들은 이러한 이유에서 생활세계의 '친절한 카오스(friendly chaos)'를 예고하고 있다. 혼성적인 가구 배치, '무질서한 디자인, 즐거운 부조화. 지난 이십 년간의 우리 문화를 '포스트모던'이라 했을 때는 이러한 것을 의미했을 것이다.

보이지 않는 것의 경제에서는 이제 기업들이 이에 적응해야 한다. 그런데 그 방법은 무엇인가? 기업이 고객과 경쟁 기업을 구별해야 한다는 것은 진부한 이야기이다. 기업은 경제와 사회도 구별해야 한다. 그리고 양쪽 환경과 관계해야 한다. 그렇기 때문에 시장 조사만으로는 충분하지 못하다. 기업은 사회를 향해서도 스스로를 부각시켜야 한다. 그리고 바로 여기에서 기업이미지 통합전략(Corporate Identity)의 정의가 기능한다. CI는 기업의 자기 표현에서 '고유 문화'다. 아이허가 아주 정확히 관찰한 대로 "디자인은 구체화된 기업 철학"인 것이다. CI는 기업이란 오늘날 본질적으로 연출이라는 것을 말해준다. 제품 생산은 점차 '정보의 점유' 뒤로 사라져간다. 갈수록 표현이 생산보다 중요해지는 것이다. 여기서 대기업의 디자인 정책에 대해 이야기해볼 수 있는데, 그들은 조직으로서 사회적 책임을 넘겨받는다는 신호를 보낸다. 더 분명히 말하면, 생산자가 이제 비평가로 등장한다는 것이다. 기업들은 시민적 의미의 활동 무대로 스스로를 새롭게 연출한다. 이때의 키워드는 코퍼레이트 시민권(Corporate citizenship)이다.

원칙적으로 기업의 CI가 중요해질수록 경제는 전반적으로 하나의 만화경이 되어간다고 할 수 있다. 그러나 필요한 것이 바로 가능한 것은 아니다. 기업의 경계가 갈수록 불명확해지고 있기 때문에 CI를 형성하기란 매우 힘들어졌다. 오늘날 우리는 새로운 미디어테크놀로지의 디지털 커뮤니케이션이 조직의 경계를 지워버리는 것을 볼 수 있다. 그렇기 때문에 오로지 커뮤니케이션 디자인만이 CI를 만들어낼 수 있다.

커뮤니케이션 디자인으로서 마케팅은 브랜드와 신화, 그리고 매체를 성공적으로 연결해야 하는 과제를 갖고 있다. 매체들은 브랜드를 감싸고 있는 신화를 연출해낸다. 매체는 이야기들에서 영양을 취하고, 신화는 욕망을 불러일으키며, 브랜드는 정신적인 부가가치를 필요로 한다. 말보로를 생각할 때마다 카우보이 신화가 연상된다든지, 나이키 로고와 승리의 컬트가 연결되는 일 말이다. 베네통의 캠페인 같은 것은 극단적인 가치를 표시해준다. 커뮤니케이션 디자인은 기업과 제품의 경계 또한 지워버린다.

　세계 경제뿐만 아니라 모든 시장 단위, 각각의 대기업조차 너무 복잡해서 통찰의 시각이나 조망이 불가능하다. 그리고 포스트모던 세계의 모든 복잡한 시스템에 해당하는 것은, 앞서 나가는 차별화의 경우 통일성을 상징하기 위해 '더 극단적으로' 단순화된다는 것이다. 여기서 우리는 정체성이란 항상 만들어낸 구조물이라는 것을 배울 수 있다. 통일성이나 경계, 연관관계 같은 것은 '존재하지' 않지만, 우리는 조망할 수 없는 것에서는 작동할 수 없다. 그렇기 때문에 사회적인 차별화는 보상적으로 통일성이라는 종교의식을 촉구한다. 이것이 바로 CI 개념이 응해야 할 도전이다. 좀더 자세히 살펴보기로 하자.

### 코퍼레이트 디퍼런스

　기업이 점점 다양화되고 제공 분야가 세분화되어 늘어날수록 ― 고객뿐만 아니라 자사의 직원들을 위해서도 ― 안정감을 주고 방향을 잡아주는 통일적인 이미지가 더 시급히 필요해진다. CI는 기업이 그 테두리 안에서는 언제나 새로운 상품의 전형으로써 시장을 공략할 수 있는 지속적인 도식을 정의한다. 여기에 자크 라캉의 정신분석 개념을 응용하면, CI는 시장의 거울단계이다. 다시 말해 시장의 만화경적 혼란은 독자적인 통일성을 가진 이미지들을 인식하는 가운데 조망 가능한 전형들로 정리된다. 따라서 시장의 질서는 기업들이 가진 개별적인 통일성의 이미지를 통해 형성되는데, 그러나 이 이미지들은 다양하게 변형할 수 있도록 충분히 추상적이어야 한다. 다른 말로 하면, CI는 언제든지 다시 새롭게 채울 수 있는 아이디어들의 도식에 연결되어야 한다. 예를 들면 영원히 지속되는 생산(Sustainable Production)이나 기술을 통한 도약, 근본의 중시. 이런 아이디어를 한번 갖게 되면, 정체성을 잃어버리지 않고 언제라도 새롭게 업데이트할 수 있다.

 이미 언급한 대로, 필요하다고 해서 그것이 가능하다는 뜻은 아니다. 고도로 복잡한 세계에서는 성공적인 정체성 정책만큼 확실하지 않은 것이 없다. 역동적인 시스템과 변동하는 시장 속에서 정체성은 곧 막다른 골목으로 등장한다. 고정적인 정체성은 미래가 없다는 의미이기도 하다. 바로 이러한 이유 때문에 기업 철학은 예외 없이 '비전'이라든가 '미션' 같은 유령 개념들을 선호한다. 이것은 정체성의 정체(停滯) 상태를 보상해줄 무언가 역동적인 것을 불러내는 주문이다. 다시 정리하면, 기업은 통일된 이미지를 필요로 하지만 만화경적인 시장에서 정체성은 생산력 발전의 정체 상태로 나타난다. 그리고 이 때문에 마법의 주문인 비전과 미션으로 미래를 불러내고자 하는 것이다.

 그러므로 CI는 이러한 역설의 상징적인 은폐이다. CI는 기업을 주체로 정의하는데, 이것이야말로 완전히 낡은 개념이다. 그렇기 때문에 기업을 '관계 속에서' 이해할 것을 제안하고자 한다. 다시 말해 커뮤니케이션과 차이들의 총체로 이해하자는 것이다. 방금 언급한 역설을 철학적으로 정확하게 파악하면, 문제의 해결점도 드러난다. 그것은 아주 모순적으로, 역설을 통한 문제 해결을 뜻한다. 주체의 죽음 이후로는 유일한 통일성의 형식이 존재하는데, 그것이 바로 이원성(二元性)이다. 마이크 해머(Mike Hammer)의 개념 "코퍼레이트 체인지"는 이제 정체성에서 차이로 변환 설정해야 한다는 것을 의미한다. 그렇다면 코퍼레이트 디퍼런스라는 개념이 존재할 수 있을까? 그리고 이와 함께 우리는 '통일성'과 기업의 생존능력에 대해서도 질문해볼 수 있다. 다시 말해 안정성은 정체성이 아니라 '근본주의적인' 차이에서 나온다. 따라서 역설적으로 차이가 '근본'으로 기능한다.

여기서 우리는 구상과 생산의 제국이 아닌 선별과 구별의 제국 안에 우리가 있음을 발견한다. 문제는 물질적인 생산품의 질적 가치가 아니라 의미 있는 시장 구분이다. 기업은 경제의 주체가 아니라 커뮤니케이션 네트워크의 한 매듭이다. 이것을 철학의 역사에서 오래된 개념으로 다시 한번 형식화하면—CI 개념은 언제나 데카르트의 코기토(Cogito)의 형상에 의해 마법에 걸려 있었다—'나는 생각한다, 고로 생산한다'. 오늘날 이보다 훨씬 시사적인 것은 스콜라 학파의 디스팅구오(Distinguo)이다—'나는 구별한다'. 이것은 무엇인지 묻는 질문의 자리에 이제 다음과 같은 지시가 들어선다. '이들을 구별하라!'

모든 커뮤니케이션처럼 시장에서도 차이를 만들어내는 차이가 매번 문제가 된다. 작은 차이들도 커다란 차이를 만들어낼 수 있다는 경험이 여기서 특히 중요하다. 커다란 차이들은 분열되고, 사소한 차이들도 유효해지는 것이다. 그렇기 때문에 '완전히 다른 것'을 시장에 제공하는 일은 고려의 대상이 아니다. 자본주의 시장은 지치지 않는다. 왜냐하면 기업들이 언제나 새로운 '사소한' 차이를 만들어내고 이를 통해 새로운 제품을 정의하기 때문이다. 이러한 맥락에서 어떻게 CI 개념의 역설을 풀 수 있을지도 분명해지는데, 바로 정체성을 차이를 통해 '정의'하는 것이다. 철학자 오도 마르크바르트(Odo Marquard)가 "극적으로 보여주는 차이 역할"이라고 명명한 것을 통해 정체성을 부여한다는 말이다. 여기서 우리는 다시 디자인의 세계로 돌아온다. 코퍼레이트 디자인은 차이들의 통일성을 표현해야 한다.

**해체만이 파괴로부터 보호할 수 있다**

모든 자동차는 기능의 최적화를, 모든 소프트웨어는 업데이트를, 모든 트렌드는 그에 반하는 트렌드를 기다리고 있다고 할 수 있다. 이는 모든 차이가 자신의 해체(틀의 해체deconstruction of the frame)를 기다리고 있음을 뜻한다. 어렵게 들리지만 경쟁자는 결코 잠들지 않는다는 경구로 쉽게 이해할 수 있다. 그리고 그를 앞지르고자 한다면, 먼저 스스로와 경쟁을 시작해야 한다. 그렇기 때문에 피터 드러커는 자사 제품을 낡은 것으로 만들어버리는 작업을 기업정신이 수행할 수 있는 최고 능력으로 환영하고, 이의 촉진을 주장한다. 좀더 분명하게 말하면, 자신의 것과 단절함으로써 새로운 차이를 만들어내는 것이다.

개혁은 친숙하고 믿을 수 있던 것을 없애버리는 것으로 시작된다. 중요한 것은 무엇을 단절하느냐이다. 기업에 대한 가장 큰 위협은 그러므로 과거의 성공이다. 과거의 성공은 현재를 구속함으로써 장애가 된다. 좋은 것, 성공한 것이 우리를 미래와 차단하는 벽으로 기능한다. 다른 말로 하면, 오늘의 성공이 미래의 성공에는 방해가 된다. 빌 게이츠는 이렇게 말한다. "성공은 나쁜 스승이다. 그것은 합리적인 사람들조차 자신은 패배할 수 없다는 믿음을 갖게 한다."

특히 명백한 패러독스를 안고 있는 디자이너들이 이러한 상황에 처해 있다. 디자이너가 추구하는 좋은 형식은 심리학적으로 살펴보면 매혹적인 형상이고 사물의 환상적인 이미지 가치이며 동시에 상상적인 의미 함축성을 의미한다. 한편 커뮤니케이션 이론으로 관찰해보면, "좋은 형식은 정보를 파괴한다"(니클라스 루만)는 것이다. 그렇기 때문에 디자인과정에서 실패했을 경우, 무슨 일이 일어나는지 관찰해보는 것이 교훈적이다. 잘못된 형식은 완성되지 못한 과제를 볼 수 있도록 해주며, 이로써 학습이 가능해진다. 이에 반하여 성공한 아름다운 형식은 더이상 전진하지 못한다. 여기서 아름다움은 사람들이 실수를 보지 못하도록 차단하는 기능을 한다. 이러한 의미에서 디자인과정은 오히려 실수에 대한 분석으로 발전해나간다.

체계적으로 새로운 것을 시장에 내놓고자 하는 기업도 동일한 패러독스에 처해 있다. '해결책'은 오로지 다음과 같은 것일 듯하다. 새로운 변화를 조직하려는 기업은 자사 제품을 체계적으로 '폐기' 해야 한다. 그리고 이때 신뢰할 수 있었던 제품에 대한 애착은 방해가 된다. 간단히 말해, 장래성 있는 기업의 조직이란 체계적인 탈조직을 의미한다. 안정성은 오로지 탈안정화를 통해서만 얻을 수 있다. 확실히 자리잡은 것, 친숙한 것, 편안한 것은 기업의 가장 커다란 위험이다. 따라서 앞서 인용한 '틀의 해체'는 여기서는 기업의 해체를 의미한다.

기업의 '일생'을 특징짓는 작업에서 조직이론 개념에 대한 언급은 점점 줄어들고, 오히려 비즈니스가 자주 언급된다. 이 뒤에 숨어 있는 것은 시장에 의한 파괴에 맞서 자기 조직 틀의 결정적인 해체를 통해서만 스스로를 지속적으로 보호할 수 있다는 경험이다. 이를 이해한 사람은 '프랙털'한 브랜드 관리와 경영의 '모듈화'라는 새로운 모티프 또한 이해할 수 있을 것이다. 이러한 시도들이 바로 마이크 해머가 "코퍼레이트 체인지"라는 새로운 용어로 표현한 것으로, 시장의 역설적인 요구에 상응하고 있다.

제4장

# 브랜드 — 매체 — 신화

보이지 않는 것의 경제는 전자화폐의 비물질성이나 "네트워크 경제의 정신성"(켈리K. Kelly), 그리고 커뮤니케이션 디자인의 비대상성과 같은 객관적인 요소로만 각인되는 것은 아니다. 이는 또한 체험에서 의미로 방향을 전환하고 있는 사회에 반응해야만 한다. 정신성에 대한 뿌리깊은 그리움은 트렌드와 이벤트, 축제 같은 마케팅 기술을 통해 충족된다. 포화 상태의 시장에서 성공은 브랜드, 매체, 신화의 상호작용적 연출이 성공한 경우에만 가능하다. 이 장에서 시도하려는 논의는 '컬트 마케팅'과 '의미의 사회'에 대한 이론과 함께 진행될 것이다.

여기서 분명해지는 것은 특정한 마케팅 용어, 예를 들어 '브랜드 개성' '고객과의 대화' '기업의 주도 이미지' 같은 용어들은 이제 보이지 않는 것의 경제라는 고도로 복잡한 현실을 그려내기에는 너무 낡았다는 사실이다. 그렇기 때문에 '기업의 주도 이미지'보다는 코퍼레이트 디퍼런스(제3장, '기업이미지 통합전략(CI)' 참조), '브랜드 개성'이나 '브랜드 핵심' 대신 브랜드와 매체, 신화의 시너지 모델을 제안하고자 한다. 그리고 '고객과의 대화'나 제품 투명성 같은 환영을 계속 붙잡고 있기보다는, 상품이나 고객 모두 블랙박스로 관찰하기를 권할 것이다.

### 블랙박스로서의 상품과 고객

에센 은행의 재정 상담인은 온갖 친절과 인내심을 보여주었음에도 불구하고 나에게 가장 현명한 투자방법을 설명해주는 데 실패했다. 나도 그녀에게 내가 '원하는' 것이 무엇인지 분명하게 설명할 수 없었다. 은행의 상품들은 검은 상자처럼 속을 알 수 없었고, 투자 상품을 결정하는 데 의지할 수 있는 것은 오로지 신뢰뿐이었다. 그리고 이는 적어도 그녀의 '커뮤니케이션'의 성과다. 지적인 상품과 포스트 물질주의적인 고객 모두 블랙박스인 것이다. 오로지 커뮤니케이션만이 이들에게 빛을 비추어줄 수 있다.

먼저 상품을 블랙박스로 관찰해보자. (몇몇 전문가를 제외하고는) 컴퓨터의 작동 원리를 이해하는 사람은 드물다. 또한 (역시 몇몇 전문가를 제외하고는) 퓨처 본드(Future Bonds)가 정말 무엇인지 아는 사람도 없다. 그러나 그럼에도 불구하고 우리는 그것을 구입해야 한다. 이러한 이유 때문에 기업은 상담과 감정 디자인에 전력을 기울여야 하는 것이다. 시장이 복잡해지고 인텔리전트 상품들이 출현하면서 상담의 필요성은 점차 커지고 있다. 상품은 시장에서 무언가에 대한 문제 해결책으로 등장해야 하는 것이다.

고객도 블랙박스이긴 마찬가지다. 자신이 원하는 것이 무엇인지 정확하게 아는 사람은 없다. 물론 호텔 매니저는 객실 침대 위에 '호텔 숙박'이라는 상품의 개선을 위해 고객들이 의견을 적을 수 있는 제안서를 비치해놓을 수 있다. 또한 자동차 회사들은 미래의 자동차를 내가 원하는 대로 만들어줄 수도 있을 것이다. 그러나 정작 나는 내가 무엇을 원하는지 말해줄 수가 없다. 나는 지금 제공된 음식이 맛이 없다는 것을 알지만, '그 대신' 무엇을 해야 할지 요리사에게 말해줄 수 없다. 그렇기 때문에 '고객과의 대화'는 역설적이다. 고객의 말을 들을 수 없지만, 그에게 귀 기울여야 하는 것이다. 때문에 고객과의 대화는 이중의 전략으로서만 유의미한데, 그것은 고객은 왕이라는 환상을 안정화하면서 동시에 실제로는 평화를 어지럽히고 있는 고객의 정보를 활용하는 것이다. 모든 고객에게는, 허시먼이 "출구(Exit)"와 "소리(Voice)"라고 부른 단 두 가지 선택만 주어질 뿐이다. 즉 고객은 그 상품에 대해 흥미를 갖거나 불평할 수 있다(Voice)―아니면 경쟁사로 가버리고 만다(Exit). 그러므로 먼저 고객을 커뮤니케이션 안으로 끌어들이는 것이 문제다. 구매하려는 고객을 도와주는 대신 이제 그들을 유혹해야 하는 것이다. 그 다음으로는 그들의 불평을 가치 있는 정보로 다루는 것, 곧 소음을 일으키는 고객으로부터 배우는 것이 중요하다. 정보적 가치가 높은 것은 왕으로서의 고객이 아니라 평화 교란자로서의 고객이다.

현재 독일 시장에서 오펠 자동차가 어떤 위치에 있는지를 보여주는 다음의 광고문구는 우리의 논의에서 매우 시사적이다. "우리는 이해했습니다." 이 말은 물론 다의적일 수 있다.

- 우리는 고객의 소망을 이해했습니다―이것이 불가능하다는 것은

방금 설명했다.
- 우리는 시대의 기호를 이해했습니다 — 이 경우 트렌드 연구가 중요하다.
- 우리는 실패의 교훈을 이해했습니다 — 바로 이것이 나르시시즘으로부터의 가장 위대한 승리가 될 것이다.

체계이론의 용어로 우리는 이 문제를 다음과 같이 공식화할 수 있다. 고객은 기업의 환경에 속한다. 따라서 그는 '유익' 해질 수 없다. 고객은 자신의 커뮤니케이션으로 기업의 시스템과정에 '도움을 주면서' 개입할 수 없다. 그렇기 때문에 고객과의 대화라는 개념은 잘못된 방향이다. 우리는 기업과 고객의 관계에 대해 훨씬 난이도가 높은 모델이 필요하다. 아마 여기서 생물학과 진화론의 개념이 도움이 될지도 모르겠다. 평화 교란자로서의 고객은 다음과 같은 뜻이다. 고객은 기업의 기생생물 같은 존재다. 생물학에서 배운 숙주가 기생생물을 필요로 한다는 사실을 상기해보면, 이는 긍정적인 의미가 된다. 케빈 켈리는 이러한 "기생학적인" 의미에서 기업과 고객의 상호 진화를 이야기한다. 고객은 기업의 평화를 방해하고, 기업은 고객의 머릿속 한 부분을 점령하면서 기생생물의 기생생물이 된다. 이것이 요즘 마인드 셰어(mind-share)라 불리는 것이다.

고객에 대한 가장 중요한 정보는 아마도 그의 시간 예산에 대해서일 것이다. 다른 말로 하면, 고객의 가장 부족한 자원, 예를 들면 주의력 같은 것을 어떻게 경영하는지 알아야 한다는 것이다. 마케팅은 곧 주의력을 둘러싼 싸움이며, 여기에 주의를 끄는 서로 다른 두 가지 전략이 있다. '수동적인' 전략은 개별 고객을 특정한 전형으로, 즉 소비 습관의 패턴으로 통계적으로 파악하는 방법이다. 그의 실제 관심이 어떻게 분산되고 있는지 관찰하는 것이다. 개별적인 소비의 증거 확보는 오늘날 네트워크화된 컴퓨터를 통해 기술적으로 가능하다. 또 사회심리학적으로는 서비스 제공자가 고객의 자서전적인 정보에 대해 질문할 수 있는 권리를 가진다는 흥미로운 정황을 통해 가능해졌다. "서비스를 신청한다는 것은 스스로를 질문에 노출한다는 것이다."(어빙 고프먼)

이에 반해 '능동적인' 전략은 고객의 주의력을 지속적으로 묶어두는 것이다. 이에 대해서는 이전에 출간된 『의미의 사회』라는 책에 상세히 설명해놓았다. 이 두 가지 전략은 상호 배타적이 아니라 오히려 그 반대이다. 컬트 마케팅(의미 제공)과 디렉트 마케팅(증거 자료)은 컬트의 중심과 매체효과로서의 '개인'을 만들어내기 위해 함께 작용해야 한다. 디렉트 마케팅은 정보의 서비스를 제공하고, 컬트 마케팅은 의미의 서비스를 제공한다.

여기에는 아주 간단한 법칙이 있다. 시장의 포화도가 높아질수록, 그만큼 점검과 상담 그리고 의미 부여라는 서비스의 제공이 더 중요해진다. 때문에 포스트 물질주의적인 세계에서 고용관계가 다시 사회의 근본적인 교통형식으로 등장하리라고 추측할 수 있다. 그리고 서비스가 중요해질수록, 현대사회는 "연대성"이나 "온정(Compassion)"(빌리 브란트Willy Brandt) 같은 가치에 덜 의존하게 될 것이다. 좀더 분명하게 표현하면, 서비스 제공이 인간들 사이의 모든 관계를 대체할 것이다. 여기에서 결정적인 것은, 서비스 제공은 직접적인 개인적 커뮤니케이션을 표현하기는 하지만, 이것이 그후에도 계속되어야 할 개인적인 의무는 없다는 것이다. 그렇기 때문에 미국 슈퍼마켓 계산대 직원의 그 유명한 친절은 유럽의 방문객들에게 자주 미묘한 감정을 불러일으킨다. 이 친절한 말들은 한편으로는 계속 대화를 이어가서는 안 된다는 느낌을 갖게 한다.

아무리 좋은 서비스라도 인간관계의 연극이 문제가 된다. 이는 좋은 서비스 제공자는 바로 연기자여야 한다는 것을 의미한다. 서비스 제공자는 고객이 서비스의 현재 가격을 보지 못한다는 본질적인 문제를 안고 있다. 그러므로 그가 제공하는 것을 추가로 연출해야 한다. 사회적 위치와 자기 능력의 가격을 가시화하기 위해 역할을 효과적으로 극화해야 한다는 것이다. 이것은 종종 "표현과 행동의 모순"(고프먼)으로까지 이어진다. 이 때문에 훌륭한 서비스를 과시하는 것이 근본적인 능력에 포함된다. 고급 레스토랑의 총지배인은 숙녀의 손에 우아하게 입을 맞춘다. 그러나 사실 일을 하는 것은 다른 사람들이다.

### 브랜드 신화로의 유혹

독일 전화국과 상업방송 Pro 7의 주식이 있다는 것, 슈피겔과 슈테른의 텔레비전 채널이 있다는 것, 독일 공영 제1방송 ARD와 제2방송 ZDF가 "로열석에서 관람하는 것처럼 모시겠다"고 약속하며 자신들의 프로그램을 판매하고 있다는 것, 이 모든 것은 오늘날 매체가 스스로에게 브랜드로서의 위치를 부여하고 있다는 사실에 대한 소수의 예일 뿐이다. VIVA의 디터 고르니처럼 특히 앞서 나가는 매체 생산자들은 이미 이것을 반대의 역학으로도 이용하고 있는데, 그들은 브랜드를 매체로 연출한다. 압도적이면서 기만적인 광고 'VIVA는 너를 사랑해'의 의미는 브랜드로서의 매체, 그리고 동시에 감정의 매체로서의 브랜드가 제공된다는 것이다. 보이지 않는 것의 경제에서 이보다 더한 부가가치는 없다. 이 브랜드는 너를 사랑해! 감정의 매체인 브랜드들은 여기에서 새로운 추상적 방법으로 제품의 질적 수준에서 이전에 이미 약속한 것을 재확인해준다. 이것들은 안심하고 구매할 수 있습니다.

헬레네 카르마진(Helene Karmasin)은 보이지 않는 것의 경제에 있어 기본 법칙을 제품에서 메시지를 해독해내고 브랜드를 "의견(을 나타내는) 대상"으로 정의하면서 공식화한다. 상품들은 이야기를 들려주는 것이며, "의견 대상"이라는 패러독스한 개념은 브랜드란 곧 소비자가 그에 대해 품고 있는 의견의 화신이라는 것을 매우 훌륭하게 표현한다. 브랜드가 의견들과 가치 평가로 구성되어 있다면 자아정체성의 발견과 방향 설정의 매체로서 아주 적합하다는 것을 의미한다. 다시 말해 우리는 포스트-물질주의적인 시장에서 상품을 사용 대상으로 이해하는 것이 아니라, 의견 표출의 대상으로, 즉 사회적인 매체로 먼저 파악해야 한다는 것이다. 자아나 인생의 의미를 찾고자 하는 사람은 이제 쇼핑을 하러 간다. 자기 표현이 브랜드 상품의 차원으로 분해되는 것이다. 그러므로 오늘날 소비는 의미의 생산을 의미하기도 한다. 쇼핑은 더이상 생활필수품을 구매하는 것과는 관계가 없다. 새로운 시장을 이해하고자 한다면, 엔터테인먼트와 애니메이션, 그리고 유혹으로서의 소비행위의 발생을 먼저 이해해야 한다.

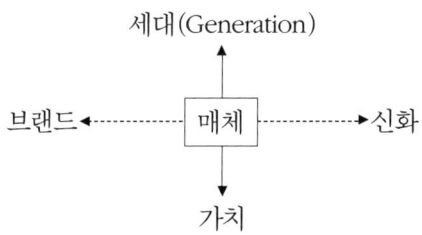

21세기의 성공적인 제품은 이러한 좌표의 교차점에 자리해야 할 것이다. 브랜드는 매체에서 연출되는 신화들로 감싸여 있다. 다양한 매체는 다양한 가치의 세트들을 제공하는데, 이들 가치에서 세대는 비로소 결정화(結晶化)된다. 각 세대는 자신들의 신화를 발산하고('레이브 파티') 브랜드를 토템 신앙의 소속 표시로 이용한다(무엇이 '컬트'인가?). 브랜드는 가치를 점유하고('정신적인 부가가치'), 가치는 신화 속에서 스스로를 확장해나간다('우리의 역사').

보이지 않는 것의 경제 핵심에는 욕망의 경제가 놓여 있다. 욕망은 언제나 알 수 없는, 보이지 않는 맹점이다. 이제 신화로써 이러한 욕망을 유인할 수 있다. 신화는 소비자들을 커뮤니케이션 안으로 끌어들일 수 있기 때문이다. 신화는 그 의미를 부정할 수 없고, 새로 꾸며낼 수도 없는 이야기들이다. 여기에 이들이 흔한 것이 아니라는 사실이 덧붙여진다. 이미 언급한 대로 신화를 허구로 만들어낼 수는 없지만, 이미 발화된 이야기들을 찾아내 최적화할 수는 있다. 이것은 할리우드의 이미 오래된 문화 마케팅이기도 하다.

브랜드와 매체, 그리고 신화들이 성공적으로 상호작용한 다음의 예들은 잘 알려져 있다.

- 나이키는 그리스 신화에 나오는 승리의 여신이며, 승리는 행복의 고전적 형상이다. 이 신화는 서구 사회에서 금기시된 승리와 정복의 욕망을 유인해낼 수 있다. 자신의 운명을 극복하려는 휠체어 탄 사람의 모습을 하고 있다면 더욱 그렇다. 마법의 주문은 한번 해봐(Just do it)이다. 이에 따라 누군가 자신의 두려움(혹은 단순히 게으름)을 이겨낸 다음 해냈어(I did it)라고 선언할 수 있다. 그리고

이에 대해 반어적인 거리를 취할 수도 있는데(프랭키 할리우드로 가다*와 함께) 그 문구는 그냥 쉬어, 안 해도 돼(Relax—don't do it)이다. 또는 긍정적인 방향으로, 행동에서 존재로 바꾸어볼 수도 있다. 바로 그렇게(Just be, 캘빈 클라인). 인생을 이보다 더 단순하게 정리할 수는 없다.

- 말보로는 개척자 신화를 연출한다. 젊은이여, 서부로 가라! 그곳에는 아직 자유와 말뚝을 박아 너의 소유권을 표시할 수 있는 땅이 있다. 이 신화의 시대정신적 최적화보다 더 시사적인 것은 없다. 카우보이-마초는(여성스러워지고 있는 담배로 하여금 군기를 지키도록 한!) 이제 페미니즘과 생태학의 시대에는 동물 애호가로, 그리고 마침내 자연의 보호자와 숲의 파수꾼으로 변신한다. 그리고 나라에 따라 이러한 세계의 시대정신은 지역적인 최적의 형태를 위해 다시 한번 일종의 섬세한 조율을 하게 되는데, 스페인에서는 카우보이가 계속 마초적인 남성으로 남아 있어도 되지만, 독일에서는 삼림 보호자가 되는 것이다. 신화와 시대정신의 믹스라는 대작 덕분에 말보로는 여전히 마케팅의 역사에서 명예의 자리를 차지하고 있다. 그리고 원칙적으로 유효한 것은, 정치적으로 올바르지 않은 담배와 같은 상품에서 오히려 마케팅에 대해서 가장 많이 배울 수 있다는 것이다.
- 이와는 달리 정반대로 정치적으로 의심의 여지 없이 올바른 지점에 좋은 사람들의 조직인 그린피스가 있다. 이 브랜드는 우리 문화에서 가장 늦게 탄생한 푸른 별에 대한 신화를 연출한다. 이 신화는

---

* Frankie goes to Hollywood, 1980년대의 컬트 밴드.

우리가 그 생성과정을 다시 한번 재구성해볼 수 있다는 이점을 갖고 있다. 그 출발 지점은 성공 한복판으로부터의 실망이다. 우주 공간을 비행한다는 인류의 공상은 달 착륙으로 구체적인 첫발을 내디뎠는데, 우리가 그곳에서 발견한 것은 (직업적인 관점에서 항상 뭔가 흥미로운 것을 찾아내는 학자들을 제외하고는) 끔찍하게 지루한 것들뿐이었다. 그런 다음 이 지루하고 공허하며 생명체에 적대적인 위성에서 떠나온 행성을 다시 한번 뒤돌아보자, 그곳에는 푸른 외피에 둘러싸여 있는 깨질 듯 아슬아슬하고 연약해 보이는 지구가 있었다. 다른 말로 하면, 우주 여행의 궁극적인 성과는 바로 차가운 우주 속의 값진 보석으로서 지구를 발견한 것이다. 그리고 이러한 (바로 가장 많이 재생산되는) 이미지는 세계에 대한 책임이라는 더할 나위 없는 성화(聖畵)가 되었다.

- 애플의 시장 진입에는 세 가지 신화가 중첩된다. 첫번째 신화는 골리앗(IBM)에 대항한 다윗(애플)의 영웅적인 싸움인데, 이것은 구매자들에게 마치 규모가 작고 급진적인 소수가 덩치가 크고 굼뜬 거인의 세계 지배를 무너뜨리는 듯한 인상을 주었다. 이러한 효과는 조지 오웰의 빅 브라더 신화의 세련된 역전을 통해 더욱 강화되었다. "1월 24일, 애플 컴퓨터는 매킨토시를 선보입니다. 그러면 당신은 왜 1984년이 『1984년』처럼 되지 않는지 알게 될 겁니다." 그리고 마지막 신화는 로고이다. 애플은 인식의 나무 열매인 사과다.

잘 알려진 대로 낙원에 있던 뱀은 이 사과를 한입 베어물라고 유혹했다. 그리고 애플은 이 이야기를 그노시스파 사람들처럼, 다시 말해 아주 긍정적으로 설명한다. 그러나 그노시스파 사람들이 이 악마적인 유혹에서 흥미를 느낀 곳은 인식이라는 부분이었던 데 반해서, 오늘날의 마케팅은 바로 그 악마적인 유혹 자체에 관심을 가진다. 그리고 그 가치를 전환시킨다. 공식으로 만들어보면, 소비자가 시장의 무대로 들어선다는 것은 유혹당하고 싶다는 것이다. 인간이 유혹당하기 쉬운 존재라는 것은 성서에서뿐만 아니라 문화인류학적으로도 증명될 수 있다. 인간은 본능적 안정성이 없기 때문에 외부의 지지가 필요하다. 그리고 오늘날 포스트 물질주의적인 시장의 관점에서 우리는 소비가 유혹을 통해서 사회를 통합한다는 것을 확인할 수 있다. 컬트 마케팅은 세계의 재마법화이다. 그리고 마법에 걸린 곳에서는 "사람들이 기꺼이 속고자 한다".(요한 하위징아Johan Huizinga) 그러므로 번스 패커드(Vance Packard)의 숨겨진 설득자(Hidden Persuaders), 즉 비밀스런 유혹자는 더이상 우리를 놀래키지 않는 것이다. 시장에 들어서는 사람은 유혹당하고 싶어한다. 플로리언 코울머스(Florian Coulmas)는 최근 일본 백화점들의 마법에 대해 다음과 같이 언급한다. "사람들은 기꺼이 모험에 몸을 맡기고 놀라움으로 가득 차 있는 정글 속으로 사냥을 떠나며 진열장과 디자인, 유혹의 간지러운 자극을 즐긴다. 사람들은 마치 그런 것처럼 연극을 하고, 그렇다면 기꺼이 그렇게 될 것이라고 상상한다."

**천사와 아바타**

광고 속에는 오늘날 구매자들이 기꺼이 유혹당하려 한다는 사실을 특히 분명하게 표시하는 두 가지 신화적인 형상화가 존재한다. 두 경우 모두 신적인 것의 극단적인 현세적 등장이다. 광고는 우리에게 슈퍼모델과 글래머 미인, 요부를 점점 덜 보여주는 대신 천사를 갈수록 자주 보여준다. 이러한 현상을 이해하기 위해서는 먼저 순수, 처녀성, 순결, 청결, 천진난만함, 영원 등과 같은 어휘 그룹을 분석해보아야 한다. 향수 브랜드에는 천사(Angel), 천국(Heaven), 영원(Eternity) 등의 이름이 붙어 있다. 여기에는 순수한 양식의 패션이 적합한데, 물론 공통분모는 정신성이다.

그러나 이러한 모든 개념은 사실 논쟁적인 정반대 개념으로서의 원래 의미를 갖는다. 그들은 복잡성, 시간의 부족, 세속성과 현대 일상생활에서의 조망 불가능성이라는 것들에 반대되는 세계를 표시해주는 것이다. 순수와 청결이 어떠한 약속을 하고 있는지 문화인류학자 메리 더글러스(Mary Douglas)는 이렇게 설명했다. "순수는 변화의 적이며 불명확성과 타협의 적이기도 하다." 이런 맥락에서 천사의 눈부신 인기는 자연의 컬트 다음에 초자연의 컬트가 온다는 것을 의미한다. 천사는 "보이지 않는 것에서 현실의 높은 수준을 보증해준다".(릴케) 천사는 성스러운 것의 전령사이다. 레슬리 세이번(Leslie Savan)은 "신적인 것도 세속적인 것도 아닌 천사는 시대의 완벽한 정신적 로고이다. 자아가 개인화되고 천상화된 수공 제품. 그것은 광고의 업그레이된 버전이다"라고 요약한다. 다시 설명하면, 천사는 신적인 것도 현세적인 것도 아니며, 바로 이 때문에 우리 시대의 더할 나위 없는 정신성의 로고가 된다는 것이다. 천사는 사람들에게 스스로의 자아가 개인화되고 천상화된 이미지를 제공하는데, 이것이 통하는 한 광고는 효과를 발휘한다.

그러나 천사를 통한 매혹의 비밀은 '더 깊은 곳에' 놓여 있다. 더구나 천사와 순수가 결합된 연상작용이 이 심연으로 이끈다. 천사는 오점이 없는 듯 순결하고 순진무구해 보인다. 여기서 사람들은 그러면 어떻게 천사가 우리의 급진적으로 계몽된 해방 문화에 어울릴 수 있느냐고 질문할 것이다. 그러나 우리는 인류학을 통해 처녀성의 금기가 바로 다른 존재로서 여성이 가진 비밀을 보호해준다는 사실을 알고 있다. 천사는 한편으로 여성의 욕망은 다르다는 것을 알리고, 이로써 여성은 천사와 자신을 동일시한다. 다른 한편으로 천사는 사랑의 이상적인 객체가 된다. 연인을 괜히 '나의 천사'라고 부르는 것이 아니다. 이에 반해 섹스는 더럽다고 느껴진다. 심리 분석학자라면 천사는 섹스를 승화한다고 말할 수 있을 것이다.

"섹스를 팝니다." 이것이야말로 해방을 추구하는 쾌락주의적인 시대의 소비세계에서 성공하는 세속적인 비밀 처방이었다. 천사는 오늘날 이것을 어떻게 더 고조시킬 수 있을 것인가에 대한 대답이다. 모델계에서 아직 소녀티를 벗지 못한 모델들이 그러하듯 천사는 숨겨져 있으나 그 때문에 더욱 강력하게 섹스 어필하는 것이다. 순결보다 더 자극적인 것은 없다. 순수는 유혹하도록 유혹한다. 이것을 이해하고 나면, 천사란 바로 정치적으로 올바른 시대에서 섹스의 이상적인 의상 디자인이라는 것도 분명해질 것이다. 그들은 욕망의 다른 이름이다. 그리고 천사가 보호하는 새로운 금기들은, 금지된 것이야말로 정확히 관찰하는 사람이 언제나 뜨겁게 욕망하는 것임을 상기시켜준다.

이와 함께 광고에는 오늘날 소비자들이 유혹당하고 싶어한다는 것을 분명하게 해주는 또하나의 신화적 형상이 존재한다. 아바타, 바로 이 이름으로 의상 디자이너 발터 판 바이렌동크(Walter van Beirendonck)는 97/98 겨울 컬렉션을 발표하기도 했다. 아바타는 원래 힌두교에서 신적인 현현을 뜻하는 것으로, 신들이 땅 위에 나타날 때 취하는 인간적인 형상을 말한다. 멀티미디어 사회의 용어로는 사이버스페이스에서 커뮤니케이션 파트너의 가상적인 등장을 표시한다. 그러므로 가상공간 안에서 스스로를 분장하고 위장하고 조작할 수 있는 가능성이 중요해진다. 그리고 여기에서 발터 판 바이렌동크는 원시 종족 문화의 제식마술의 비밀을 파악하고 있는데, 이것은 곧 유행의 비밀이기도 하다. 아바타 신화는 다음과 같은 것들을 하나의 카테고리로 만든다.

- 낯선 신들의 현현이라는 종교적인 약속.
- 인류학적 관심이라는 학문의 마법.
- 유행의 가면극.
- 사이버스페이스에서 커뮤니케이션 게임이라는 가상현실.

멀티미디어 사회에서 커뮤니케이션 디자인으로서의 유행, 이것이 완벽한 컬트 마케팅이다.

## 무엇이 컬트 마케팅인가?

컬트 마케팅의 개념은 『컬트 마케팅 *Kultmarketing*』(노르베르트 볼츠/다비트 보스하르트 David Bosshart)에서 자세히 설명했다. 보이지 않는 것의 경제라는 주제와 관련해서는 세 단계로 발전되는 핵심적인 내용이 도움이 될 것이다.

① 욕구와 욕망의 구분

욕구에 대해서는 설명할 수 있다. 사람들은 자신이 무엇을 필요로 하는지 알고, 시장에서 공급하는 상품을 그 유명한 가격대비성능이라는 관계로써 이성적으로 계산할 수 있다. 욕구는 만족시킬 수 있다. 새로운 양복이 필요하면, 가격을 생각하면서 겨울 세일까지 기다렸다가 구입할 수 있다. 욕망은 이와는 아주 다르다. 욕망에 해당하는 것은 나는 만족할 수 없다는 사실이다. 욕망은 무의식적이며 충족될 수 없다. 자신이 원하는 것이 무엇인지 실제로 아는 사람은 없다. 누군가 고객이 무엇을 원하는지 조사해서 미래의 시장을 개척할 수 있다고 생각한다면, 그는 "이성적인 바보(rational fool)"(센A. K. Sen)일 것이다.

욕망은 충족되지 않는다. 그래서 우리는 언제나 '그것을 대신하는' 무언가를 얻게 된다. 바로 이 때문에 필요하지도 않은 물건이나 서비스를 구매하는 것이다. 우리는 오랫동안 몰디브나 세이셸 제도에서 낙원을 찾아왔다. 사실 자연환경으로 보자면 그곳들은 독일 베스터발트나 보르프스베데에서 발견할 수 있는 것과 별반 다르지 않은데도 말이다. 또한 구출되기를 기다리는 동화 속 공주를 만나기를 기대하지만, 항상 페미니즘으로 무장한 여자들만 얻게 될 뿐이다. 그러므로 '성취된' 욕망의 근본 경험은 다음과 같다. '이번에도 아니야!' 그래서 사람들은 계속 찾아 나서고 또 구입하는 것이다. 시장이 좁고 긴장되어 있으며 현대적인 곳일수록 상품은 욕구 충족이 아니라 욕망의 만족을 약속하고 있다는 것을 확인할 수 있다. 코울머스는 다음과 같이 요약한다. "최신의 것 중에서도 최신의 것을 가지려 하는 일은 비록 그것이 꼭 필요하지 않은 것이라 할지라도 노력할 만한 가치가 있다. 상품 구매는 갈수록 욕구나 사용가치보다 욕망이나 상상력을 통해서 결정된다."

② 유행과 트렌드의 구분

유행은 유희적으로 가벼운 삶의 세계이다. 이 안에서는 in과 out이라는 간단한 이진법 코드로 모든 것이 정리된다. 다시 말해 지금 떠오르고 있는 것과 이미 지나가버린 것. 쇼핑은 일종의 정보 리서치이다. 사람들은 쇼핑을 하면서 현재 무엇이 'in'인지 배우는 것이다. 여기서 결정적인 것은 현재 'in'인 상품들이 아마 반년쯤 뒤에는 분명 'out'이 되리라는 사실이다. 그리고 오늘날 'out'인 것들도 몇 년 안에 재활용되리라는 것도. 이렇게 '완전히 새로운' 것과 '유행이 지나간' 것이 반복적으로 빠르게 전환하는 현상은 유행에 자유로움을 선사한다. 유행을 만들어내는 황제는 사랑스러운 전제군주인 것이다.

트렌드는 이와는 전혀 다르다. 트렌드는 마치 종교처럼 내적인 구속력을 제공하는 삶의 공식이다. 하나의 트렌드를 따르는 사람은 자신의 정체성과 독자적인 공식을 발견했다고 믿는다. 그리고 마치 영원히 자신이 녹색당원이나, 그루프티*, 소프트 개인주의자(마티아스 호르크스 Matthias Horx) 혹은 불교신자일 것처럼 산다. 트렌드는 최종적인 분위기를 가지고 있으며, 단기간의 종교처럼 기능한다. 그렇기 때문에 트렌드에는 유행이 가지고 있는 무언가 자유스러운 점이나 피상적인 것, 가벼움이 존재하지 않는다. 그들은 엄격하며 고객들의 '깊이'에 호소한다.

③ 정신적인 부가가치

보이지 않는 것의 경제는 욕구와 유행이 아니라 욕망과 트렌드에서 동력을 얻는다. 시장에 들어선 소비자들은 당연히 상품의 질이 높고 경

---

* 검은색 옷을 즐겨 입고 하얗게 얼굴 화장을 하고 다니는 무리.

쟁 브랜드와의 질적인 차이가 없다는 것을 전제하고 구매하기 시작한다. 여기서 결정적인 질문은, 내가 왜 이것은 사고 저것은 사지 않는 것일까이다. 그리고 그 대답은 상품 자체가 아니라 오로지 브랜드의 아우라에서만 찾을 수 있다. 한 청소년이 나이키나 아디다스, 리복 운동화 가운데 하나를 사려 한다면, 그 결정은 운동화의 질이나 사용 특성이 아니라 바로 서로 다른 브랜드 신화에 좌우되는 것이다. 독일의 주간지 디보헤*Die Woche*와의 인터뷰(1996년 10월 18일)에서 롤프 쿠니슈(Rolf Kunisch)는 자신이 만들어낸 컬트 브랜드 니베아의 정신적인 부가가치에 대해 이렇게 이야기한다. "부가가치는 소비자들이 그것을 위해서 기꺼이 돈을 지불할 준비가 되어 있는 무언가다. 하나의 상품에는 기름과 물, 유화제, 향과 기능물질뿐만 아니라 상상력도 같이 들어 있다. 그리고 이것은 생산자들의 상상력뿐만 아니라 소비자의 상상력도 포함한다." 그러므로 누군가 니베아의 Visage 시리즈를 구매하려 한다면 그것은 감정 디자인의 결과 때문이지 생산 기술 때문이 아니다.

마케팅이 의미를 부여하는 차이의 기술이라고 한다면, 포화 상태의 서구 시장에서 이러한 차이는 앞으로 오로지 '정신적인 부가가치'에 의해서만 표시될 것이다. 브랜드는 스스로 이들을 대체할 자유, 모험, 개인성, 영원성 같은 아이디어를 점유하고 있다. 할리 데이비슨의 사장은 이렇게 말한다. "우리는 오토바이를 파는 것이 아니라, 삶의 철학을 판다. 거기에 덤으로 오토바이 한 대를 주는 것이다." 이는 분명한 표현이다. 성공적인 브랜드들은 하나의 신화를 점유하고, 이것을 멀티미디어 사회의 매체 안에서 연출한다. 신화는 저항할 수 없고 언제나 다시 듣고 싶어지는 이야기들을 말하는데, 바로 이들이 우리의 무의식인, 충족되지 않는 욕망을 유혹하고 있기 때문이다. 이지 라이더, 가자 서부로!, "푸른 별", 천사, 승리자. 인간과 신화의 관계에 대해 오언 바필드(Owen Barfield)는 다음과 같이 설명한다. "인간이 신화를 만들어낸 것이 아니라, 신화 혹은 그들이 드러내 보이는 원형적인 요소가 인간을 만들었다."

컬트 마케팅의 이상적인 무대는 소비의 사원이다. 독일 에센의 한 백화점은 속세적인 것을 성가로 개작하는 문구로 광고를 만들었다. "백화점이 아닙니다. 세계관입니다." 보조적인 것이었던 쇼핑센터가 세계의 재마법화를 위한 무대로 변신한 것이다. 우리는 바로 이런 마법화를 그리워해왔다. 마술이나 아우라, 카리스마, 요술의 모든 흔적들이 우리의 계몽된 일상생활에서는 사라져버렸기 때문이다. 미국의 쇼핑몰에서부터 독일 오버하우젠의 센트로까지, 시카고의 나이키타운에서부터 린츠의 유럽연합 쇼핑까지, 메시지는 분명하다. 구매행위는 마법적이고 종교적인 제식이 되어야 한다. 오늘날 백화점들은 이렇게 다시 자신들의 원천으로 거슬러올라간다. 파리의 쇼핑몰은 소비에 있어 최초의 성당이었던 것이다.

여기서 더 깊이 수심을 재볼 수도 있다. 시장과 놀이의 장소, 종교적 컬트 장소 사이에는 구조적인 유사성이 존재한다. 하위징아는 이것을 『호모 루덴스 *Homo Ludens*』에서 다음과 같이 언급하고 있다. "경기장, 게임탁자, 마법의 원, 사원, 무대, 영화 스크린, 재판소, 이 모든 것은 놀이의 장소를 따르는 형식과 기능을 갖고 있다. 다시 말하면, 그 안에서는 특별한 규칙이 통용되는 기증된 장소, 즉 격리되고 울타리가 쳐지고 신성해진 장소를 뜻한다." 그리고 이는 미국의 쇼핑몰이나 일본의 소비 사원에도 해당된다. 쇼핑과 여행은 근본적으로 동일한 욕망구조이며, 코울머스는 백화점 순례를 가까운 곳으로 떠나는 일종의 여행이라고 표현한다. 특히 일본에서는 백화점이 사원이 되고 있고 동시에 사원은 백화점이 되어가고 있다. "이러한 사원들은 소비자에게 전 세계의 다양한 상품뿐 아니라 박물관과 갤러리, 로비, 옥상의 정원, 그리고 피곤한 고객들이 쉬어 갈 수 있는 장소까지 제공하고 있다."

슈투트가르트의 크라우트비젠에 있는 '도시 엔터테인먼트 센터'는 소비 사원의 패러독스를 가장 분명하게 보여주고 있다. 그것은 원래 도시적인 것이 아니라 무(無)로부터 지극히 인공적으로 만들어진 창조물이며, 더군다나 도시 한복판에 자리하고 있는 것도 아니고 멀리 떨어져 있다. 그러므로 '센터'는 실제로 중심이라는 뜻이 아니라, 소비의 기회와 특별한 일을 경험할 기회를 묶어주는, 지루한 집안일에서 벗어나 그 안으로 도피할 수 있는 '부가가치 경험'의 건축물로서 중심이라는 의미이고, '도시'는 문화적으로 축적되어 있는 쇼핑 지대로서 그렇다는 것이다. 엔터테인먼트 센터는 단순한 쇼핑몰보다 더 많은 것을 제공하기 때문이다. 이것은 보이지 않는 것의 경제를 겨냥하고 구상된 것이다. 크리스티안 마르쿠아르트(Christian Marquart)의 정확한 용어로 다시 표현하면, "사람들이 물질적인 일뿐만 아니라 스스로의 여가를 위해 투자한다는 이유 때문에, 소유와 존재 사이의 불안한 관계도 여기서는 철저히 부수적인 것으로 되어버린다".

### 경제의 문화

문화적인 행사를 후원한다는 것은 기업들이 제품뿐만 아니라 행동을 통해서도 커뮤니케이션한다는 것을 의미한다. 다시 말해 스폰서가 된다는 것은 예술이라는 매체에서의 경제의 자기 표현인 것이다. 스폰서들은 과거 패트런의 현대적 후예이다. 패트런으로서의 자세, 그러니까 부와 권력을 사용해 예술을 후원하는 일은 예술 자체만큼이나 오래되었다. 비교적 짧은 시기였던 모던, 즉 보들레르에서 베케트의 시대까지만 하더라도 패트런은 조력자인 동시에 예술가들의 골칫거리이기도 했다. 모던 예술의 비판적 아방가르드는 '시장'에 대항해 스스로를 논쟁적으로 정의했다. 이 때문에 근대에서 예술은 패러독스한 상품이었다. 모던 예술은 자신이 판매되는 바로 그 시장에 적대적이었던 것이다. 그렇지 않은 것은 인가받은 미학이거나 권력을 옹호하는 내면성을 갖고 있다고 고발되었다. 이러한 입장은 아도르노의 '문화산업' 개념으로 요약되는데, 이 개념은 지금까지도 비판적 지식을 가진 문화부 담당자나 박물관장의 머릿속을 배회하고 있다.

그러나 우리는 이러한 '비판적인' 모던을 이미 오래전에 지나쳐 왔다. 예술가들은 상아탑에서 관제탑으로 옮겨 갔다. 이제 예술적 아방가르드는 사회적 양심의 가책이 아니라, 오히려 경제의 R+D(연구개발, Research and Development) 부서에 해당된다. 이렇게 미학이 새로운 주도 학문이 된다. 포스트모던의 예술은 가상과 허구, 시뮬레이션을 공부할 수 있는 학교다. 이것은 무엇보다도 미하엘 시너(Michael Schiner)가 이미 수십 년 전에 우리 시대의 궁극적인 예술로 선포한 광고에서 잘 나타난다. 오늘날 광고에서는 차이라는 미학정신이 장려되고, 소비는 높은 수준의 예술로 관찰된다. 이런 식으로 경제의 매체현실이 형성된다. 모든 광고는 소비의 의미에 대한 담론이다. 그리고 성공적인 광고는 오늘날 예술이 사회 비판이 아니라 경제의 문화를 위한 촉매작용을 하고 있다는 것을 잘 보여준다.

그렇다면 문화란 무엇인가? 서구—특히 미국—의 문화 담당자가 수행하는 후원 방안 분포 양식을 관찰하면 이 질문에 대한 결론을 얻을 수 있을 것이다. 문화는 모든 것을 뜻한다. 음식문화 같은 친숙한 분야 외에도, 예를 들어 축구문화 같은 완전히 새로운 분야가 출연한다. 그리고 바로 이러한 예에서 오늘날 문화가 어느 정도까지 경제의 문화인지 잘 관찰할 수 있다. 축구클럽은 하나의 브랜드로 등장하고 있는 것이다. BVB(보르시아 도르트문트)의 목도리, 감자칩, 유아용 젖꼭지에서 바이에른 뮌헨의 볼펜, 모자와 관에 이르기까지. 이것은 마케팅의 편재성에 대한 분명한 징후이다. 문화 마케팅은 이미 오래전부터 괴테 인스티튜트만의 일이 아니었다. 그동안 괴테 인스티튜트는 독일의 외교관으로서—수출 히트상품으로서의 문화—피나 바우슈나 위르겐 하버마스, 그리고 최근에는 테크노 음악 등 고급문화상품을 전 세계에 보급해왔다. 이제는 아무리 작은 도시의 시장(市長)도 도시 마케팅의 중요성을 잘 인식하고 있으며, 핵심적인 브랜드—예를 들면 고유한 음식—를 찾기 위해 다른 도시로 트렌드 스파이를 파견하고 있다.

이 때문에 문화를 구분하는 것이 무엇이냐는 질문에 대답하기란 그리 쉽지 않다. 모든 문화가 문화에 대한 독자적인 개념을 갖고는 있지만, 파슨스의 용어로 일반화하면 문화는 "잠재적인 패턴의 유지"로 작동한다. 바로 커뮤니케이션 주제에 대한 레퍼토리다. 또 문화는 의미의 세계라고도 할 수 있는데—잿빛 일상생활에 반대되는 의미에서만 그런 것이 아니라, 학문세계에 반대되는 의미에서도 그렇다. 문화의 진화는 기회주의적임에도 불구하고, 이러한 의미를 찾아 나아갈 방향은 추측해볼 수 있다. 우주 탐험의 결과는 알려진 대로 지구로의 귀환이다. '다문화주의'의 결과는 원래 문화로의 귀환이 될 것이다. 처음에는 원심적으로, 그뒤에는 구심적으로.

경제가 점점 더 보이지 않는 것의 경제가 되어갈수록, 기업을 정의하는 것은 독자적인 문화가 될 것이다. 코퍼레이트 컬처와 같은 개념은 이미 오래전부터 존재해왔다. 이 용어와 함께 이제는 기업의 '인상 매니지먼트(impression management)'가 중요한 역할을 맡는다. 경제의 '인상 매니지먼트'에는 두 가지 서로 다른 차원이 있다. 첫째, 기업과 고객을 위한 공동 진화(coevolution)의 매체로서 문화를 이해하는 것이 중요하다. 숙주와 기생생물처럼 기업과 고객은 서로 자극하면서 가르침을 준다. 두번째 차원은 보호 자본주의(Caring Capitalism)의 용어로 말하자면 경제가 세계의 문제들을 넘겨받는다는 것이다. 매니지먼트 마케팅이 이윤을 목표로 하고 있다면 사회적 마케팅은 가치에 목표를 둔다. 이윤의 시스템은 말하자면 공적인 책임을 통해 '조율된다'. 그렇게 대기업은 갈수록 정치기구와 유사해져서 예를 들면 교육의 수탁자로 등장하기도 한다.

그러므로 예술은 경제에서 제품의 가장자리를 장식하는 장식품 이상, 그러니까 은행의 로비에 추상화나 초기 야수파의 그림을 걸어 미학적인 분위기를 연출하는 것 이상의 의미가 있다. 사회에 대한 책임을 넘겨받은 기업들은 오늘날 자연의 위기에 대해 경제가 갖는 후속적 재정 부담에 대해서만 생태학적인 감수성을 발전시키는 것이 아니다. 한 기업의 문화 프로그램은 이차적 자연, 그러니까 정신세계를 위한 일종의 환경보호 정책이기도 하다. 그러나 이러한 책임은 더이상 인도주의적이고 자선을 베푸는 것과는 관계가 없다. 벤저민 바버의 도식에 따라 세계가 지하드와 맥월드, 그러니까 이슬람 근본주의와 미국적 생활양식으로 양극단화된다면, 모든 기업은 원하든 원치 않든 이러한 문화 전쟁의 한복판에 서 있는 것이다.

## 비전과 딥 플레이

그러나 동시에 현대의 기업은 내부적으로도 예술과 문화를 필요로 한다. 기업 주도 이미지의 인기 용어인 이른바 비전과 미션이 무엇을 뜻하겠는가? 비전을 가진 사람은 병원에 가봐야 할 거라고 토마스 베른하르트는 말한다. 이러한 경고를 심각하게 받아들여야 할 필요가 있다. 모든 비전이 미래를 지향하는 것이 아니며, 일반적으로 정신과 전문의들이 이를 담당한다는 사실은 비전이 현실적 원칙의 구속을 벗어났다는 것을 분명하게 보여준다. 그러나 때때로 사람들은 계속 현실적 능력을 보유하기 위해서 지상에서 발을 떼는 모험을 해야 하는 것이다. 이러한 비전은 기업을 위해서는 두 가지 기능을 한다. 비전은 직원들을 끌어들이고 미래에 대한 두려움을 없애준다. 원칙적으로 진실은 역사를 통해 받아들일 수 있는 것이 된다고 할 수 있을 것이다. 그리고 출처는 해석을 통해, 미래는 바로 비전을 통해 감당할 수 있는 것이 된다.

오늘날 기업의 위계구조가 수평적으로 해체되고 있다면, 그 안에서 어떤 조망을 얻을 수 있는 위치 또한 더이상 없음을 의미한다. 이 때문에 비전을 향한 요구도 갈수록 많아진다. 카를 바이크는 이를 간결하게 공식화했다. "사람들은 단순하고 절대적인 아이디어 주위에 모여 연합한다." 단순하고 자유롭게 부유하는 아이디어에서 하나의 팀이 형성된다. 여기에서는 비전이 "깊은 정신적 교란"이라는 니체의 정의가 가장 유용한 듯하다. 비전은 개혁과 진보를 가로막는 요인을 내부에서는 보지 못하는 모순 상황에서 탈출하도록 기업을 도와야 하기 때문이다. 모든 시스템은 스스로를 보지 못하는 맹점을 가지고 있는데, 철학자 루카스(J. R. Lucas)는 시스템에 혁신적인 영향을 미치기 위해 시스템으로부터 벗어나는 모순적인 작동을 "괴델화(Gödelizing)"라고 부른다.

여기에서 내가 제시하려는 주제는 아주 분명하다. 경제의 괴델화, 그러니까 자신이 가진 맹점과의 싸움은 성공적인 기업이 예술과의 관계를 통해서만 성취할 수 있다는 것이다. 다시 말하면, 경제에서 예술은 정신적인 교란이며, 이는 경제로 하여금 자체 시스템에서 벗어나 새로운 일을 할 수 있게 해준다. 그러므로 비전은 혼란을 초래하는 자극으로부터 나온다. 기업은 놀라는 것을 배우기 위해서 예술을 필요로 한다. 그리고 여기서 놀란다는 것은 스스로를 혼란시키도록 놔두는 것을 의미한다. 시스템에서 뛰쳐나오는 이러한 일을 감히 시도해보지 못한 사람은 새로운 것의 비정상성에 대해 언제나 불쾌감만 느낄 것이다. 혁신은 실제로 미치광이들에게, 망상을 가진 자들로부터 시작된다. 그리고 바로 이것은 오래전부터 예술의 전문 분야였다.

스콧 킴은 "신중함만큼 추측 안에 스스로를 가두어두는 것은 없다"고 했다. 신중한 사람들은 바로 자기가 가진 선입견의 포로라는 것이다. 신중함은 경영 시스템에서 벗어나 그것을 외부에서 관찰하는 일을 방해한다. 신중한 비즈니스는 스스로를 차단하는 행위다. 이러한 막다른 길에서 벗어나기 위해 사업가들은 일과 놀이의 관계에 대한 새로운 시각을 배울 필요가 있다. 오로지 놀이를 통해서만 사람들은 복잡함에 대한 민감성을 높일 수가 있는 것이다. 모든 놀이와 게임은 "계획된 복합성"(스티븐 밀러Stephen Miller), 다시 말해 복합성의 의도적인 상승이다. 그리고 이것은 예술에서 가장 훌륭하게 성공한다. 예술은 제러미

벤담(Jeremy Bentham)적인 의미에서 딥 플레이(Deep Play), 다시 말해 가장 깊은 곳의 열정을 해방시켜주는 게임이다.

아마 에스프리 회사의 덕 톰킨스(Doug Tompkins)의 "인생은 엔터테인먼트이고 살아남는 것은 게임이다"라는 도발적인 문구도 이런 의미였을 것이다. 준군사적 은어인 서바이벌 게임은 매니지먼트와 마케팅 분야에서 오늘날까지도 매우 매력적으로 남아 있다. 그러나 경제는 이 군사적인 은유에 정신적으로 갇혀 있는 듯하다. 아마도 예술과 접촉함으로써 스스로를 해방시킬 수 있을 것이다. 비즈니스 예술(Business Art)은 앤디 워홀에게서 나온 꽤 오래된 개념이지만 그 미래는 전도유망하다. 사업을 예술로 이해하는 첫번째 시도는 군사적인 조직 모델과 작별하고 매니저를 수준 높은 오케스트라의 지휘자로 이해하는 데 있다.

비즈니스 예술은 경제와 예술이 구조적인 친화성을 가지고 있기 때문에 가능하다. 다른 사람이 거래하면, 그것을/그 때문에 나는 경험한다. 다른 사람이 지불하면, 나는 그후에 나도 관심을 갖고 있는, 예를 들어 지붕 위에 테라스가 있는 집 같은 부족한 상품을 그가 가져가버렸다는 것을 경험한다. 예술가는 조형물을 설치하고, 나는 그후 공공의 공간이 어떻게 바뀌었는지 경험할 수 있다/경험해야 한다. 그리고 이러한 관점을 뒤집어본다 할지라도, 놀라우리만큼 유사한 구조적 친화성이 존재한다. 양쪽 경우 모두 자신이 제공한 것이 어떻게 관찰되고 있는지 관찰해야 한다는 것이다. 이는 경제와 예술에 똑같이 해당하는 사항이다. 그러나 경제의 경우 이러한 관찰이 언제나 부족(자금 부족이나 고객의 부족)의 문제를 지시하면서 혼란을 일으키는 반면, 예술은 관찰 때문에 방해받는 것이 아니라 오히려 고조되는 유일한 시스템이다. 예술은 관찰을 이끌고 조정한다. 경제는 예술에서 무언가 관찰하기 위해서는 구분이 필요하다는 사실과, 어떻게 구분하는가는 우연적이라는 사실도 배울 수 있을 것이다. 세계가 조망 불가능하다는 인상은 이런 우연성을 반영한 것이다.

우리는 이제 예술이 경제의 문화를 위해 기여할 수 있는 근본적인 능력들을 요약해볼 수 있다.

- 예술은 구분하기를 가르친다. 예술은 판단력을 능동적인 취향으로 연마한다.
- 문화는 주의를 끄는 것의 또다른 저편이 있음을 약속한다. 세계는 우연적일지도 모르지만 — 예술작품은 필수적이다. 예술은 주의 전환의 주의 전환이다.
- 사랑과 마찬가지로 예술은 기술화에서 포괄적으로 벗어나는 매체이다. 그러므로 예술은 이상적인 자아의 도피처다.
- 미치광이가 그러하듯 예술가들은 문화라는 매체의 장애를 포착하는 아주 민감한 안테나를 가지고 있다. 이 때문에 예술은 경제의 조기 경보 시스템으로 기능할 수 있다.

### 축제의 시대

그리스어 아갈마(agalma) — 단어 그대로의 뜻은 "신들을 기쁘게 하는 입상" — 에서는 컬트와 예술, 놀이의 원초적인 연관성을 확인할 수 있다. 여기서 열리는 의미 영역, 다시 말해 환호하다, 화려하게 빛나다, 축제를 벌이다 등은 오늘날 경제의 문화가 다시 점유했다. 이는 절대

과대평가되지 않은 영향력의 발달과정이다. 70년대 후반이라면 찬양에 대한 찬양은 거의 불가능했을 것이기 때문이다.

이제 예술을 존재에 대한 찬양으로 이해한 릴케나 에른스트 윙거 같은 작가들이 다시 현재적 의미를 획득한다. 그리고 예술이 언제나 "어린아이처럼 천진난만한 예술"이었다는 페터 한트케의 확신은 몇십 년간 지속된 미학적 부정주의 이후에 갑자기 수긍 가능한 것으로 재등장한다. 한트케의 일기『아침의 바위 창가에서 Am Felsfenster morgens』에서는 예술을 "최상의 관용과 보호"로 정의한다. 작가의 용기는 이에 따라 찬양하는 것을 찬양하는 데 놓여 있다. "표현한다는 것은 인정하는 것이다." 따라서 진실한 작가는 스스로를 '보이는 것의 후원자'로, 글쓰기를 존경의 형식으로 이해한다. 우리는 여기에서 비판적인, 즉 암흑의 모던과 예술의 정치화에 대한 절망적인 시도들 이후 드디어 긍정적인 문화가 승리의 환호에 휩싸여 귀환했음을 추론할 수 있다.

이러한 진행 방향은 단순히 시와 그림에 한정되지 않는다. 철학자 게르노트 뵈메(Gernot Böhme)는 다음과 같이 말한다. "중요한 것은 상품의 연출과 인간의 자기 연출이다. 또 정치의 연출이며 기업의 자기 연출이다. 전체 도시들의 연출, 바로 자본주의적 축제의 연출이 문제가 된다." 그리고 이것은 무엇보다 도시 마케팅의 탁월한 업적인 페스티벌 문화에서 분명하게 나타난다. 페스티벌은 도시에서 "자기 지시의 기관"(아돌프 포르트만 Adolf Portmann)으로, 여성들에게서의 유행이나 화장술과 비슷하게 작동한다.

페스티벌의 커다란 성공은 먼저 대중이 이른바 E-문화\*라는 퍽 소화

---

\* E-Kultur, 오락문화(U-Kultur)에 대비되는 진지한 문화.

하기 어려운 음식에 스스로를 내맡겼다는 이유 때문에라도 놀랄 만하다. 루르 강가의 소도시에서 온 다과회원이 사람들에게 떠밀려 고갱의 전시회에 갔다 해도, 그가 정말 그곳에서 무엇을 봤는지에 대해서는 정당한 의심을 해볼 수 있는데, 이와 마찬가지로 미국 인디애나 주에서 온 바이로이트 순례자*가 불편한 의자 위에서 여섯 시간이나 고문당하는 동안 정말 '바그너'를 들었는지 또한 의심해볼 수 있다. 이러한 페스티벌의 성공을 이해하기 위해서는 먼저 위약으로서의 예술을 이해해야 한다. 이들은 사람들이 그것을 이해하지 못할 때조차 효력을 발휘한다. 그렇다면 여기서 채워지는 욕망은 어떤 것일까? 무엇이 예술의 위약 효과일까?

미국의 철학자 해리 프랭크퍼트(Harry G. Frankfurt)의 "이차적 욕망(second-order desire)"의 개념이 이해에 유용하다. 사람들은 실제의 자신과는 다른 존재가 되고 싶어하는데, 이 때문에 원래는 자신의 욕망이 아닌 욕망을 원하게 된다. 예를 들면, 연극을 보러 극장에 간다든지 하는, 자신의 욕망이 아닌 욕망을 말이다. 내가 쇤베르크의 음악을 즐길 수 있는 그런 사람이라면 얼마나 좋을까! 이러한 이차적 욕망은 무엇보다 문화상품의 정신적인 부가가치를 향하고 있는데, 그렇기 때문에 주로 사치품이 다루어진다. 여기에서 보이지 않는 것의 경제가 이차적 질서의 사치품을 제공하고 있음을 관찰할 수 있다. 그러므로 미래의 사치란 눈에 보이지 않는 사치다.

● 지적 소비, 이를테면 미술 전시회 도쿠멘타(Dokumenta) 방문.

---

* 독일 바이로이트 시에서 열리는 바그너 음악축제 참가자.

- 주의력, 가장 부족한 자원인 이것은 구입할 수 없기 때문이다.
- 의미, 정보의 홍수에서 언제나 질식의 위협을 받고 있는.
- 고요, 더이상 오토바이 소음으로부터 자유로운 숲은 없고, 모든 바닷가도 휴대용 스테레오 라디오로부터 안전하지 못하기 때문이다.
- 공간, 교통 정체와 서로 밀치는 군중, 예약 초과된 비행기와 사람들로 만원인 바닷가는 이미 오래전부터 예외적 경우가 아닌 일상적 상태가 되었기 때문이다.
- 시간, '참여 가능함', 즉 어떤 시간에라도 불러낼 수 있다는 요구는 멀티미디어 사회에서 더이상 거부할 수 없기 때문이다.
- 연락 불가능함, 휴대폰을 꺼도 되는 지위에 있음을 의미하기 때문이다.
- 안전, 근본적으로 가장 중요한 공공자산이 이제는 사치품이 될 것이다. 스타를 위한 보디가드나 뮌헨의 고급 빌라를 지키는 검은 보안관들, 상파울루의 빌라를 감싸고 있는 벽과 철조망.

이제 다시 페스티벌의 문화로 돌아가보자. 우리는 그것이 도시의 화장술이며, 자기 지시의 기관이라고 정의했다. 그리고 여기에는 축제는 살아 있는 예술작품이라는 헤겔의 정의가 잘 들어맞는다. 그러나 살아 있는 예술작품은 더이상 현대적이고 세속적인 문화의 한 요소로만 남아 있지 않는다. 페스티벌의 호경기는 오늘날 우리가 문화에서 컬트로 되돌아가고 있는 길 위에 있음을 보여주는 분명한 징후라 할 수 있다. 이에 대한 진단은, 예술의 세속화는 다만 하나의 에피소드였을 뿐이라는 것이다. 예술은 다시 일종의 예배의식으로 돌아간다. 실제로 문화 관광은 이미 종교적인 의무 여행, 그러니까 성지 순례의 특징을 갖고 있다. 바로 성지 순례에서 페스티벌의 결정적인 성공비법을 배울 수 있는데, 그것은 방법 자체가 목적이 될 때, 비용이 독자적인 가치를 획득할 수 있다는 것이다. 이것은 순례자에게 해당하는 말인 동시에 조깅을 하는 사람들과 정치적 참여자에게도 해당한다. 그리고 문화 여행자들에게도.

## "흥분 가두기"

페스티벌을 역사적, 구조적으로 이해하기 위해서는 그것을 화려하고 과시적인 바로크 장식이나 바이로이트의 바그너 페스티벌과 같은 선상에서 보아야 한다. 페스티벌은 떠들썩한 구경거리, 이벤트, 종교의식과 같다. 떠들썩한 구경거리로서 페스티벌은 볼거리에 대한 관심과 호기심을 충족시켜준다. 이벤트로서 그것은 일회적인 것의 아우라를 불러내며, 종교의식으로서 그것은 의미를 부여한다는 인상을 불러일으킨다. 그래서 사실은 축제극이 종교를 대신하고 있다고 할 수 있다. 이는 이미 "종교가 인공적인 것이 되는 바로 그곳에서, 예술은 종교의 핵심을 구원하도록 운명적으로 결정되어 있다"는 바그너의 신앙고백이었다. 바그너의 종합예술작품은 "미래의 종교"의 미사형식으로 이해되었다. 오늘날 예식 전문가의 자기 이해도 이와 다르지 않아서 앙드레 헬러(André Heller)는 얼마 전 자신의 마술적 연출을 "놀람의 대미사"라 정의했다. 좀더 분명하게 말해, 축제극은 표본화되고 대량생산된 초월의 경험이다.

페스티벌 문화는 지극히 신비주의적인 욕구를 대상으로 하고 있다.

신비주의는 말할 수 없는 것에 대해 말하는 것이기 때문이다. 신비주의는 커뮤니케이션을 활성화하기 위해 커뮤니케이션이 불가능한 것을 이용한다. 여기에서 그토록 매혹적인 것은 무엇일까? 신비스럽다는 것은 세계의 전체성에 대한, 그것도 세계에 상처를 입히는 구분들에 대항하는 경험이다. 그것은 사람들에게 친숙한 것들과는 순수하게 구분되는 브랜드네임으로 정의할 수 있는, 모든 비의(秘義)적 사고의 논리적인 장소이다. 그리고 이렇게 일상과 완전히 구분되는 세계 안에서는 더 이상 구분이 존재하지 않는다. 텔렌바흐(H. Telenbach)는 이런 신비스러운 경험을 "감정적인 용해", 그리고 "분위기적인 것의 홍수"로 특징짓는다. 그리고 바로 이것을 오늘날 페스티벌이 제공한다. 그렇기 때문에 여기서 문제가 되고 있는 것이 무엇인지 방문객이 전혀 이해하지 못하더라도 손해일 것이 없다. 신비주의는 다시 말해 내용 없는 메시지의 전달이다. 여기서는 단지 무엇을 경험했다는 사실만 이해할 수 있다. 사건의 참여자에게는 이것이 바로 '사건'이다. 바이로이트 축제 참가자는 철교 위에서 번지점프를 하는 사람의 경우와 똑같다. "꼭 해볼 만한 경험입니다!"

모든 페스티벌은 축제적인 것의 원초적인 경험과 연결된다. 그리고 이것은 언제나 이중적인 의미를 갖는다. 왜냐하면 축제란 한편으로는 그것의 최대치가 디오니소스적 무절제인 반문화의 표현이기 때문이다. 모든 축제는 그 안에서는 법적인 규율을 깨라는 법을 요구하고, 때문에 '에고를 위한 축제'가 된다. 그러므로 모든 축제는 "법적으로 제공되는 무절제"(프로이트)라는 역설을 숨기고 있다. 여기서 카니발과 이때의 의무화된 시청 점령을 생각해보면 쉽게 이해할 수 있을 것이다. 그러나 다른 한편으로 축제는 동감을 표시하는 문화의 표현, 즉 아폴론적인 긍정의 매체이다. 그렇기 때문에 요제프 피퍼(Josef Pieper)는 축제를 "세계에 대한 동의"라 할 수 있었다. 그리고 이것으로 오늘날 비판적인 의식 문화의 대척점이 표현된다. 다시 말해, 축제는 "즐거움의 종교"(리처드 하더Richard Harder)의 컬트 형식이다.

그러나 아폴론적인 것이든 디오니소스적인 것이든 축제는 언제나 일상으로부터의 성공적인 하차이며, 문화적으로 연마된 비상사태이다. 이 점에서 휴가나 파티, 가상현실 같은 현상들과 동일 선상에 놓여 있는 것이다. 중요한 것은 언제나 독자적인 정체성과 일상과의 게임이다. 고고학자 얀 아스만(Jan Assmann)은 이 때문에 "축제는 문화의 의미세계 안에 있는 '이질적인 서식지(Heterotop)'"라 표현한다. 그런데 이러한 낯선 의미의 장소가 점점 더 자주 무대 위로 불려나온다면? 실제로 포스트모던을 항구적인 예외상태라는 역설로 이해할 수 있는데, 이벤트의 인플레이션이라는 가격을 지불한 일상의 축제화라는 프로젝트로서 그렇다. 점점 더 많은 고객들이 축제에서 자기 변화를 찾고 있기 때문이다. 사람들은 치장을 하고 오페라를 보러 가거나 외식을 하러 간다. 대부분은 이것만으로도 영혼의 예외 상태를 위해서 충분하다. 빈 오페라 극장에서 무도회를 열든 축구 경기장에서 응원가 〈라 올라La òla〉를 부르든 간에 축제의 공동체는 자체적으로 축제를 벌인다. 여기에는 실제로 이런 문구가 통용된다. 참여하는 데 의의가 있다!

세속적으로는 이미 잘 알려진 사실인데, 사람들은 축제 날짜에 맞추어 축제를 벌여야 한다. 축제는 스스로의 잔치이고, 그것이 그때 있으므로 벌어지기 때문이다. 철학자인 한스 게오르크 가다머(Hans-Georg Gadamer)는 이것을 "축제의 시간 경험은 축제를 거행하는 것 그 자체이다"라고 적절히 공식화했다. 모든 축제는 한정된 기간 동안 열린다. 그리고 이 때문에 축제 이후의 실망감은 미리 정해진 것이 된다. 원칙적으로 짧은 기간 동안만 존재하는 기한이 정해진 상품들, 맥주나 주말 여행, 축구 경기 등은 그후의 실망도 이미 예견되어 있다고 할 수 있다. 미리 정해진 전제도 구속적인 결과도 없는 페스티벌의 경우 또한 실망은 정해져 있다. 그러므로 페스티벌은 헬무트 셀스키(Helmut Schelsky)가 명명한 "이차적 기관"에 속하는데, 이는 결과 없는 주관적인 것을 세련되게 연마한다. 불꽃놀이가 이벤트의 화신인 것은 그 때문이다. 그것은 무(無)에서 와서 찬란히 빛난 후 사라진다. 오늘날 사건에는 결과가 없어야 한다. 지크문트 바우만(Zygmunt Bauman)의 의미에서 "자기 완결적인 이벤트"다.

여기서 이러한 축제의 시대에 대한 묘사가 결정적인 구분들을 은폐하고 있다고, 즉 사건과 이벤트, 진실의 공개와 구경거리, 그리고 무엇보다 축제와 페스티벌의 차이점을 무시하고 있다고 이의를 제기할 수 있을 것이다. 그러나 지금까지 이야기한 것을 바탕으로 이제 이러한 개념 관계들을 더 정확히 파악할 수 있다. 구경거리와 이벤트는 페스티벌을 축제의 '틀 짜기'로 이해해야 한다는 것을 분명하게 보여주는 연출 형식이다. 이러한 틀 안에서 사람들은 자기 안에 있지만 자유롭지 못한 격렬한 감정을 세련되게 연마할 수 있다. 스포츠와 마찬가지로 페스티벌은 '흥분을 가두는 정책'이다. 사람들은 놀이 시간 안에서만 흥분한다. 왜냐하면 우리의 세계에 정열적인 감정은 더이상 적합하지 않기 때문이다. 그리고 바로 이 때문에 감정 디자인이 최고의 호경기를 맞는다. 이것은 브랜드를, 고향을 잃고 떠도는 격렬한 감정의 매체로 형성하는 것이다. 우리의 주제와 관련해서 이는 유명한 페스티벌이 바로 컬트 브랜드라는 것을 의미한다.

그러나 무엇이 페스티벌을 컬트 브랜드로 만드는가? 감정 디자인과 컬트 마케팅은 여기서 '스타'라는 견고한 연결고리를 갖는다. 스타의 명성은 질적인 척도를 대체한다. 코틀러가 "스타덤을 위한 인물 디자인"이라고 명명한 것은 바로 경제의 문화가 가장 깊숙이 숨겨놓은 운영 비밀인 것이다. 마케팅이라는 마술 도구는 유명인사를 만들어내야 한다. 그리고 여기서 성공하고자 하는 사람은 쇼의 『피그말리온』을 읽어 보기 바란다. 명성 디자인을 이해하는 데 열쇠가 되는 텍스트다. 스타들은 미학적인 판단력을 불필요한 것으로 만들어버린다. 스리 테너나 롤링스톤스―그들이 실제로 노래를 잘하는가는 중요하지 않다. 스타와 고전이 된 것들로써 우리는 전문지식을 활용하지 않아도 된다. 그들이 제공하는 것이 곧 문화라고, 확신하면 된다.

**밀레니엄 컬트**

몇 년 전 그로서는 두번째 맞이하는 헬리 혜성의 등장이 중요했듯이, 그에게는 아주 중요한 일이었을 텐데 에른스트 윙거는 결국 새로운 밀레니엄을 경험하지 못했다. 잘 알려진 바와 같이 실제 헬리 혜성의 등장에 볼 만한 것은 거의 없었다. 마찬가지로 전 세계의 시계가 2000년으로 뛰어오른다고 해서, 왜 흥분하며 그 순간을 기대할까?(그리고 과연 2000년을 표기할 수 없는 수십만 대의 컴퓨터 시스템이 마비될 것인가?) 이러한 마법은 밀레니엄이라고 불리는데, 독일 상업방송 SAT1이 같은 이름의 미스터리 추리물을 방송하면서부터는 특별히 이해가 느린 동시대인들조차 이 개념을 알게 되었다.

이 주제의 스펙트럼이 얼마나 넓은지는 인터넷 검색 엔진에서 단어를 한번 쳐보기만 해도 알 수 있을 것이다. 밀레니엄은 어떻게 하면 20세기의 마지막 밤에 가장 멋지게 취할 수 있을 것인가에 대한 질문에서부터 21세기의 가상 박물관에 관한 것까지 포함하고 있다. 또한 새로운 신의 등장을 바라는 편집증적인 망상이 종교사회학자들의 기독교 천년설에 대한 심도 있는 연구와 나란히 이 주제에 속해 있다. 원래 이 단어 자체가 요한계시록에 기인하고 있는 것이긴 하다. "또 내가 보매 천사가 무저갱 열쇠와 큰 쇠사슬을 그 손에 들고 하늘로서 내려와 용을 잡으니 곧 옛 뱀이요 마귀요 사단이라 잡아 천 년 동안 결박하여……"

그 단어란 바로 천 년, 밀레니엄이다. 천 년 왕국 찾아 나서기는 아주 오래된 전통이다. 그리고 이 주제가 구원에 대한 기대와 파멸의 비전이라는 이중의 의미를 갖고 있기 때문에 대부분 야누스적인 얼굴로 등장한다. 사람들은 파국을 기다린다. 아니면 다른 무엇이 도래하기를 기다린다. 여기서 늘 반복되는 질문은 다음과 같다. 완전히 다른 유일한 존재가 있는가?(이것이 바로 신학자들의 중대한 약속이기도 하다.) 혹은 적어도 완전히 다른 것들이 존재하는가?(이것은 SF 영화들의 암시이다.) 새로운 예루살렘이 도래할 것인가? 아니면 적어도 화성 침공! 구원의 기대와 파멸의 비전 가운데 어떤 것을 선택하든 상관없이 천 년의 전환이라는 주제는 상상력의 원대한 기회를 제공하고 있다. 우리는 미래에 대해 허기져 있는 것이다.

이 마법과도 같은 밀레니엄 도래의 순간을 샴페인 잔을 들고 타임 광장에서 혹은 레이브 파티에서 맞이하려는 사람들은 시간지대의 교차점에서 영시점의 덧없음을 날려버리려는, 그리고 세계의 멸망을 기다리지 않는 사람들일 것이다. 그러므로 오늘날의 밀레니엄 컬트는 근본적으로 긍정적이다. 보다 분명하게 표현하면, 사람들은 사회 비판과 시대 비판에 질려버렸다. 그리고 이제는 수긍하고 싶어한다. 맞습니다, 그리고 아멘. 동시에 포스트모던의 지루한 일상을 무언가 의미 있음이라는 바이러스로 감염시키고 싶은 것이다. 포스트모던의 일상이라는 것은, 모든 것이 달라질 수도 있음을, 그러나 여기서 내가 바꿀 수 있는 것은 거의 없음을 의미한다. 그렇기 때문에 오늘날 자신의 현존재 안에 의미심장함을 부여하고자 하는 강렬한 동경이 존재한다. 2000이라는 숫자의 신비주의보다 이에 더 적합한 것이 어디 있겠는가. 단순히 새로운 한 해가, 새로운 세기가, 새로운 백 년이 시작되는 것이 아니다. 새로운 천 년이 시작되는 것이다. 이제 2000년은 우리 역사에 그 어떤 신비스러운 표시를 부여하는 최고의 (그리고 어쨌든 천 년 동안은 능가하지 못할) 전제를 갖고 있다는 것이 명백해진다.

신비스러운 표시, 이것은 무엇을 의미하는가? 영시점을 형식화해 표현하면 새로운 우주의 연령이 돌연 시작된다고 할 수 있다. 그리고 천년의 전환기에 예식 전문가가 무엇을 고안해내든 컬트적인 밀레니엄 축제는 어떤 '사건'에 대한 기다림을 연출하고 있는 것이 분명하다. 그리고 실제로는 물론 시간단위가 뛰어오른다는 것 외에는 아무 일도 일어나지 않기 때문에, 기다림 자체가 하나의 사건이 된다. 이벤트에 대한 이벤트인 것이다. 포괄적이고 독일적이며 따라서 깊이가 있는 이벤트. 그렇지만 물론 밀레니엄을 더 가볍게, 피상적으로, 그러니까 미국적으로 이해할 수도 있다. 한마디로—파티를 벌이자! 일상의 짐을 덜어주는 것이 모든 파티의 본질적인 능력이다. 이렇게 밀레니엄 컬트는 모든 축제와 마찬가지로 습관화된 것들의 지루함 속에서 짧은 작전타임을 약속해준다. 동시에 그것은 앞으로 다가올 것에 대한 일반적인 불안에 대해서도 종교적인 제안을 하고 있는 것이다.

오늘날 미래에 무엇이 우리를 기다릴지 아는 사람은 아무도 없다. 공산주의 세계의 몰락 이후에, 민족국가의 독립권이 침몰한 후에, 구텐베르크 은하계 이후에. 그리고 그 때문에 새로운 시대의 충격을 막아줄 수 있는 종교적 의미형식에 대한 동경이 곳곳에서 자라나는 것이다. 그러므로 사교 추종자와 예언가, 선지자들과 사이비들에게는 황금기다. 그들은 새로운 시대로 넘어가는 문턱 위에서 확실한 것에 기대고자 하는 모든 불안과 바람에 기생한다. 이런 점에서는 밀레니엄이라는 사건에서 구원의 표지가 아니라 성대한 파티의 기회만 엿보고 있는 미국적 피상성에 오히려 감사해야 한다. 말하자면 세계 파티는 과도한 기대들을 완화시키고 있는 것이다.


**기한에 대한 그리움**

이미 계몽된 명석한 동시대인들은 이 주제를 그렇게 심각하게 생각하지 않아도 될 여러 가지 정당한 이유가 있다는 것을 알고 있다. 학자들에게는 영시점의 마술에 넘어가지 않는 명예에 대한 문제이다. 역사에 대한 모던의 시각은 구조들과 배역 교체, 그리고 진화된 발전적 인물들을 찾고 있으며, 이것을 신비주의적인 역사 표시에 의해 유혹당하지 않는, 스스로의 학문 능력에 대한 결정적인 척도라고 여기고 있다. 이보다 더 심각한 것은 밀레니엄을 둘러싼 컬트가 우리가 인생에서 거둔 모든 성과를 단순히 일시적인 것으로 취급하여 그 명예를 실추시키고 있다는 점이다. 그리고 새로운 영겁을 통해 20세기가 탈합법화하는

데 저항하는 것은, 이 안에서 자아를 형성한 모든 이들의 최소한의 당연한 자기 주장일 것이다.

사상 최대의 세계 파티를 열 수 있는 기회를 감지한 이벤트 디자이너들에 의해 너무 일찍 진행된 천 년 전환의 상업화는 밀레니엄 자체가 마케팅 아이디어라는 잘못된 결론에 이를 수도 있다. 그러나 정말 '2000'이라는 숙고의 대체물을 무시할 수 있을 것인가? 이름과 데이터는 한마디로 허망하다. 그렇기 때문에라도 해마다 돌아오는 생일을 사적으로나 공적으로 정당하게 축하할 수 있는 것이다. 이것은 숙고의 종교의식이다. 마술적인 영시점은 먼저 한 세기를 결산하는 계기로 존재한다. 한 단계 높은 고찰에서 천 년 전환의 신비스러운 표시는 현재적인 시대 전환을 의미하고 있다. 이러한 전환은 '세계화'라든가 '세계사회' 또는 '구텐베르크 은하계의 끝' 같은 제목 아래 토론되었던 것들이며, 극단적인 의미를 함축하고 있다. 그러나 어떤 경우든 밀레니엄의 컬트는 우리 사회가 포스트 비판적인 자기 묘사를 추구하고 있음을 보여준다.

숙고를 돕고 있는 '2000'은 보다 더 깊숙이 투입될 수 있다. 위대한 작가 단테는 지옥에서 예언자들의 목을 글자 그대로 거꾸로 돌려 뒤를 돌아보게 했는데, 이때부터 우리는 미래학자들이 비자발적인 역사학자라는 것을 알게 되었다. 그리고 비전에 대한 시민들의 동경이 커질수록, 그만큼 미래에 대한 학문의 침묵은 점점 더 완고해진다. 그래도 만약 무언가 미래에 대해서 말할 수 있다면? 밀레니엄 컬트가 불러일으키는 생각은 미래에 대한 것이 틀림없다. 그러나 이것도 결국 우리가 미래에 대해서는 아무것도 알 수 없다는 인식으로 이끈다.

이에 대해서는 아주 간단한 이유가 있다. 2000년은 2000이라는 미래의 이름을 삭제해버린다. 2000년의 비전을 다룬 테크놀로지 세미나나 마케팅 세미나를 기억할 수 있겠는가? 또 〈2001 : 스페이스 오디세이〉를? 오늘날 저 멀리 보이는 지평선들은 새로운 이름으로 불러야 한다. 마케팅 세미나는 이미 트렌드 2020에 종사하고 있고, 빌 클린턴은 "21세기로의 다리"를 건설하고 있으며, 세계 곳곳의 비교도들은 삼천 년을 공론화하고 있다. 그러나 밀레니엄 표시의 도움으로 미래와 완전히 변화된 관계를 갖게 될지도 모른다. 역설적으로 오늘날처럼 미래에 대해 많이 알려지지 않은 적이 없었기 때문이다.

이것은 쉽게 설명할 수 있다. 진부하게도 우리는 미래의 지식에 대해서는 아무것도 알 수 없다. 우리의 문명이 지식에 기반하면 할수록, 그것은 점점 더 예측할 수 없어진다. 그리고 여기에서 추론할 수 있는 것은 지식이 미래를 각인하면 할수록 미래에 대해서는 점점 더 모르게 된다는 것이다. 만약 내일 신문에 무엇이 실릴지 미리 안다면, 그 사건은 일어나지 않을 것이다. 그렇게 우리는 스스로 움직이는 목표, 바로 무빙 타깃(moving target)을 향해 움직인다. 그렇기 때문에 밀레니엄의 위대한 교훈은 미래는 예측할 수 있는 것이 아니라 도발할 수 있는 것이라는 점이다.

무엇보다도 이것은 경제에 영향을 미친다. 이미 수십 년 전에 프리드리히 폰 하이에크는 예측할 수 없는 것에 적응할 수 있는 것만이 세계 경제에서 살아남을 것이라고 보았다. 아무도 기대할 수 없었던 일이 일어난다면, 실수는 있을 수 있는 일이다. 더 원칙적으로 표현하면, 미래와의 조우는 실수를 의미한다. 그리고 그것은 사고의 전환을 강요한다. 동화 속 공주가 아름다운 왕자님을 얻기 위해 못생긴 개구리와 입맞춤을 해야 했던 것처럼, 경제에서는 나쁜 실수와 입을 맞춰야 한다. 그러면 이 실수는 미래에 대한 중요한 정보의 원천으로 탈바꿈할 것이다. 은유적으로 말하면, 높은 곳에서 추락하게 되었을 때는, 떨어지면서 낙하법칙을 습득하려는 시도를 해야 한다. 미래의 기업은 실수와 친화력 있는 문화를 필요로 한다. 전혀 실수하지 않는 사람은 적응 능력을 잃어버리고 과도한 특수화의 함정에 빠지게 된다.

이것이 진화이론의 위대한 교훈 가운데 하나이다. 돌연변이는 다시 말해 안정화된 재생산의 실수이다. 진화는 실수를 통해 앞으로 나아간다. 그리고 여기서 진화는 근시안적이라는 결론이 나온다. 이를 통해 우리의 시대 경험은 의미 함축성을 상실하게 된다. 여기서 일반적으로 목표 없는 개방성을 위한 시대의 진화적인 기한 파기에 대해 말할 수 있을 것이다. 많은 사람들에게 이는 견디기 어려운 것이고, 그래서 그들은 다시 어떤 기한, 이를테면 천 년, 밀레니엄 등을 동경하기 시작한다.

제5장

# 21세기의 고객

사람은 종교 없이도 살 수 있지만 사회는 그렇지 않다. 과거를 돌아보면 컬트의 중심으로서 신은 모던의 시기에 먼저 사회제도로 대체되고, 그후 다시 개인으로 대체되었다. 동구권의 몰락과 함께 '사회제도를 통한 구원'에 대한 믿음을 전파한 현세의 종교도 막을 내렸다. 무신론자들의 성스러운 국가가 우리 눈앞에서 무너져버린 것이다. 우리는 더이상 집단적인 것의 약속을 믿지 않는다. 바로 이 때문에 개인적인 것이 다시 호경기를 맞이한다.

'개인주의'는 오늘날 종교적인 치유의 약속이다. 이 치유는 신이나 사회로부터 온다. 또는 이 치유 기능을 상담과 치료, 즉 정신분석학자나 자연의학자, 혹은 기업 경영 컨설턴트와의 상담에서 찾을 수도 있다. 또한 우리 내부에서 찾을 수도 있는데 이런 경우 그것은 건강한 몸을 영원히 유지하기 위한 노력이라거나 몸에 맞는 엔도르핀에 대한 열광, 그리고 심지어 자신의 소변을 마시는 일일 수도 있다. 또한 모든 형식의 자가 진단과 처방도 이에 해당된다. 물론 경제 분야에서는 마지막 종류의 일들이 가장 흥미롭다. 현대의 개인은 자기 구원을 스스로와의 관계 속에서, 스스로에 대한 걱정 속에서 찾으려 한다. 이러한 자기 관련에서의 자기 구원은 현대사회의 자기 만족에 대한 금기를 깨뜨린다. 이것은 게르하르트 슐체(Gerhard Schulze)가 "자기 실현의 환경"이라 부르는 현상에서 매우 특징적인 것이다. 여기서 문제는 항상 '자발적'으로 드러나는 "내적인 소질의 계발"이다. 이것은 사회적 존재라는 블랙박스 안에 숨어 있기 때문이다.

### 고프먼 교훈

이러한 종류의 것들은 오로지 포스트모던 사회에서만 가능하며 또 필요하다. 사회적 상황의 현실은 오늘날 더이상 그 안을 꿰뚫어볼 수 없기 때문에, 외관에 의지할 수밖에 없다. "개인이 인지할 수 없는 현실에 관계할수록, 외관에 점점 주의를 집중해야 한다"(어빙 고프먼)는 일상의 패러독스이다. 관찰자는 현실의 대체물로 자신이 받은 인상을 다루고 그것의 재현에 의지해야 하는데, 이 때문에 행동들은 이제 관객들을 향한 제스처로 바뀐다. 누구나 자기 자신의 인상 매니저(Impression Manager)로서 사회의 무대 위에 등장하는 것이다.

고프먼은 컬트에 대한 집단적인 일을 다루는 "연합 예식 실험실(joint ceremonial labor)"에 대해 언급하고 있다. 모든 개인은 사회적 이미지의 공동 생산에서 다른 사람들을 신뢰할 수밖에 없다. 우리는 모두 "단체화시키는 거대한 체인"이라 불리는 "예식의 체인"에 손을 대고 있다. 그렇게 의무와 기대, 정중함과 몸가짐, 예식적인 제스처와 친절이 신적인 개인을 가운데 두고 성스러운 게임을 하게 된다. "한 사람의 이미지는 성스러운 것이고 그의 보존을 요구하는 표현의 질서는 그러므로 제식적인 것이다." 이것이 세속화된 사회의 종교적인 핵심이다. 신처럼 다루어지고 스스로 이런 성직의 의무를 어떻게 수행해야 하는지 알고 있는 개인. 자아는 '제식 게임'의 게이머인 것이다. 누군가 하나의 역할을 맡으면, 그는 이미 상황을 포함하고 있는 '가상적인 자아' 속으로 완전히 사라진다. 고프먼은 "역할을 이용하는 것은 곧 그것에 이용당하는 것이다"라고 지적한다. 이의 해석은 상당히 까다롭지만 우리가 '역할과 일체가 된다'는 것을 의미한다.

사회학자 울리히 벡(Ulrich Beck)은 이러한 맥락에서 포스트 종교적인 일상의 신학화에 대해 이야기한다. "생활 속에서의 결정들은 '신격화된다'." 그리고 이와 함께 유일성에 대한 종교가 시작된다. 이의 다양한 변형태는 다음과 같이 알려져 있다.

- 종교적인 자기 해결 — 유럽식으로 간소화된 불교나 "유럽도교(Eurotaoismus)"(페터 슬로터다익)가 이를 약속한다.
- 약물을 통한 "자기 자극"(고트프리트 벤) — 즉 우리 몸의 화학작용으로부터 얻을 수 있는 행복의 모든 실행 방법.
- 자기 도전 — 높은 다리 위에서 번지점프를 하거나, 고무 보트로 급경사를 거슬러올라가는 것 : 해냈어(I did it)!
- 자기 종사 — 자신의 고통이나 상처를 연구한다. 자기 경험 그룹에 속해서 공동 연구하는 것이 가장 이상적이다.

여기서 중요한 것은 컬트의 중심이 바로 개개인의 '자아'가 되는 종교적 묵상이다. 사람들은 스스로에게 도취된다—자아가 자신을 약물처럼 복용하는 것이다. 자기 실현은 모든 자아의 아편이다. 다르게 표현하면, 현대의 절대 자아가 내적 구속력을 필요로 하기 때문에, 개인화 자체가 종교가 된다.

### 전제적 신들의 데이터 흔적

"자아는 스스로에 대한 개인적인 평가다"—아서 크롤(Arthur M. Kroll)의 멋진 관용구는 자아는 곧 자기 평가라는 것이다. 달리 표현하면, 개성이 무엇을 의미하는가는 개별적인 개인이 정할 문제다. 이는 이미 존재한다는 단순한 요구에서 충분히 정당화된다. 개성은 '독자적 질서'의 자명한 요구와 함께 등장한다. 그러나 이렇게 되면, 인간에 대한 인문주의의 독점적인 정의가 깨지게 된다. 누구나 스스로의 재단에 따라 '인간적으로' 변하는 셈이니까. 따라서 개인주의 문화에서는 인문주의의 척도도, 인간성에의 여유도 존재하지 않는다. 개성은 더이상 누군가가 촉진할 수 없다. 그것은 개개인의 일인 것이다. 개성은 자신의 독자적인 중요성을 구성한다—자기 마음에 드는 대로.

나는 나 스스로의 전제적인 신이며, 나의 독자성이란 내가 내린 결정이 낭만적으로 마법화된 우연이다. 다만 문제는 모든 사람이 나와 같다는 점이다. 그리고 여기에서 우리는 근대의 특수한 패러독스인 복사가 능한 개성이라는 문제에 직면하는데, 그것은 독자적이고자 하는 개성의 목표는 결국 다른 사람들도 모두 원하는 가장 일반적인 것이 되어버린다는 것이다 ― 바로 남들과 달라지는 것. 이제는 복사하는 방법이 독자성을 향한 길로 남아 있다. 대량 상품으로서 맞춤 생산 ― 오로지 당신에게만 어울리는 청바지. 개인이 어떤 결정을 내리든 다른 사람들도 이미 같은 결정을 내린다. 내가 남과 다르기를 원하면, 다른 사람들도 그렇다. 다른 사람들도 모두 내가 원하는 것, 누구와도 다른 독창적 개인이 되고 싶어한다. 현대사회는 개성을 가진 개인이 되라는 사회적 역할 강요가 지배한다. 다른 사람으로 교체할 수 없는 그런 개인이 돼라! 이는 개인화의 강요라는 패러독스한 지시이다. 그리고 동일한 역설은 존재의 프로그램 문구인 '자아실현'에도 숨어 있다. 여기서는 오로지 가상만이 도움이 되는데, '마치 ……처럼'이라는 가상은 안정적인 경험형식으로 빠르게 바뀐다. 왜냐하면 우리 모두 연극을 하고 있기 때문이다. 다른 사람들의 기대가 나를 개인으로 형성하고, 그렇게 나는 스스로에게 하나의 습관이 되어버린다.

'자아실현'이라는 자기 암시가 오늘날 그토록 저항할 수 없을 만큼 매력적으로 들리는 데는 두 가지 중요한 이유가 있다. 첫째, 자본주의가 '전체 인간'이라는 유령을 쫓아내는 작업으로 기획되었기 때문이다. 사람들은 정열과 그것의 불안정성을 제어하고 싶어했다. 앨버트 허시먼의 정확한 용어로 말하자면 "자본주의는 스스로의 가장 나쁜 특징으로 고발당한 바로 그것을 성취하도록 요구받았다". 문화 비판가들이 자본주의에 기인하는 것이라 비판하고 있는 소외는 사실 그들의 궁극적인 문화 능력이다. 아널드 겔런이 말한 "소외로부터의 자유의 탄생"은 이러한 맥락에서 이해할 수 있다. 둘째, 생태학과 개인주의를 사회적인 환경의 문제로 이해해야 한다. 사회 시스템이 자신의 환경에서 분리되자마자 '자연'과 '인간'이 등장하기 때문이다. 그렇기 때문에 현대사회가 '전체 인간'을 제외하고 있다고 말할 수 있다. 사회적인 시스템은 '전체 인간'과는 아무것도 시작할 수 없다. 바로 이러한 이유로 자유가 존재한다. 그러나 '의미의 문제'와 '정체성의 위기'가 존재하는 것 또한 그 때문이다.

인간은 어떠한 개체 발달 기록도 갖고 있지 않다. 따라서 정체성의 공식이 필요하다. 지크문트 바우만은 포스트모던 사회가 정체성의 전문가들에게 지배를 받게 될 것이라고 말한다. '전체 인간'이 현대사회에게서 배제되기 때문에, 어느 때보다도 보호에 대한 욕구가 커진다. 사람들은 솜뭉치로 둘둘 싸이길 원하고 그렇게 ― 발터 벤야민의 놀랍도록 정확한 용어로 ― "케이스 안의 인간(Etui-Menschen)"이 되는 것이다. 오늘날에는 이것을 코쿠닝이라 바꾸어 부를 뿐이다. 작고 쾌적한 공간 안에 있는 나와 나의 매그넘. 매일같이 빗속에서 교정의 낙숫물에 미끄러지는 교사는 오로지 자신의 오펠 아스트라*가 제공하는 한 조각 위로가 되는 세상에서만 이러한 충격을 흡수할 수 있다. 중동에 도착한 사업가를 맞이하는 것은 땀냄새와 고함이지만, 렌트한 메르세데스 벤츠의 문을 여는 순간, 벌써 치유의 서구세계가 그를 다시 휘감는 것이다.

이것은 포스트모던의 관광산업에서도 특징적인 일이다: 표본으로서의 모험. 보험회사로서의 세계에서 불확실성은 하나의 매력이다. 위험하게 살기 ― 휴가 때만큼은. 필요한 것은 위험으로부터 구해주는 지도자가 아니라, 위험으로 유혹하는 자이다. 그리고 정체성 자체가 모험이 된다는 사실도 여기에 부합한다. 나는 모험한다, 고로 존재한다. 물론 이 모든 것은 멀티컬처 이데올로기의 안전한 고치 안에서만 일어난다. 이국

---

* 독일의 대중적인 자동차 브랜드 가운데 하나.

적인 것을 판매하는 시장으로서의 세계. 사람들은 콜롬비아산 커피를 즐겨 마실 수 있고 태국 음식을 좋아할 수 있다. 팔레스타인산 숄을 걸치고 쿠르드족을 지지할 수 있다. 그러나 이 모든 것에는 어떤 의무도 따르지 않고, 내일이면 쉽게 바꿀 수도 있다. 문화들의 차이는 관광산업을 위한 브랜드로 상표화되어버린다. 관광산업은 이에 따라 "홈 플러스(home plus)"(폴 세로Paul Theroux)로 작용하는 것이다. 관광객들이 포스트모던한 존재의 화신이 되는 이유가 바로 여기에 있다. "빈틈없이 조절된 삼투성의 거품 속에 둘러싸이는 것."(지크문트 바우만)

경제 분야에서는 스스로를 개인으로 이해하는 인간이 심각한 환경 문제가 된다. 그는 더이상 대중의 일부이고 싶어하지 않는다. 심지어 오늘날에는 이른바 '목표 설정(Targeting)'의 대상이 되는 목표집단조차 공허해졌다. 그러므로 개성은 경제의 문젯거리가 되는데, 이는 소비 행동을 예측할 수 없음을 의미한다. 누구나 자신만의 하위 문화가 되는 것이다. 소비자는 미지의 존재이다. 그렇기 때문에 새로운 마케팅은 개인을 컬트의 중심과 매체효과로 구성해야 한다. 여기에 컬트 마케팅으로 의미형식을 제공한다. 디렉트 마케팅으로는 소비자를 새로운 매체의 네트워크 속으로 끌어들인다. 제3장에서 설명했듯이, 바로 브랜드, 매체, 그리고 신화만이 여기에서 조화로운 화음을 이룰 수 있다.

개인이라는 컬트를 매체기술적으로 후원하는 것은 **포인트 캐스팅**(Point Casting), 즉 컴퓨터로 지원되는 마이크로 마케팅이다. 여기에서 소비자의 개인적인 프로필이 생성된다. 마케팅 분야에서 개인은 네트워크에 남은 데이터의 흔적이다. 컴퓨터는 피드백과정을 통해 소비자의 패턴을 만들어내고 이것으로 마케팅이라는 마술을 부릴 수 있다. 이러한 관점에서는, 개인은 결국 데이터베이스의 창조물로 컴퓨터 시대의 마케팅 아이디어라는 주장을 할 수 있게 되고, 대량 생산품으로서의 개성도 기술적으로 가능해진다.

    전자적인 디렉트 마케팅에 너무 많은 것이 요구된다면, 시너지 효과를 노리는 컬트 마케팅으로 보충할 수 있다. 컬트 마케팅은 이야기를 독자적으로 구성하는 데 있어 형식의 도움을 주는데, '개인'은 바로 이러한 이야기에 스스로를 일치시켜 정체성을 형성한다. 그러나 컬트 마케팅이 수행하는 의미론적인 과제는 여기서 끝나지 않는다. 개성의 평가절상은 사회적 결속력이 그 외의 다른 곳에서는 안정적이어야 한다는 것을 전제하고 있다. 즉 이전에 신뢰받던 목표 그룹이 해체된 바로 그 자리에서 말이다. 그곳에서 이제 우리는 사회적인 장식으로서 개인화를 보상해줄 청소년 컬트와 사교집단들을 만난다. 그리고 이러한 장면들의 의미론을 후원해주는 것이 바로 컬트 마케팅이다.

**아이덴티티 메이크업**

    그러나 어떻게 이것이 가능해졌을까? 인생의 의미를 고민하는 사람이나 중년의 위기를 느끼는 사람은 다른 사람들에게서 이런 말을 듣게 될지도 모른다는 것을 예상해야 한다. "걱정도 팔자네!" 이러한 반응 뒤에는 물론 아주 노골적인 의혹이 숨어 있는데, 몰두할 만한 과제가 따로 없는 사람들만 스스로를 문제 삼는다는 것이다. 이렇게 의미의 위기와 자아실현이라는 치료 제안이 형성된다. 자아실현의 궁극적인 문제는 — 헤르만 뤼베의 정확한 관찰에 따르면 — 자유가 의미로 둔갑한다는 데 놓여 있다. 사실 자아실현은 자유와는 더이상 관계가 없다고

해야 한다. 중요한 것은 오히려 여가 시간의 소일거리 반대편에 놓여 있는 자기 종사(동시에 자기 확인)이며 예를 들면 보벡 성의 보존을 위한 시민 단체나 그린피스의 캠페인, 철인 3종 경기 같은 것들이다.

여기서 차이와 일치 사이에 합선이 일어나는데, 이것이 우리의 현대 문화를 특징짓는 듯하다. 그것은 모든 사람이 모두와 다르기를 원한다는 것이다. 대안적인 인생은 새로운 속물적 생활 태도로, 그리고 하위 문화는 메인스트림이 되어버린다. 모든 멍청이들이 다르게 생각하는 사상가인 양 자신을 소개한다. 이것이 자기 연출의 세계다. 인생은 스스로를 연출하고 자신의 정체성을 고안해낸다. 사람들은 자신을 변화시킬 수는 없지만, 바꾸어 설명하고 새로운 "아이덴티티 메이크업"(오도 마르크바르트)으로 치장한다. 일반적으로 여자들이 아직 자신의 화장한 얼굴과 맨 얼굴을 구분할 수 있는 반면, '개인'은 자신의 유일무이한 '정체성'을 확고하게 믿는다.

이 모든 것은 우리 사회가 스스로의 자전적인 역사를 선택해 구성하는 것을 허락하지 않았다면 불가능했을 것이다. 나는 인류학 — 혹은 치의학 — 을 전공하다가 이 년 동안 미국이나 오더 강 옆의 프랑크푸르트에 체류했고 — 학업을 중단하고 — 텔레비전에 출연하게 되었거나 트렌드 전문가가 되었다. 각각의 독자적인 이력의 직렬접속식 선택은 아무것도 의미하지 않는다. 그리고 이것은 다른 사람과의 관계에도 그대로 적용할 수 있는데, 여기에도 에러와 재시도의 논리가 지배하고 있다. 결혼생활이란 '친화력'*이라는 원칙에 따른 관계 테스트이며, 이혼은 관계의 덫에서 스스로를 해방하는 것으로 이해된다. 팀이나 파트너

---

* 화학반응이 진행되어 어떤 화합물이 생길 때 각 원소 사이에 작용하는 힘. 이를 남녀관계에 적용한 괴테의 소설 『친화력』(1809)이 유명하다.

는 교체를 목표로 하고 있다. 그러므로 자아실현 문화의 근본적인 특징은 자아가 자신의 경계를 불가침으로 표시하는 제스처이다. 그리고 이러한 불가침성이 다른 모든 것들을 종속시키고 있기 때문에, 개인화에 대한 강요라는 역설적인 결과를 낳게 된다. 그러나 아주 일반적으로 말해서, 유일무이한 독자적 존재가 되라는 것은 너무 무리한 요구다. 이렇게 일상이라는 연극 무대의 극적인 효과로서 자아가 생겨난다.

우리는 이미 오래전부터 일종의 일상적 예술 종교와 관계해왔다. 종교의식이나 생활양식처럼 긍정적으로 여겨지는 개념이 이것을 분명하게 보여주고 있다. 그리고 언제나 이해할 수 없는 오늘날의 청소년들을 이해하려는 사람은, 집단사회학보다는 장면의 미학에서 더 많은 조언을 얻을 수 있을 것이다. 경제도 이미 오래전부터 이에 적응하고 있었다. 고객과의 대화는 더이상 USP*가 아니라 컬트 마케팅을 목표로 한다. 그들은 이제 가격이 아니라 이벤트로 유인하는 것이다. 경제는, 우리 모두가 그 안에서 자기 연출의 모델을 찾고 있는 매체현실로부터 이러한 것을 배웠다. 자아를 추구하려는 사람은 쇼핑을 하러 간다. 코울머스는 이렇게 말한다. "백화점에서는 상품만 구입하는 것이 아니라, 자신의 자아상을 함께 구입한다." 쇼핑은 자아 정체성의 섬세한 조율이다.

"오직 미학적으로만 실제의 내가 아니고자 하는 욕망이 성취된다"고 철학자 한스 블루멘베르크는 말한다. 이 때문에 캘빈 클라인의 향수 이름이 탈출(Escape)인 것이다. 이는 자아실현의 원대한 치유의 약속인 현실로부터의 도주를 의미한다. 그리고 카네기가 자아를 마케팅 대상으로 발굴했을 때부터, 현실로부터의 탈출은 메인스트림으로부터의 집

---

* Unique Selling Proposition, 광고에서의 독점 상품 제안.

단적인 도주라는 멋진 역설로 조직되었다. 이러한 패러독스는 물론 패션 산업에서 가장 놀라운 성과를 거두었다. 대중이 린다 에반젤리스타나 클라우디아 시퍼 같은 톱 모델을 모두 숭배하게 된다면, 결과적으로 자아실현의 미학에서 스스로의 지위를 상실해버리기 때문이다. 이 같은 맥락에서 독일의 디자이너 볼프강 욥(Wolfgang Joop)은 슈피겔과의 인터뷰(1998년 42호)에서 완벽하지 않음이라는 새로운 디자인 원칙을 이야기한다. "지금은 약간의 결점이 아름다움이다. (……) 의도적으로 스스로를 이상형에서 분리하고, 개인적인 결점을 숨기기보다는 당당하게 드러내는 사람만이 독자성을 강조할 수 있다."

나는 흠이 있다, 고로 존재한다. 미세한 차이, 괴벽, 실수가 이제는 정체성의 기호가 된다. 차이여, 영원할지어다. 예를 들면 늘씬하고 긴 다리를 가진 글래머 금발 미인이라는 미의 이상형에 대한 차이 말이다. 오늘날의 유행 덕분에 완벽함에 대한 반감은 세련되어간다. 눈에 보이도록 드러낸 상처는 내가 남과 다른 존재라는 것을 보장해준다—이는 순교자 패션처럼 종교적인 것이며, "보통 때는 부끄러워 숨기고 있던 것을 공적으로 노출함"(욥)으로써 아름다운 것만 추종하던 조야한 사람들을 부끄럽게 만드는 것이다. 그러므로 고광택 표지의 패션잡지들은 단순한 아름다움과는 작별한다—그리고 물론 유행의 논리를 따라 곧장 극단적인 것으로 향하는데, 이런 식으로 여성잡지 *데이즈드 앤 컨퓨즈드 Dazed and Cofused*는 장애인을 모델로 모집했다. 그리고 새로운 장애인 미학의 슈퍼스타 에이미 멀린스(Aimee Mullins)는 이러한 미학 윤리를 다음과 같이 설명한다. "나는 사람들이 장애에도 불구하고 내가 아름답다고 생각하는 걸 좋아하지 않는다. 그보다 장애 때문에 아름답다고 생각하는 것이 좋다."

## 욕망의 힘

밀턴 프리드먼(Milton Friedman)은 『가격이론 Price Theory』에 이렇게 쓰고 있다. "경제학자는 욕망의 형성에 대해서는 할말이 별로 없다." 경제학자는 욕망의 세계에 대해서는 아는 바가 없다. 이것은 놀라우리만큼 간단히 설명할 수 있는데, 경제학의 엄격한 형식주의는 프로이트가 무의식을 발견한 데 대한 반동의 형성으로 이해되기 때문이다. 심리 분석이 충격적인 방법으로 우리를 욕망의 카오스와 대면하도록 만드는 동안, 경제학은 이성의 질서 안으로 후퇴했다. 이 때문에 표본화된 호모 에코노미쿠스는 "이성적인 바보"(센)인 것이다. 즉, 소비자를 이성적인 시장 참여자로 상정하는 경제인들 특유의 어리석음이다. 오늘날 우리가 이와는 다른 시각을 가질 수 있게 된 것에 대해 자본주의의 승리에 어느 정도 감사해야 한다. 자본주의가 승리함으로써 경제의 비경제적인 힘들에 대한 시각도 마침내 가능해졌기 때문이다. "생산소비자(Prosumer)"(앨빈 토플러)나 충동구매자, 혹은 일 중독자 같은 유형만 보더라도, 포스트모던 시장의 문제가 욕구와 향유만이 아니라는 것이 금세 분명해진다.

엄격하게 살펴보면 심지어 소비라는 개념 자체도 이제는 혼동을 준다. 보이지 않는 것의 경제에서는 오히려 공급이 수요를 창출하기 때문이다. 만약 서구 사회에서처럼 원칙적으로 기본적인 욕구가 모두 충족된다면, 이제는 다음과 같은 것이 유효하다. "당신은 그것을 소유하고 나서야 비로소 그것을 필요로 하게 된다."(제롬 브루너Jerome S. Bruner) 휴대폰을 구입하고 나서야, 나는 내가 휴대폰 없이는 살 수 없었다는 것을 알게 된다. 그렇기 때문에 사람들은 이미 소유하고 있는 상품의 광고에도 관심을 갖는 것이다. 이제 다음과 같은 정의를 이끌어낼 수 있다. 마케팅이란 인공적인 욕구들을 창출해내는 것이다. 이것은 점차 고조되는 욕망의 소용돌이를 만들어낸다. 여기에서 중점이 되는 것은 식욕과 같은 의미에서의 욕구가 아니라 간격 없이 반복되는 무언가 새로운 것이다. 자연스러운 욕구는 일정한 기간을 두고 규칙적으로 등장한다. 간격 없이 계속되는 새로움의 유희는 이와는 다르다. 이것은 다음 원칙을 따른다. 동전을 넣고 게임을 다시 시작하세요(Encore, play it again), 어제 했던 옛날이야기, 또 해주세요!

이로써 우리는 이제 합리적인 호모 에코노미쿠스의 유령을 떠나 그 반대 지점인 갈망, 소원, 무의식적인 것과 가까워진다. 무의식적인 것이라는 마지막 요소는 상상을 뜻하는데, 그중에서도 금지된 것들에 대한 상상이다. 심리 분석은 이를 욕망세계의 기본 원칙으로 형식화할 수 있다. 욕망되는 것은 금지된 것이다. 그러므로 우리에게 가장 가치 있는 것은 방해를 뚫고 나온 상상이다. 그렇지만 욕망되는 것이 금지된 것이라면, 사람들에게 원하는 것이 무엇인지 물어보는 것은 무의미한 일이다. 자신이 무엇을 원하는지 아는 사람도 없고, 그 무엇이 욕망을 채워준다고 말할 수도 없다. 야자수 천국, 이상형의 여인, 세계적 명성, 이 모든 것은 할리우드 영화나 광택 나는 잡지 표지의 상상 속 세계에서 존재한다. 그렇기 때문에 니체와 함께 이렇게 주장할 수 있다. "사람들은 자신의 욕망을 사랑하는 것이지, 욕망하고 있는 대상을 사랑하는 것이 아니다."

욕망하는 것은 구매할 수 있는 것이 아니다. 그러나 우리는 상품을 통해 욕망을 인정할 수는 있다. 그러기 위해서는 상품이 정신적으로 풍부한 부가가치를 소유하고 있어야 한다. 다른 말로 하면, 욕망을 객체로써 만족시킬 수 없다면, 이차적 차원의 상품을 욕망하도록 유혹해야 한다. 뒤에서 이에 대해 다시 언급할 텐데, 지금은 먼저 다음과 같은 사실을 확실히 하도록 하자. 경제를 위해서는 다행스럽게도 인간의 욕망은 언제나 명명할 수 없는 것을 목표로 하고 있다는 것이다. 이 때문에 사람들은 구매하고 구매하고 또 구매한다. 바로 여기에서 소비의 신비주의를 이야기할 수 있다. 쇼핑은 성배를 찾아 나서는 세속적이고 일상적인 추구라는 것이다. 대중문화의 서정시로 이것을 형식화하면, 나는 도무지 만족할 수가 없다.* 이것이 바로 모든 욕망하기의 비밀이다.

점점 더 많은 것에 대한 채워지지 않는 욕망이라는 탐욕 현상에 부딪히게 되면, 이성적으로 계산하고 있는 시장 참여자의 이미지는 점점 더 유지할 수 없어진다. 형식주의 경제학의 '이성적인 바보'는 소비가 욕구를 더 상승시킨다는 사실 앞에 어쩔 줄 모르고 서 있다. 그리고 이러한 불만은 도취를 위해 악습의 용량을 점점 더 늘려야 하는 중독자들뿐만 아니라, '윤리적으로' 살면 살수록 초자아가 더욱 엄격해지는 도덕군자들에게도 나타난다. 도덕주의 또한 만족할 줄 모르고 '위선적인 도덕'을 소비하는 중독이다. 악습과 마찬가지로 도덕도 욕망의 무한함을 보여주고 있다.

다음 장에서 우리는 이 끝없는 욕망이 오로지 돈을 향해서만 스스로를 유의미하게 설정할 수 있다는 점을 확인하게 될 것이다. 왜냐하면 돈은 실망에 대한 면역으로 작용하기 때문이다. 그러나 욕망이 아직 승인되지 않은 동안에는, 그것은 먼저 라이벌로, 그 다음에는 경제적인 경쟁자로 등장하는 타자에게서만 발견할 수 있다. 기독교는 이웃을 자

---

* 'I can't get no satisfaction', 롤링스톤스의 노래 제목.

신처럼 사랑하라고 요구하는데, 그것은 바로 이웃이 나의 라이벌이기 때문이다. 그리고 경쟁은 모든 인간관계의 핵심이 파괴적이라는 것을 의미한다. 자녀가 있는 사람들은 다른 친구들이 갖고 있다는 이유만으로 무엇인가를 갖고 싶어하는 아이들을 매일같이 경험할 것이다. 원하는 것은 대상 자체가 아니라, 자신의 욕망에 대한 승인이다. 나의 라이벌이 원하는 것이 욕망할 가치가 있는 것이다. 이것은 이웃의 자동차에 대한 시기(자동차 로버Rover : "당신의 이웃을 놀라게 하세요!")에서부터 남녀간의 질투까지를 모두 포함한다. 라이벌이 나의 모델이다. 그가 원하는 것이 나에게 욕망의 대상을 지시해준다. 다른 말로 하면, 욕망은 자기 관찰의 맹점이다. 그렇기 때문에 고객이 무엇을 원하는지 묻는 것은 무의미하다. 그는 그것을 본 다음에야—즉 다른 사람이 갖고 있는 것이 무엇인지 알게 된 다음에야—자신이 무엇을 원하는지 알 수 있다.

   소비는 바로 이러한 뜨거운 욕망을 다루는 가장 평화로운 형식이다. 사람들은 도달할 수 없고 그래서 모호한 욕망의 대상에 대한 대체물을 구매할 수 있다. 욕망이 승인되지 않고 진정되지 않는 한—'만족'이 아니라 '진정'이다—나는 그 욕망을 다른 사람에게서만 볼 수 있다. 그렇기 때문에 다른 사람, 무엇보다도 가장 가까이에 있는 사람이 나의 라이벌이고 경쟁자가 된다. 그리고 어린아이들끼리의 놀이든 정치든 경제 분야에서의 경쟁이든 간에—이에 해당되는 공통적이고 어두운 비밀은 그것이 욕망의 경쟁관계라는 점이다.

   이러한 비밀을 어두운 비밀이라고 했는데, 욕망의 경쟁관계에는 폭력이 매복해 있기 때문이다. 여기서도 놀이방의 어린아이들이나 세계 경제의 글로벌 플레이어를 살펴보는 것이 많은 가르침을 준다. 폭력은 대상의 가치를 평가절상한다. 그리고 이것은 외국인 증오와 성범죄에 이르는 일상의 뉴스에서 폭력이 암호화되는 결과를 낳는다. 승인을 받지 못한 욕망은 타자를 파괴하는 것으로 돌변하는 것이다. 파괴는 스스로를 지배자로 만들려는 원초적인 방식이다. 그리고 여기서 선한 인간을 치유제로 처방하는 것 자체가 병이라는 것도 더욱 분명하게 증명된다. 분명히 말해서, 차이의 상실이 경쟁을 낳고, 이에 대해서는 차이에 책임을 묻게 된다. 그러므로 현대의 평등 원칙이 폭력을 낳는다.

이것을 이해한 사람은 원칙적으로 제도에 동의해야 할 것이다. 제도가 경쟁을 제식화하고 있기 때문이다. 물론 어떠한 제도도 위계관계 없이는 작동하지 않는다. 그리고 위계관계는 근본적으로 비민주적이기 때문에 오늘날 그다지 인기가 없다. 모든 세계가 탈위계(Heterarchie)나, 적어도 위계질서의 완화를 요구하고 있다. 그러면 마치 모두가 권력을 잡게 되고 더이상 노예는 존재하지 않으며 오직 능력만이 승리를 획득하게 될 것처럼 말이다. 이보다 더 순진한 생각은 없다. 여러 면에서 앞서나간다고 평가받는 미국만 살펴보아도 알 수 있듯, 바로 그럴수록 더욱 냉혹한 서열이 존재하기 때문에 위계질서를 무시하고 있는 것뿐이다. 모든 사람을 존칭 없이 밥이나 제인으로 부를 수 있지만, 언제 누가 무엇을 말했으며, 누가 누구를 해고할 수 있느냐는 사실은 단 한 순간도 잊어서는 안 된다. 형식화해보면 제도가 덜 지배하는 곳일수록, 일상은 사회적 비교(social comparison)의 빛 속에서 점점 더 냉혹하게 빛나는 것이다.

다시 한번 말하면, 겉보기에 위계가 사라진 듯한 바로 그곳에, 그러니까 모든 사람이 존이나 빌이라고 불리는 그곳에 사회의 서열(pecking order)이 존재한다. 이러한 서열은 위계질서가 아니라, 사회적 비교 위로 작동하며, 대부분 지위의 종교의식보다 훨씬 냉혹하다. 사람들은 사장과 허물없이 반말로 이야기할 수 있지만, 그가 사장이라는 것을 절대 잊어서는 안 된다. 이러한 숨은 경쟁이야말로 최근 몇 년간 가장 많이 주목받으며 관찰된 직장에서의 심리테러(Mobbing) 뒤에 숨겨져 있는 정황이기도 하다. 나는 창이 넓은 사무실이 있는가? 지하에 지정 주차장소가 있는가? 컬러 명함은? 사장의 생일 파티에 초대를 받는가? 승인을 위한 싸움은 사소한 일도 놓치지 않는다.

유럽에서는 돈에 대해 이야기하는 것을 꺼리는 반면, 잘 알려진 대로 미국에서는 자신이 번 돈에 대하여 자부심을 갖는 것을 당연시하는데, 그것은 돈이 새로운 신이기 때문이며, 가시적인 성공을 사회적 선망으로 승인해주기 때문이다. 약화된 제도와 위계질서의 해체는 이제 사회에 명성과 성공에 대한 긍정적인 개념이 퍼지고 있다는 것을 전제로 한다. 이미 클라우제비츠(Clausewitz)는 독일인들이 명예와 명성이라는 개념을 단지 명예욕과 공명심으로 고발하는 표현양식으로만 알고 있다고 지적했다. 아마도 이것이 독일인들이 세계에는 주체와 객체뿐만 아니라, 제삼자도 존재한다는 것을 인식하기 어려운 가장 큰 이유인 듯하다. 여기에서 의미하는 제삼자란 바로 르네 지라르의 주제이기도 한 라이벌이다. 또 미셸 세르의 주제인 기생물을 지칭하기도 한다.

그리고 이로 인해서 우리는 전통적인 경제학자들의 '이성적인 바보'가 전혀 알고 싶어하지 않는 생산력의 요소를 경험하게 된다―승인, 확인, 자랑스러움과 명예. 보해넌(Bohannan)의 용어로 말하자면 "가장 순수한 가치는 명성"이다. 게오르크 프랑크(Georg Franck)에게 보이지 않는 경제의 가장 중요한 요소는 존중받는다는 것에 대한 욕망이다. 그렇기 때문에 돈과 정보의 저편에 주의력을 다루는 경제가 나타나고 있는 것이다. "명성은 전문적인 존중에서 공고화된 수익이다. 사람들은 부유해지기 위해서가 아니라, 유명해지고 싶어서 예술가가 되는 것이다. 명성은 존중받는 일에서의 고소득을 나타낸다." 나는 차별화되고 싶다(I want to make a difference)고 미국인들은 말한다. 나는 무언가 의미 있는 일을 하고 싶다. 사람들이 자신의 일에서 무엇보다도 승인을 중요하게 여긴다면, 서비스 산업은 다음과 같은 역설에 봉착하게 된다. 이 경우 자부심은 남을 위한 봉사, 즉 자신이 제공하는 서비스로부터 나와야 한다.

### 이차적 욕망

우리의 숙고를 위해 안정적인 출발점이 되어줄 수 있는 것은 매슬로(Maslow)의 욕구의 위계질서다.

- 배고픔과 성욕은 가장 기본적인 원동력이다. 이 부분에 정통하고 싶은 사람은 프로이트의 책을 찾아볼 것.
- 이러한 단순한 생존이 확실할 경우, 타자의 공격 앞에서의 안전이 가장 시급한 욕구이다. 국가가 어떻게 이러한 욕구를 충족시켜주는지에 대해 토머스 홉스보다 적절하게 표현한 사람은 없다. 국가는 "복종"에 대해 "방어"를 제공해주고 있다는 것이다. 즉 국가의 보호에 대한 보상으로 우리는 복종을 제공한다.
- 일단 국가가 폭력의 독점을 통해 사람들이 서로의 머리를 내려치지 못하도록 안전을 보장해준다면, 그 다음으로는 어떻게 공동체가 가

능한지 물을 수 있다. 그리고 사랑을, 더 정확하게는 사회학자 에밀 뒤르켐이 사회적 끈이라고 명명한 것을 발견한다.
- 승인을 위한 싸움이 전체 사회생활을 어떻게 각인하는지 알렉상드르 코제브가 주인과 노예의 변증법에 대한 탁월한 분석에서 분명하게 설명했다. 그리고 바로 이어서 프랜시스 후쿠야마는 "역사의 종말"을 선언했다.
- 자기 실현의 특수한 환경은 포스트 물질주의적인 소비를 세련되게 한다 — 바로 우리의 주제이다.

좀더 세부적인 욕구 구조를 이해하기 위해, 먼저 이들이 인스턴트 만족감(Instant Gratification)이라는 비욕구에 대한 배타적인 태도와는 거리가 멀다는 것을 분명히 해야 한다. 여기 간단한 예가 있다. 나는 빈둥거리며 아무 일도 하고 싶지 않다. 여기에 친절한 평화 교란자가 등장해 나에게 조깅을 권한다. 처음에는 괴롭지만, 늦어도 샤워를 하고 난 후에는 나는 그에게 감사하는 마음을 갖게 된다. 이것은 사람들이 스스로의 선호 경향을 거슬러올라가 얻은 즐거움이다. 단지 비욕구만이 욕구를 만들어낸다. 여러 가지 소비 능력, 예를 들어 독서라든지 테니스, 서핑, 굴 먹기 등은 먼저 그 규칙에 따라 배워야 하는 것이다.

이를테면 해변의 야자수 아래 누워 캄파리를 마시며 햇빛에 눈부셔 하는 것을 행복이라고 생각하는 사람들이 있다. 혹은 당신은 빈둥거리는 것을 지루하다고 생각하는 타입인가? 그렇다면 당신은 즐거움보다 욕망을 선호하는 사람이다. 지루함이란 곧 욕망한다는 것에 대한 욕망이다.(애덤 필립스Adam Phillips) 여기에서 문제는 이차적 욕구, 즉 특정한 욕구를 갖는 욕구이다. 레인보 전사로 환경을 구하는 것은 얼마나 멋진 일일까! 그러나 이것이 물론 내가 그린피스의 일원으로 일하고 있다는 의미는 아니다. 중요한 것은 욕망이지, 욕망의 성취가 아닌 것이다. "그가 원하는 것은 욕망을 맛보는 일이다." 해리 프랭크퍼트는 '이차적 욕망'에 대해 이렇게 지적한다. 다른 존재가 되고 싶어하는 사람은 특정한 것에 대한 욕망이 아니라, 욕망에 대한 욕망을 갖고 있다는 것이다.

낮에는 잡지에서 추천하는 다이어트 요법을 하고, 저녁에는 초콜릿으로 군것질을 한다—내가 달콤한 것을 즐기는 일보다 멋진 몸매를 유지하는 일을 더 중요하게 여긴다면 얼마나 좋을까! 딱 한 잔만 더 마시고 싶지만, 사실 정말로 술을 끊고 싶다! 언제나 할리우드 오락영화만 즐겨 보지만 나도 사실은 예술에 더 관심이 많은 사람이 되고 싶다. 이처럼 하나의 욕망에 대한 욕망 다음에 또다른 욕망이 생겨난다. 다른 말로 하면, 선호하는 것뿐만 아니라 선호를 위한 선호 또한 존재한다. 그리고 사람들이 스스로의 가치를 높게 평가하려 하기 때문에 메타 선호도 존재한다.

교육과 교양은 바로 이러한 맥락에서 결정적인 기능을 갖는다. 당신은 선호 대상의 변경 가능성을 향상해야 한다. 이전에 나는—인스턴트 만족감—오로지 텔레비전만 봤다. 지금의 나는 안데스 산맥에서 온 서정시를 읽고 있다. 이러한 메타 선호는 사람들로 하여금 원래 원하던 것과는 반대되는 것을 선택하게 할 정도로 고양될 수 있다. 비록 독일 사민당(SPD)이 나 같은 사람들에게 질투 섞인 세금을 부과함으로써 사회적인 책임을 지우려 하지만, 사회민주주의 문화가 나의 자아 진화성에 적합한 것이기 때문에 나는 선거에서 기꺼이 사민당에 투표한다. 미국인들은 이러한 종류의 행동을 상당히 번역하기 어려운 용어인 커미트먼트(Commitment, 위임/약속/책임/현실참여)라고 부른다. 이것은 "역-우선적인 선택(counter-preferential choice)"(센)을 포함하고 있는데, 이들은 보편주의적 도덕과 거리가 멀지만, 그만큼 이기주의와도 멀리 떨어져 있다. 아마도 커미트먼트는 공공의 자산, 즉 깨끗한 공기, 훼손되지 않은 자연, 그리고 참여, 공동체, 안정 같은 것에 대한 배려라고 정의할 수 있을 것이다. 공공자산은 많은 사람이 이용할 수 있다. 그리고 예를 들어 월드컵 우승 국가의 위신처럼 눈에 보이지 않는 것이기도 하다.

### 정치적인 것의 소비

사회학자 캠벨과 브릭먼은 현대사회를 "쾌락의 트레드밀"로 묘사했다. 불평의 내용은 변하지만, 불평하는 사람은 언제나 존재한다는 것을 의미한다. 현대사회는 불만족을 높은 수준으로 연마한다. 행복 추구 자체가 행복의 대체물이 된다. 행복의 추구는 "추구하는 데서 오는 행복"(허시먼)을 가져다준다. 이것이 정치적 참여의 동력을 형성한다. 사람들은 미래의 불확실성을 '운동에 참여한다는 확실성'을 통해 보상할 수 있다. 나는 항의한다, 고로 존재한다. 아주 유명해진 개념 "이동하는 관여성(shifting involvements)"으로 허시먼은 포스트모던에서 정치적 참여가 대부분 소비의 실망으로부터 도주하는 데서 비롯된 것이라고 탁월하게 관찰했다. 다시 말하면, 정치적 참여조차도 하나의 소비형식인 것이다. 이러한 시각은 참여 자체에도 비용이 든다는 — 무엇보다도 시간 — 사실의 방해를 받는다. 그러나 정치적 참여는 언제나 정체성에 대한 투자라는 것 또한 이해해야 한다. 그리고 수단이 목표와 일치한다면, 비용이 독자적인 가치를 획득할 수 있다는 것도 이해해야 한다. 이것은 신도들의 성지 참배에도, 건강에 신경 쓰는 사람들의 트레이닝에도, 그리고 또한 시민 주도 단체의 정치적 참여에도 해당되는 것이다.

가상현실의 시대에 궁극적인 현실과 참됨, 진실 같은 것을 길 위에서 찾으려는 것은 분명 우연이 아니다. 실제로 길거리 신뢰성(Street Credibility)은 그동안 아주 중요한 마케팅의 도구였다. 그러나 길은 오늘날 진정한 현실의 장소로서뿐만 아니라, 진정으로 순수한 사회적 장소로서도 우리를 유혹한다. "개인적인 존재는 집회에 속해 있다."(고프먼) 이것은 저항의 제스처뿐만 아니라, 바로 그 반대 세계, 이를테면 즐거운 레이브 파티에도 똑같이 해당된다. 우리는 가족(We are family)은 테크노 세대의 슬로건이기도 하다. 한 가족으로서의 인류. 이러한 인류의 컬트는 하나의 세계라는 잘 알려진 경향, 즉 경제의 세계화, 매체기술로 이루어진 지구촌, 세계 경제와 훌륭히 조화를 이루는 것처럼 보인다. 벤저민 넬슨(Benjamin Nelson)은 서구 문명의 발전을 "종족 형제애로부터 보편적인 타자애로(from tribal brotherhood to universal otherhood)"라고 의미심장하게 도식화할 수 있었다. 오늘날 인류 컬트와 공동체주의는 이제 다시 사회(타자애)로부터 공동체(형제애)로의 극적인 전환을 알리고 있다.

이러한 이데올로기는 오늘날 전 세계적인 현상으로 보이지만, 그중에서도 특히 독일에서 잘 관찰할 수 있는데, 사실 가족이야말로 전쟁 후에도 유일하게 손상되지 않은 제도였다. 여기에 독일 특유의, 국가와 민족에 대한 포스트 파시즘적인 금기가 더해진다. 이것이 오늘날 가족적인 것과 인류를 합선시킨다. 그리고 (종족적인) 형제애로부터 (보편적인) 타자애로, 다시 (지구적인) 형제애로 향하는 원을 이룬다. 페르디 난트 퇴니에스(Ferdinand Tönnies)의 표현으로 종족은 "가족 이전의 가족"이었다. 인류는 이제 가족 이후의 가족이 되어야 한다. 이에 따라 현대 인간의 딜레마는 스스로를 가족의 일원이나 국가의 시민이 아닌, 또한 세계 속에서의 '타자'도 아닌 존재로 이해해야 한다는 것이다. 세계는 너무 크고, 가족은 너무 작다. 그리고 정치적인 생활 질서로서의 국가는 가치가 하락했다. 가족은 현대사회에서 몰락하지만, '가족적인 것'은 몰락하지 않았다. 그리고 바로 이것이 오늘날 인류 컬트의 발생 원인이다. 가족적인 것은 가족으로부터 해방되었다. 이것으로 문화의 무대는 평화주의의 파토스 공식이나 세계 도덕의 수사학, 연대성의 제스처, 정치적 공공성의 페미니즘화를 위해 언제라도 이용 가능해졌다.

　가족적인 것은 승전고를 울리고 있지만, 이에 반해 가족의 몰락은 피할 수 없다. 두번째 아이를 갖는 새로운 트렌드가 이러한 현상을 막아줄 수는 없다. '부분으로 이루어진' 삶의 형식으로서 가족은 기능적으로 분화된 우리 사회에서 살아남을 능력이 없다. 이것은 사회학적으로, 즉 난해하게 들리는데, 사실 이해하기에 그다지 어려운 것은 아니다. 가족의 생활은 손상되지 않은, 나이와 성별 차이에 따른 역할 구분을 전제로 하고 있다. 의문의 여지 없이 권위주의적인 구조가 작동해야만 하고, 가족 구조는 개인적 발달에서 방향 설정의 중심이어야만 한다. 물론 오늘날 우리는 이러한 시대와는 엄청나게 멀어져 있다. 사람들은 가족관계에서 오는 스트레스를 피해 주말에도 자발적으로 출근한다. 어머니들은 수천 년 동안 계속되어온 양육이라는 흡혈주의에서 해방되어 '스스로'를(그들의 자아를) "실현"하고 싶어한다. 아이들은 나이트클럽이나 거리의 공동체에서 가족 공동체보다 더 친밀한 소속감을 느낀다. 이 모든 것은 더이상 '전체' 인간으로 이루어져 있는 것이 아니라, 모든 개개인이 부분으로 나누어진 시스템의 다양함 속에 통합되어 있는 사회형식에 잘 들어맞는다. 이들은 오늘날 학생이고 기록 향상을 위해 노력하는 수영선수이며 뉴스 그룹의 멤버이거나 자발적인 소방대원이다. 그리고 이러한 소속감은 가족의 연대보다 훨씬 구속력이 강하고 형식적으로도 분명하다.

### 나이가 사라진 사회

운동선수나 록스타, 모델 등 우리 사회의 아이돌은 서른 살이 넘으면 더이상 활동하기 힘들다는 공통점을 가지고 있다. 그러나 이와 동시에 한편으로 우리는 사회에서 나이가 사라져가는 현상을 관찰할 수 있다. 그리고 바로 이 때문에 젊음과 노년을 컬트적 가치로 연출할 수 있게 된다. 여기서 젊다는 것과 나이가 들었다는 것의 관계를 좀더 정확하게 분석해보자. 나이가 들었다는 것은 젊음의 반대일 뿐만 아니라 새로움의 반대이기도 하다. 나이 많음과 경험이 전근대사회에서는 질적인 가치를 보장하는 품질 표시였으나, 근대는 여기에 급진적인 가치 전환을 몰고 왔다. 새로운 시대는, 말하자면 새로운 것에 대한 새로운 가치평가의 시대이다. 이때부터 새로운 것은 긍정적인 색인을 갖게 되었다. 또한 이때부터 젊음의 정신은 언제나 개혁의 탄생 장소가 되었다. 나이가 들었다는 것은 보수적이라는 것을 의미했다. 그들은 사회적 동력의 보기 싫은 방해요소가 되어버린 것이다.

오늘날 현대사회를 특징짓는 이러한 도식적 구분은 무너지고 있다.

우리는 개혁적 성향의 나이든 사람과 보수적 가치관을 갖고 있는 젊은 이들을 점점 더 자주 만나게 되었다. 이러한 현상은 정치에 중대한 영향을 미치게 되는데, 비판적인 의식은 그 전위를 뒤바꾸어버렸다는 것이다. 오늘날 비판적인 의식은 위험스럽고 새로운 것에 대항하여 겉보기에 더 낫고 오래된 것을 방어한다. 녹색당은 기술이라는 인공적 세계에 대항하여 옛 자연을 방어하고 있고, 인문학자들은 전자적 이미지의 홍수로부터 교양이라는 오래되고 건전한 세계를 보호하고 있다. 사회복지를 추구하는 좌파 정치가는 갈수록 세계화되어가는 경제적 필요성에 직면하여 노동조합의 사회적 업적을 방어하고 있다. 그리고 계몽된 예술가는 밀려오는 팝문화의 파도로부터 실러 극장이라는 문화적 요새를 지키고 있는 것이다.

에릭 에릭슨(Erik Erikson)은 이미 수십 년 전에 유복하고 교육받은 서구 사회의 젊은이들일수록 '사회 심리적 모라토리엄' 안에 살고 있다는 것을 관찰했다. 사회 심리적 모라토리엄이란 아주 긴 교육과정(고등교육기관+대학)을 이수하고 있는 사람들이 사회로부터 얻은 '작전 타임'을 의미한다. 그들은 이 기나긴 교육 기간 동안 사회적, 정치적 책임을 전혀 지지 않는다. 그들은 대부분 싱글로 살며 국가나 부모님의 돈으로 먹고산다. 냉정한 사회의 현실과 동떨어진 이러한 위치는 아주 쉽게 잘못된 세계상으로 이끄는데, 이러한 세계상은 세분화된 교육 덕분에 종종 더할 수 없이 지적으로 변하며 바로 이 때문에 건전한 상식으로는 더이상 움직일 수 없게 된다. 간단히 말해 교육과정에는 현실의 통제가 결여되어 있다. 교육과정은 극단적으로 지적인, 그러나 비성숙한 인간을 양성해낸다. 사람들은 최고 수준에 이른 이러한 사회적 맹목성에 대해 이야기할 수 있을 것이다. 이러한 젊은이들에 대한 논의는 미국의 대학문화에 대한 에릭슨의 첫번째 관찰 이후로 오래되었지만 그 시사성을 조금도 잃지 않은 주제이다. 오히려 '소아증에 걸린 사회' 같은 책 제목들은 서구 세계에서 젊음과 나이듦의 관계가 점차 미국화 되고 있다는 것을 알리고 있다. 요약하자면, 오늘날에는 이제 어떠한 성숙과정도 존재하지 않는다.

네가 아버지로부터 물려받은 것을 소유하기 위해서는 그것을 습득하라. 이것이 괴테 시대의 교육정신이었다면, 오늘날 문화적인 유산상속 시도는 갈수록 의미를 상실해가고 있다. 미래(Zukunft)는 더이상 근원(Herkunft)과 관계하지 않는다. 경험은 오늘날 거의 아무런 역할을 하지 못한다. 이것은 젊은이가 부모로부터 아무것도 배울 수 없다는 것을 의미한다. 전통의 방향 설정 능력은 상실되었다. 그리고 무엇이 이 자리를 대신할 수 있을지는 전적으로 불분명하다. 전통과 과거, 그리고 나이든 사람의 지혜에 대한 가치 절하는 이미 17세기의 근대의 이륙(Take off)과 함께 시작되었다. 다만 지금 이러한 문제가 결정적으로 첨예화된 것뿐이다. 이는 새로운 것이 오래된 것의 가치를 절하한다는 것과 동시에 새로운 것 스스로도 가속화되어버린 노화과정이라는 압력 아래 놓이게 되었음을 의미하기도 한다. 새로운 것은 점점 더 빨리 낡은 것이 되어버린다는 것이다. 이것이 사람들이 '가속화'라는 주제로 토론하고 있는 상황의 핵심이다. 새로운 것은 속도와 결합되어 있다. 급히 처리해야 할 것만이 중요한 것이다. 오로지 발등에 불이 떨어진 것만이 인지된다. 그리고 현대사회가 이처럼 새로운 것과 빠른 것, 가치 있는 것 사이의 강요된 연관성을 가정하고 있기 때문에, 여기에 극단적으로 반대되는 트렌드에도 이를 수 있었다. 이 트렌드의 표제어는 느림의 발견이다.

## 컬트적 가치로서의 젊음

'영원한 젊음'은 이제 나이가 들었다. 이는 세계 혁명가뿐만 아니라 대중문화의 전위에 있던 대원들에게도 해당되는 말이다. 나이가 들기 전에 차라리 죽기를 희망한 사람들은 오늘날 매체의 불멸성에 의해 건재하다. 대중음악 장르의 공룡들은 다시 새로운 순회공연에 나선다. 예를 들면 모던 토킹이나 롤링스톤스처럼 말이다. 여기서 우리는 흥미로운 패러독스와 마주하게 된다. 오십 대가 젊음의 저항을 노래하고, 백만장자가 게토의 삶을 미화한다. 거리에서 싸우는 사람*이 오늘날 미디어 제국의 주인이다. 이러한 팝 혁명의 재활용에서 '영원한 젊음'은 삶의 느낌으로 자유롭게 전환될 수 있으며 여러 세대로 확산되는 것이다. 오늘날 젊은이들은 부모와 함께 폴 매카트니의 콘서트에 간다.

이와 비슷한 것이 정치적인 젊은 세대의 운동에도 해당된다. 젊음-비판적-혁신적이라는 문화적 연상을 우리의 의식에 각인한 68세대는 지금은 모두 나이가 들었고 자리를 잡았으며 문화적으로 매우 회의적이다. 그러나 그들은 꽤 성공적으로 스스로를 '영원한 젊음'으로 오해하고 있다. 이들은 오늘날 정치와 매체, 대학에서 중요한 자리를 차지하고 있다. 이제 나이든 사람들이 젊은 사람들의 '정치적 무관심'과 부족한 '비판적 의식'을 질책하는 데 이른다. 간단하게 말하면, 나이든 이들(68세대)이 젊은이들에게 '비판적이며 정치화된 청년'이라는 오래된 이상을 상기시키면서 이의를 제기하고 있는 것이다. 이에 대해서 오늘날의 젊은이들은 대부분 동정 어린 웃음으로 반응할 뿐이다. 그들은

---

* 〈Street Fighting Man〉, 1968년도에 발표된 롤링스톤스의 곡.

나이든 이들을 미워하는 성의조차 보이지 않는다.

　나이가 사라진 사회는 나이와 나이가 들어간다는 것에 대한 일반적인 불안에 대한 반응으로 형성된다. 개개인의 삶이 더이상 '원숙' 해지지 않기 시작하면서부터, 인생의 유한성은 그 의미가 사라진 것처럼 보인다. 아브라함의 행복이었던 '나이가 들어 충분히 살고' 죽는 것보다 우리에게 낯선 것은 없다. 세대 교체를 통해 하나의 가족이 시대에 걸쳐 계속 유지된다는 것은 이미 오래전부터 인생의 의미를 확인시켜주지 못했다. 또한 인생의 의미에 대한 종교적인 대답들도 더이상 확신을 주지 못한다. 죽음은 불쾌한 일이 되어버렸다. 죽음은 이제 더 나은 세계로의 출구가 아니다. 죽어가는 사람은 후손을 통해 계속 남아 있을 수도 없다. 그리고 더 나은 사회를 위한 고귀한 희생자라는 생각도 할 수 없다. 우리가 유한한 존재라는 것은 거의 부끄러운 스캔들과 같아졌다. 그렇기 때문에 나이든 사람들은 자신의 유한성에 대항한다. 그러나 어떻게 나이에서 나이들지 않음을 구체적으로 연구할 수 있을까? 여기서 모든 기술은 육체를 속이는 것을 목표로 하기 시작했다. 그러니까 페이스 리프팅이라든가, 성형수술, 인공신체 같은 것들 말이다. 노년의 표시는 제거되거나 은폐되며, 인간과 기계의 시너지 효과는 육체의 허약함을 억제한다.

　오늘날 사이버 공간에서 육체를 잊어버리는 현상도 이와 동일한 효과를 갖는다. 컴퓨터 마니아들 사이에서는 육체를 웨트웨어(Wetware)라며 경멸적으로 부르는데, 즉 가상세계를 항해하는 데 방해가 될 뿐인 물주머니라는 것이다. 그리고 실제로 사이버 공간에서 육체의 나이는 성별과 마찬가지로 전혀 중요시되지 않는다. 셰리 터클은 이러한 맥락에서 시라노 효과에 대해 언급한다. 가상 공간에서는 누구나 자아의 여러 버전을 만들어낼 수 있다는 것이다. 즉 미국에서 말하는 **자기 패션화(Self fashioning)**이다. 그리고 여기에서는 내가 여성이든, 흑인이나 장애인이든 혹은 68세대이든 전혀 중요하지 않다. 소설 속 인물로서의 인생, 현실의 미학화, 현실화된 예술 사이버 공간은 이것들을 기술적으로 가능하게 한다. 내 이름은 간텐바인일 수도 있다.*

컬트적 가치로서의 젊음은 삶의 실제 나이로부터 해방된다. 이는 완전히 새로운 것은 아니다. 이미 20세기 초 고전적인 젊은 세대의 운동에서도 실제로는 꽤 나이가 든 '젊음'의 대표자들을 자주 만날 수 있었다. 그러므로 젊음은 정신적인 가치로, 내적인 행동양식으로, 감정 패턴(Emotional Pattern)으로 바뀐다. 이에 따라 '나이든 젊은이'나 '젊은 노인' 등의 개념은 논리적으로 발달해왔다. 연령대의 젊은이들을 위협하는 것은 오늘날 영원한 미성숙이라는 운명뿐만 아니라 한편으로는 그들의 자연스러운—바로 '젊을 수 있다는—특권의 상실이다. 그렇기 때문에 여기에서 도출되는 결론은 나이든 사람들이 젊은이들에게서 젊음을 빼앗아간다는 것이다. 팝그룹 프로디지가 "버려진 세대(the jilted generation)"라는 개념으로 부른 세대는 실제로도 뒤쳐져 있다.

어른이 된다는 것에 대한 거부는 무엇보다도 예술의 찬양을 받고 있다. 미학적 경험은 사회 심리적인 모라토리움의 특히 유혹적인 여러 형태를 후원하고 있는데, 그들은 천진난만함을 칭찬한다. 너 자신을 표현하라! 이러한 어린아이다운 키치에 고전적인 컬트가 부합한다. 다른 말로 하면, 포스트모던의 예술 경영은 비성숙함과 노화의 미리 확정된 조화 속에서 작동하고 있다. 이것은 '이해'와는 아무 관련이 없다. 젊은

---

* 막스 프리시의 소설 『내 이름을 간텐바인이라 하자』의 패러디.

사람들은 나이든 것을 무언가 이국적인 매력으로 받아들이고, 나이든 사람들은 '젊음'이라는 감정 패턴을 소유한다.

믹 재거는 이미 수십 년 전에(수십 년 전에!) 포스트모던 문화의 비밀을 노래했다. 로큰롤은 다만 과거를 재활용한 것일 뿐이다. 재활용은 오래된 것에서 새로운 무언가를 만들어내는 것(나는 양철깡통이었어요)뿐만 아니라, 오래된 것을 다시 새것으로 소개하는 기술이기도 하다. 우리는 이미 수십 년 전부터(수십 년 전부터!) 오래된 건물의 미학적인 재개발 기술에 익숙해져 있다. 연미복을 입은 햄릿, SS 친위대 제복을 입은 지크프리트, 그리고 엑스포 2000에서의 〈파우스트〉 공연(물론 페터 슈타인의 연출에 브루노 간츠의 향수 어린 연기에 힘입어)에 이르기까지. 나이가 사라진 사회에서 이러한 미학적인 발걸음은 계속 앞으로 나아간다. 리사이클링, 샘플링, 카피레프트\*, 인용, 지나간 것에 대한 향수, 이것들은 실상 동일한 근본 이념의 서로 다른 이름일 뿐이다. 아직 한 번도 밀려나지 않은 것이 다시 돌아온다. "잊혀진 적이 없었던 것이 기억된다."(오도 마르크바르트) 예술의 빠른 노령화는 오히려 나이든 예술가를 현재적으로 만든다. 토크쇼나 라이프 스타일 잡지를 보면서 사람들은 놀랍고 또 기쁘게도 현대의 고전, 귄터 그라스나 로빈 깁(Robin Gibb) 등이 아직 살아 있다는 것들을 알게 되는 것이다. "이 사람이 아직도 살아 있네!"라든가 "이 사람이 벌써 예순 살이 되었구나". 사람들은 이렇게 스스로를 역사적으로 만든다.

---

\* Copyleft, 저작권 Copyright에 반대해 사이버 공간에서 생겨난 신조어.

## 성장하는 분야: 고통

왜 사람들이 미래에도 휴가를 위해 쓰는 돈만큼 건강에 투자하지 않겠는가? 미래에도 건강은 녹슬지 않는 주요 사업이다. 보이지 않는 것의 경제라는 커다란 게임에서 이미 이 카드에 돈을 건 모든 이들에게 해당하는 좋은 소식과 나쁜 소식이 있다. 먼저 좋은 소식은 의학과 관련된 모든 직업은 위기에도 끄떡없는 성장 분야, 즉 고통이라는 영역에서 활동하고 있다는 것이다. 이에 대해서는, 사회가 점점 현대화될수록, 그만큼 사람들은 더 자신의 건강상태에 민감해진다는 확실한 사회학적 이유가 있다. 여기서 결정적인 것은, 오로지 환자만이 자기 경험으로 가는 출입구를 갖고 있다는 점이다. "몸이 안 좋아"라는 문장에 대해서는 "행복해"라든가 "두려워"라는 문장과 마찬가지로 반박을 할 수가 없다. 여기서 말할 수 있는 것은, 현대의 개인은 스스로의 고통을 관찰하는 과정 속에서 생성된다는 것이다. 그러나 이를 위해서는 훈련이 필요하다. 그러므로 상담자, 즉 고통 경험의 조언자이자 자기 구원의 트레이너가 개인을 위해 종사하게 된다. 그는 개성이 지속적인 상담의 필요성, 항구적인 치료 욕구를 통해 자신을 설명하도록 배려한다. 상담 분석 공동체 안에서는 모두 자신과 자신의 문제점에 대해 이야기하도록 격려한다. 사람들에게 이해를 못 받지 않을 것이라는 전제하에. 이렇게 우리는 점점 더 우리의 고통에 대해 민감해진다. 카를 크라우스는 이를 "증상에 대한 자부심"이라고 부른다.

민감해진다는 것은 곧 그에 대한 원인이 적음에도 불구하고 사람들이 더 많은 고통을 느낄 수 있음을 의미한다. 그러므로 고통은 성장이 유망한 분야이다. 이는 우리 문화가 단순한 인생을 최상의 가치로 인정한다는, 결코 명백하지 않은 사실을 전제로 하고 있다. 따라서 문화의 최우선권은 영혼의 고통을 발견해내고 육체의 고통을 면제해주는 일이다. 이러한 건강의 컬트에는 웰빙, 다이어트 혹은 뉴에이지 치료법 등 자기 투약(投藥)을 통한 자기 구원이 그 핵심에 놓여 있다. 여기에서 단 하나의 규준은 개인이 확장될 수 있는 한계에 대한 불가침성이다. 불교신자, 심령 과학자나 PDS* 당원까지도 모두 관용할 수 있다. 물론 흡연자는 여기에서도 해당되지 않는다!

의학적 진보의 그늘에서는 고통에 대한 예민성, 특히 '기계의학(Apparatemedizin)'으로서의 의학이 유발하는 고통에 대한 예민성도 함께 성장하고 있다. 이미 기계의학이라는 단어 자체가 비인간적으로 들리는 기술의 진보를 누설하고 있는 것이다. 이와 함께 우리는 이제 나쁜 소식에 이르게 된다. 단순히 건강식품점이나 유기농 상점, 약국, 인터넷과 처방전이 필요 없는 약품들의 위협에 직면해서만 오늘날 의학과 관련된 직업이 스스로를 방어해야 하는 것이 아니다. 그들의 문제는 훨씬 더 근본적인데, 병원뿐만 아니라 심지어 약국조차 이미 질병이라는 부정적인 아우라에 둘러싸여 있다는 것이다. 약사는 벌써 의사를, 그리고 곧 악명 높은 약물의 '위험과 부작용'을 연상시킨다.

그러나 도대체 여기서 위험은 무엇을 의미하는가? 감히 전문가의 추정과 공공의 분노라는 변수를 가진 기능이라고 정의할 수도 있다. 학문은 언제나 위험을 과소평가한다. 정치는 위험을 받아들이거나 거부한다. 여기서 분명해지는 것은 위험도 하나의 사회적인 구조라는 것이다. 그리고 경험적으로 알려진 바에 따르면, 원래 위험은 대부분 우리를 위

---

* 옛 동독 공산당의 후신인 민주사회당.

험으로부터 안전하게 해주어야 하는 보호 대책에 숨어 있는 경우가 많다. 바로 안전에 대한 조치가 위험의 원천이라는 것이다. 그렇기 때문에 위험은 절대 충분히 알 수 없으며 그 결과에 대해서도 의견 일치가 어렵다.

이는 우리가 가진 정보가 부족해서가 아니라, 그 반대다. 정보의 흐름이 곧 불확실성을 상승시킨다. 공식화해보면 정보가 많을수록, 받아들이게 되는 것은 줄어든다. 그리고 여기에 다음 사실이 추가된다. 대중매체에서의 인포테인먼트(Infotainment)가 의학적인 지식을 퍼뜨리고 있는데, 이중 대부분은 자기 투약을 위한 지침으로 이해할 수 있다. 그러나 동시에 안정성이 있는 의학적 지식은 전혀 없다는 인상 또한 함께 굳어지고 있다. 감정서들이 상충하고, 치유의 약속도 서로 다르다. 그러므로 사람들은 전문가를 신뢰할 수밖에 없는데, 한편으로는 신뢰에 대한 강요가 불신의 기후를 만들어낸다 — 이러한 사실은 전통 의학에 대해 총체적으로 비판하기에 충분하다. 의학 분야에서 가속화되고 있는 기술 진보는 우리의 신뢰를 지나치게 요구한다. 그리고 여기에서 아직은 배제할 수 없는 위험과 부작용에 관심이 집중되는 습관적인 불신이 생겨난다.

이러한 문제는 '기술적'으로가 아니라, 오로지 커뮤니케이션을 통해 해결될 수 있을 듯하다. 의학에 부족한 것은 성공이 아니라 — 의학은 오히려 자기 성공의 희생자라고 할 수 있다 — 마케팅이다. 원거리 의학의 매혹적인 가능성은 새로운 매체를 의학의 새로운 커뮤니케이션 디자인을 위해 이용하지 않는 한, 새로운 신뢰를 창조해내지 못할 것이다. 현재로서는 이에 대한 징후는 보이지 않고, 대신 대중매체에서 숙련된 솜씨로 불안의 패러독스를 활용하는 불안산업이 성공적으로 작동하고 있을 뿐이다.

철학적으로 생각하면 매우 복잡하게 들리지만, 이는 쉽게 이해할 수 있다. 불안은 역설적으로 기능한다. 불안을 진정시키려는 온갖 시도가 오히려 불안을 상승시킨다. 핵 발전소나 유전자 테크놀로지의 대변인은 이런 노래를 만들어 부를 수도 있을 것이다. "위험과 부작용에 대해서는 설명서를 읽어보시고 의사나 약사에게 문의하세요."* 이는 물론 계몽적이며 안심을 시키려는 의도지만, 오히려 역효과를 불러일으킨다. 더이상 위험하지 않은 것은 없다는 인상을 주는 것이다. 이렇게 우리는 계속 비자발적으로 위험을 감수해야 하는 상황에 처하게 된다. 그리고 비자발적으로 노출된 위험에 대해서는 과대평가를 하기 마련이다. 번지점프를 하거나 안개 속을 시속 150킬로미터로 운전하는 일 등은 위험을 무릅쓰고 한번 해볼 수 있다. 그러나 광우병이나 오존 지수의 상승 같은 위험은 도저히 견딜 수 없다.

대중매체는 이러한 위험에 대해 분열적으로 인지하도록 후원하고 희생자가 되는 태도를 습득하도록 가르친다. 그렇게 매일 밤 텔레비전 앞으로 불안의 공동체가 모여든다. 여기서 위험으로부터 위협받고 있다는 감정은 비자발성의 정도뿐만 아니라 비가시성의 정도에 따라서도 상승한다는 정황이 특히 중요하다. 불안의 문화는 바로 위협의 정신주의로부터 촉진되고 있다. 핵 방사능이나 독, 광우병이나 에이즈 등 가장 치명적인 것은 언제나 눈에 보이지 않는다. 여기서 누가 감히 인생이 더 위험해지고 있다는 사실을 의심할 것인가? 그러나 불안은 여기서 그다지 도움이 되지 않는 조언자이다. 혹은 메리 더글러스나 아론

---

* 독일 의약품 광고에 의무적으로 들어가야 하는 문구.

윌다브스키와 함께 말하자면 다음과 같다. "어떻게 우리는 위험이 실제로 성장하고 있는지, 혹은 우리가 단지 점점 더 두려움을 느끼는 것일 뿐인지 구분할 수 있는가?" 늘어나고 있는 것은 위험인가, 아니면 단순히 우리의 두려움인가?

### 인간적인 것을 보상해주는 마케팅

스스로에 대한 배려는 질병의 부정적인 아우라에 둘러싸인 의료실이라는 한 극단과, 가정에서의 균형 잡힌 식단과 스포츠 스튜디오에서의 웰빙이라는 멋진 인생을 설파하는 또다른 극단 사이에서 움직이고 있다. 그렇기 때문에 의학 서비스의 마케팅은 무엇보다 다음과 같은 것에 대한 차이점을 강조해야 한다.

- 드럭 스토어의 익명성.
- 건강식품점과 생식의 사이비 종교적인 성향.
- 전통적인 진료실의 살균 상태.
- 흰 가운을 입은 신적 존재들의 커뮤니케이션이 불가능한 권위.

약국과 클리닉은 이제 자신들의 서비스를 기계의학에 대한 인간적인 것의 보상으로 이해해야 할 것이다. 분명하게 말하면, 그들은 환자가 아니라 사람을 맞이한다. 통속적으로 들리지만 이는 놀라울 정도의 효과를 발휘한다. 왜냐하면 현재의 의학은 사람을 알고 있는 것이 아니라 질병의 형상만 알고 있을 뿐이기 때문이다. 그리고 바로 이러한 이유로 여기에는 엄청난 마케팅의 기회가 숨어 있다. 새로운 클리닉이나 약국에서는 이전의 전통 의학이 제외한 '전체' 인간을 돌본다.

약국이 이러한 종류의 자기 이해로 가는 길 위에서 스스로의 이름이 방해가 될지도 모르겠다. 독일어로 Apotheke(약국)는 '옆으로 치워두다' 라는 뜻의 그리스어 apotithenai에서 유래했다. 따라서 약국은 그리스어로 pharmakon, 즉 독과 치료제에 해당되는 것을 저장해두는 창고라는 어원을 가지고 있다. 그렇다면 약사는 창고 관리인이 된다. 물론 오늘날에도 약국은 치료제를 저장해두었다가 판매한다. 그러나 알약이라는 하드웨어와 함께 상담이라는 소프트웨어가 점점 더 뚜렷하게 등장하고 있다. 여기서 약국의 원초적 모습이 오히려 중요한 역할을 한다. 그것은 치유의 아우라, 의약품 조제의 지혜를 전달하는 일이다. 전통적인 약품 제조는 분명 종교의식의 원형이다. 의술이 있는 자는 언제나 마술사이기도 한 것이다. 현대사회의 언어로 번역하면, 제식의 우선권은 위약효과를 가능하게 한다. 가장 효과적인 약이 위약이라는 것은 잘 알려진 사실이다. 그것은 가상의 힘으로 작용한다.

위약에서 효과를 발휘하는 것은 신앙과 종교의식, 그리고 커뮤니케이션이다. 그리고 이로써 우리는 마케팅 세계의 한복판에 서게 되었다. 마케팅은 욕구를 고안해내는 것이기 때문이다. 마케팅이 만들어내는 욕망의 소용돌이는 점점 고조된다. 그렇기 때문에 의학적 서비스에도, 사람들은 욕망을 채우고자 하며 그것이 불가능하다면 이에 대해 위로받으려 한다는 현대 문화의 시장법칙이 통용된다. 이에 대해서 전통 의학은 전혀 아는 바가 없다. 여기서 조언할 수 있는 것은 환자와 질병의 관계를 출발점으로 삼기보다는 다른 관계, 즉 의사와 환자라는 관계에서부터 출발해야 한다는 것이다. 그러나 아직 의학 시스템에서 이러한 방향 설정을 시작하는 징후는 거의 보이지 않는다. 따라서 이전까지의 병원에서 아쉬워했던 이러한 점이 새로운 약국과 의사들에게는 상품이 될 수 있다. 이때 키워드는 고객 오리엔테이션이다. 그러나 쉽게 들리는 이 개념은 사실 많은 설명이 필요하다.

여기서 핵심을 이해하기 위해서는 무엇보다 서비스가 고객 인지에 관한 것임을 분명히 해야 한다. 고객이 좋은 서비스를 받고 있다고 느껴야 한다! 그러므로 옛날 프로이센 시대 같은 서비스가 아니라 의학적 서비스의 숨겨진 가격을 충분히 표현할 수 있는 퍼포먼스가 문제가 된다. 누군가에게 좋은 서비스를 제공하는 것만으로는 충분하지 않으며, 이제는 그것을 극적으로 연출해야 하는 것이다. 서비스는 사업의 장식품이 아니라 바로 그 핵심이며 모든 인간관계를 대체한다. 이것을 학문적으로 정확하게 표현하면, 고객 오리엔테이션은 하나의 과잉된 보상이다. 습관적인 것이 비습관적인 것으로 나타나야 한다. 이런 식으로 좋은 의사는 자신의 환자에 대해서 변호사가 고객을 대하듯, 성공적인 교사가 학생을 대하듯, 목사가 고해자를 대하듯 해야 하는 것이다. 이것은 마치 시간의 압박은 전혀 받지 않는 듯, 다른 사람에게 관여하는 개인적인 애정과 관심의 관계이다. "안녕하세요, 카이저 씨!"*

그러므로 약국에서는 약이 처방되는 것이 아니라 상담이 이루어진다. 이러한 상담은 권위가 아니라 능력이 중심이 된다. 결정적인 것은 '커뮤니케이션 생산력'을 발견하는 것이다. 여기에서 제기할 수 있는 중요한 질문은 다음과 같다. 이러한 커뮤니케이션을, 지금까지처럼 질병이 아닌, 건강과 연결할 수 있는가? 건강도 판매할 수 있는가? 만약

---

\* 독일어로 카이저는 황제라는 뜻. 고객은 왕이라는 의미를 중첩시키고 있다.

그렇다면, 그 방법은 무엇인가?

## 의미의 마지막 무대 : 육체

먼저 의학 시스템의 긍정적인 가치 코드, 그러니까 질병에서 다시 한 번 출발해보자. 의사는 아픈 사람이 생겨야 비로소 작업을 시작할 수 있다. 고통 속에서 육체는 경보음을 울리고 절대적인 우선권을 요구한다. 또한 이것이 의학 전문가에게 우위를 행사할 기회를 마련해준다. 모든 일정과 사회적인 위계질서가 갑자기 중요하지 않게 되어버린다. 몸이 아픈 사람에게는 도움과 상담이 그냥 필요한 것이 아니라 '지금 당장' 필요하다. "어떤 사회적인 상황에서도 현재성이 그렇게 압도적인 역할을 하는 경우는 거의 없다. 지금 말해주지 않는 것은 앞으로도 영원히 들을 수 없다."(루만) 그러나 대부분의 경우 어떻게 해야 하는지 들을 수 있는 것이 아니라, 다만 씌어지고 처방될 뿐이다. 그것도 수수께끼 같은 용어로. 우리 모두 전통 의학의 그 침묵의 진료를 잘 알고 있지 않은가? 진단, 처방, 처방전, 이해할 수 없는 약 이름. 여기서 커뮤니케이션은 아무런 역할도 하지 않는다.

의학은 침묵하고 오로지 통증만이 이야기한다고 말할 수도 있다. 고통 속에서 육체는 의식과 커뮤니케이션한다. 바로 육체와 의식 사이의 이러한 커뮤니케이션에 새로운 의학 서비스가 연결되어야 한다. 전통 의학의 침묵은 이들의 기회이다. 통증은 의미의 마지막 무대, 즉 육체에 초점을 맞춘다. 의학은 기술화된 성취 속에 갇혀 스스로 조절하는 시스템으로서의 육체에 대해서는 알지 못한다. 사람들은 자신의 육체에 점점 더 많은 관심을 기울이고 있고, 이는 건강 마케팅을 위한 중요한 기회다. 루만이 "통증을 호소하는 육체야말로 아무것도 의미를 갖지 못하는 시기에 아직도 의미를 갖고 있는 것"이라고 요약한 내용을 더 넓은 사회적 테두리 안에서 관찰해보자. 우리의 현대 문화는 단순한 삶을 최상의 가치라고 인정하는 데 적합한 듯한데, 여기에서 불가피하게 다음과 같은 결과가 도출된다. 육체로부터 고통을 제거하는 일이 최우선권을 갖는다는 것이다. 그러므로 건강의 컬트적 연출이야말로 지극히 현대적이다.

전통적으로 건강은 장기들의 조용함, 침묵이었다. 그러므로 질병은 여기서 발생하는 잡음이며, 의사는 이러한 소음을 번역해준다. 또한 증상은 설명이 요구되는 기호인데, 일상의 커뮤니케이션은 이들과 소통할 수 없다. 그러므로 치료자는 증상의 제국에서 의미의 기증자로 등장한다. 치료를 약속하는 임상의는 성직자와 같다. 그리고 성직자가 죄를 고하는 자들에게만 커뮤니케이션을 열어놓듯이, 의학적 커뮤니케이션도 오로지 질병에 대해서만 열려 있다. 이에 반해 건강은 텅 빈 개념으로 남는다. 여기에서 진부하게 들리는 것을 다시 한번 생각해보는 것도 나쁘지 않을 것이다. 의학적인 치료는 건강을 생산해내는 것이 아니라, 질병의 원인을 없앨 뿐이다. 그후에 건강해진 시점, 즉 더이상 환자가 아닌 시점은 환자 스스로 결정해야 한다. 따라서 건강은 의학적으로 볼 때 그다지 유용하지 않다. 그것은 다만 병이 난 사람에게 결여되어 있는 것이다. 의학의 관점에서는 건강한 사람조차 아직 발견되지 않은 질병에 시달리고 있는 사람이다.

그러므로 의학의 긍정 가치는 질병이다. 여기에만 의료행위와 커뮤니케이션을 연결할 수 있다. 그러나 욕망되는 것은 바로 그 반대, 즉 부정 가치인 건강이다. 그리고 이것은 스스로를 건강 시스템이라고 즐겨 부르는 질병 시스템의 특이성을 만들어낸다. 우리 사회에서 의학은 그 안에서 무언가를 착수할 수 있는 긍정적인 가치와 궁극적으로 원하는 가치가 일치하지 않는 유일한 영역이다. 경제 분야의 긍정 가치는 소유이고, 이것은 누구나 바라는 것이다. 정치 분야의 긍정 가치는 정권을 잡는 것이며, 물론 모든 정치가가 정권을 잡고 싶어한다. 법의 영역에서 긍정 가치는 권리가 되며, 모든 재판과정이 이것을 추구하고 있다. 오로지 의학에서만 아무도 원하지 않는 질병이 긍정 가치가 된다. 이러한 맥락에서 루만은 의학에서의 "가치 전도"를 언급한다.

건강은 사상에서 자유로우며, 그렇기 때문에 논쟁의 여지가 없는 최고의 가치이고, 위급한 상황에서는 다른 모든 것에 대해 우선권을 가진다. 그래서 우리는 생일에 돈이나 권리, 권력이 아닌 건강을 비는 것이다. 이것은 끝없는 최고 가치다. (교육에서) 교양이나 (법률에서) 정의와 마찬가지로 말이다. 모든 사람이 갖고 싶어하지만, 그것이 무엇인지는 아무도 모른다. 정의라는 개념으로 사회의 선망을 이끌어내고, 교양으로써 젊은이들을 유혹하며, 건강으로 나이든 사람들의 주목을 끌어낸다. 건강에 대한 배려의 요구는 교육이나 경제의 재분배에 대한 것처럼 끝이 없다.


**요구의 인플레이션**

잘 알려진 대로 유엔의 세계건강기구는 그 명칭에 합당하게 건강의 개념을 정의해놓았다. 제한되지 않은 신체적, 정신적, 사회적 건재함.

"건강은 육체적, 정신적, 사회적으로 완벽하게 좋은 상태를 의미하며 단순히 병이 없는 상태를 의미하지 않는다." 이에 따르면 결론적으로 우리는 모두 건강하지 못하며 치료가 필요하다. 바로 이것이 그 유명한 요구의 인플레이션을 생산해낸다. 세계 곳곳에서 사람들은 건강한 상태를 방해할 수 있는 모든 원천을 찾아 나서고 있는 것이다. 오도 마르크바르트는 이러한 맥락에서 완두콩 공주 신드롬*에 대해 이야기한다. 나쁜 것은 부족한 자원이 되었다. 그리고 이와 함께 그에 대한 분노의 가치도 상승한다. 여기에서는 물론 대중매체가 핵심 역할을 한다. 그들은 끊임없이 임상의 필요성을 만들어내는 상담자의 권력을 후원해준다.

사람들의 잠재적인 위기에 대한 분노는 아론 윌다브스키가 "부유할수록 더 건강하다"는 공식으로 표현한 경험에서 끌어낼 수 있다. 건강이 이론의 여지가 없는 최고 가치라면, 경제적인 문제와 관련된 논의를 할 기회는 거의 없어진다. 그렇기 때문에 몇 년 전부터 요구의 인플레이션을 통한 질병 치료 시스템의 과부하가 발생했다. 가능한 것은 또한 행해져야만 한다. 필터를 통해 걸러진 깨끗한 피가 있다는 사실이 알려지면, 모두가 그것을 얻지 못하는 것은 참을 수 없는 일이 된다. 안전한 국민연금과 무상교육의 기회와 마찬가지로 최적의 치료과정은 "고용과 인생의 기회"(겔런)를 배려하는 복지사회에서는 당연한 기대에 속한다. 이러한 국가의 사회복지정책과 보험은 헌법학자 에른스트 포르츠호프(Ernst Fortshoff)가 "가장 효율적인 삶의 공간"이라고 명명한 것을, 통치하는 자의 비용으로 상승시킨다. 아마도 같은 뜻으로 마거릿 대처가 **보모국가**(nanny state)라는 악의 섞인 말을 했을 것이다.

---

* 진짜 공주인지 알아보기 위해 침구 밑에 완두콩을 넣어 확인했다는 안데르센 동화에서 유래된 것. 불편한 것을 찾아내는 능력이 높은 지위를 과시할 수 있는 것으로 나타나는 신드롬.

개인은 요구를 통해 스스로의 정체성을 획득하며, 건강 시스템은 그들로 하여금 치료받아야 한다는 요구를 최대한 자극하도록 자극한다. 모든 요구의 확고한 정당성은 물론 자신의 육체이다. 루만을 다시 한번 인용하면, "죽음을 연기하기 위한, 젊음을 유지하기 위한, 질병 치료를 위한, 그리고 통증 완화나 마취를 위한 그 모든 요구는 인간 육체의 확실한 후원을 받고 있다. 이러한 요구의 성취가 가능한 한, 실행되지 않는다는 것은 거의 어떠한 이유로도 납득되지 않는다". 때문에 경제적인 이유에서 의학적인 가능성을 실행하지 못하는 것은 곧바로 정치적인 스캔들이 된다. 이러한 스캔들의 짧은 공식이 바로 부유할수록 더 건강하다는 것이다.

우리는 생활 태도가 원인인 질병을 문명의 병이라 부른다. 이로 인해 환경과 사회, 사람들의 생활양식까지 의학의 문제가 되었다. 그러므로 의학 상담은 생활 태도의 광범위한 분야까지 과감하게 전진해야 한다―예를 들면 예방책을 위한 권고(하루에 두 번 양치질하기, 일주일에 세 번은 조깅하기, 기름기 있는 음식은 적게 섭취하기. 가끔은 운 좋게 이런 말을 들을 수도 있다 : 하루에 적포도주 한 잔씩 마시기)와 함께 말이다. 의학적으로 건강은 무언가 위협받고 있는 것으로만 판매할 수 있다. 다른 말로 하면 예방을 위한 상담에서는 건강한 사람을 미래의 병자로 대해야 한다는 것이다. 그리고 건강에 대한 이러한 예비 조치는 오늘날 가장 진보한 테크놀로지인 약리학, 유기화학, 유전자학, 분자생물학, 정보학의 교집합 장소가 된다. '건강한/병든'이라는 구분을 가장 효과적으로 유효화하려면, 아마도 이렇게 말해야 할 것이다. 질병에 반응하고 건강을 위해 판매하라!

여기서 판매는 무엇을 의미하는가? 우리는 무언가를 즐기는 일이 건강을 촉진한다는 것을 알고 있다. 감정의 진동은 건강에 좋은 것이다. 대중문화의 용어로 말하면, 굿 바이브레이션(good vibrations). 여기에 건강의 연출을 덧붙일 수 있다. 그러나 다른 한편으로 건강-컬트와 육체-컬트는 건강을 찾아 나선 우리 문화가 '행복해지세요-패러독스'의 올가미에 갇혀 있음을 보여준다. 돈 워리 비 해피(Don't worry, be happy). 부디 늘 건강하세요 — 그러나 이에 대한 처방은 해줄 수가 없다. 다만 스스로를 커뮤니케이션 디자인으로 이해하는 마케팅을 통해 욕망을 유혹할 수 있을 뿐이다.

### 더 아름답게 죽기 : 메모리얼 서비스

이제 무엇이 우리를 더 놀라게 할 것인가? 모두에게 무엇이든 제공하는 인터넷은 이제 우리를 가상의 묘지로 초대한다. 도시의 묘지에는 빈자리가 없고, 관리비는 너무 비싸며, 묘지를 찾아가는 의식은 시간 낭비라고 생각하는가? 앞으로는 아무 문제 없다. 사이버스페이스의 끝없는 데이터 공간에 죽은 자 모두를 위한 자리가 있다. 다만 고인에 대한 기억이 이제는 비석에 새겨지는 것이 아니라, 바이트의 연속으로 저장되어 있을 뿐이다. 가상화(Virtualization)는 포스트모던의 장례행위에 대한 하나의 극단을 나타내주고 있으며, 익명화는 또다른 극단을 표시한다. 많은 사람들이 종교의식적으로 의무화된 기억 속에 자신이 계속 살아남기를 바라는 것은 후세에 대한 무리한 요구라고 여기고 있다. 이미 1988년 2월 24일자 *FAZ*에서 이런 기사를 읽을 수 있었다. "갈수록 많은 시민들이 익명으로 죽고 싶어한다." 사람들은 후손들이 돌아가

신 부모님에 대한 기억을 위해 쓰게 될 수고와 비용을 덜어주고 싶은 것이다. 자신이 기꺼이 그렇게 하고 싶었던 것처럼.

이제 우리는 어떻게 그렇게 되었는지, 또 계속해서 어떻게 될 것인지 질문해보아야 한다. 퇴니에스는 이미 백여 년 전에 사자(死者) 숭배가 바로 풍속의 본질일 뿐만 아니라, 종교의 근원이기도 하다는 것을 밝혀냈다. 가족과 종교, 사자 숭배의 구도 안에는 민족이라는 개념에 특징을 부여해준 혈통이 존속하기 위한 조건도 놓여 있는데, 여기에는 죽은 자들도 포함되어 있었던 것이다. 본래적 의미의 사자 숭배에는 묘비와 장소, 기억이라는 종교의식이 서로 분리될 수 없이 연결되어 있었다. 기억이 바로 성스러운 공간을 특징지어주는 무언가를 요구한다고 말할 수 있겠는데, 이렇게 사자에 대한 기억은 근본적인 정체성을 획득할 수 있게 해준다. 장소의 통일성이 가족의 통일성을 입증해주는 것이다. 그렇기 때문에 묘지는 일종의 제단일 뿐만 아니라 동시에 상징의 근원적 장소다. 바흐오펜(J. J. Bachofen)에게 이것은 아주 분명했다. "묘지임을 표시하는 비석에는 가장 오래된 컬트가 연결되어 있고, 묘지에 짓는 건물은 가장 오래된 사원 건축과 관련이 있으며, 묘지 장식은 예술과 공예의 원천이다. 그리고 묘석에서 바로 고정성, 부동성이라는 개념이 생성되었다."

근대에 들어와서 묘지의 기능은 죽음을 기억하라는 메멘토 모리(memento mori)나, 기억이라는 행위에서 가족의 정체성 확인과는 거리가 아주 멀어진다. 이제는 개별적인 개인이 기억되는 것이다. 장례식은 인간 존재의 단 한 번뿐인 가치를 주장해야 했다. 비석 위에 새겨지는 이름은 하나의 장소를 봉인한다. 그러므로 원초적인 사자 숭배에서 이름과 장소, 기억의 밀접한 연관관계는 본질적인 것이다. 기억은 장소라는 끈에서 끊어지는 즉시, 장소와 연합되어 있던 상징적인 힘을 잃어버린다. 묘지는 공원으로 개념이 바뀌어버리고, 죽음은 하나의 장식거리로 양식화된다. 오늘날 사자 숭배라는 로고가 인터넷 홈페이지 디자인에 나타나는 것은 전적으로 이러한 발전의 결과이다. 21세기의 묘지는 죽은 자들에게 사이버스페이스라는 비(非)장소 안에서 정보의 영원성을 허락해준다. 여기 모든 사람을 위한 묘비명이 있습니다. 당신의 부재가 너무 큽니다. 인터넷의 묘비문은 모든 사람을 위한 것이다. 당신의 빈자리가 우리에게 너무 큽니다.

그러나 여기서 다시 한번 전통적인 묘지와 관습적인 사자 숭배에 대해 생각해보자. 죽은 사람들에 대한 애도와 슬픔은 컬트적인 것으로부터 모든 미학적인 것을 제거한다. 따라서 퇴니에스가 지적했듯 "장식 욕구도 중단된다". 이것은 매우 중요한 관찰이다. 그렇다면 묘지는 아름다운 가상이론으로서의 미학에 반대하는 상징적 의미의 구역인 것이다. 감각적인 것은 고양되어서는 안 되는데, 왜냐하면 사람들은 맑은 정신으로 되돌아오고자 하기 때문이다. 이는 물론 전적으로 현대 문명 사회의 선상에 놓여 있지 않은 것이다. 이미 계몽의 시대에도 기독교가 "죽음의 오래된 즐거운 이미지"를 예술에서 밀어낸 사실은 불쾌한 일로 여겨졌다. 계몽주의자들에게 사신(死神)의 모습, 즉 낫을 든 해골 형상의 반미학은 참을 수 없는 것이었다. 레싱의 유명한 논문 「옛 사람들은 죽음을 어떻게 형상화했는가」는 아름다운 죽음에 대한 찬미로 끝을 맺고 있다. 죽음의 아름다운 천사가 '혐오스러운' 해골을 대체해야 했다. 논문의 마지막 문장은 다음과 같다. "이는 우리로 하여금 모든 곳에서 아름다움으로 되돌아가게 하는 진실한 종교, 즉 바르게 이해된 종교를 위한 논거가 될 것이다."

죽음의 슬픈 이미지와 묘지의 미학적 단조로움에 대한 반감은 모던에서 특징적인 것이다. 이는 전체 맥락에서 이해해야 하는데, 근대의 시작과 함께 초월화된 죽음의 의미를 통해 기독교적 죽음의 의미는 그 힘을 상실하고, 죽음은 점점 더 내부세계적인 표현의 문제가 되어갔다. 묘지의 공원 미학은 죽음을 단순한 장식으로 만들어버렸다. 여기에서 한 걸음 더 나아가면 포스트모던적인 죽음의 매니지먼트가 이루어진다. 글레이저(B. G. Glaser)와 스트로스(A. L. Strauss)는 미국의 한 병원에서 죽음에 직면한 사람들의 프로페셔널한 모습을 "당황스럽고 품위 없는 죽음"과 구별되는 "죽음을 맞이하는 만족할 만한 스타일"이라고 표현한다. 여기서 죽음의 미학화는 부끄러움도 혼란도 불러일으키지 않는 임종으로까지 확대되고 있다. 더 분명히 표현하면, 죽음의 미학화라는 이 마지막 단계에서 중요한 것은 슬픔을 차단하는 일이다. 그러나 애도의 작업을 거부하는 사람은 망각을 망각하도록 시도하는 것과 같다. 그렇기 때문에 현대세계의 묘지에서는 자주, 여기에 묻히는 것이 죽은 사람인지 아니면 죽음 그 자체인지가 불확실해진다.

### 홈페이지 오마주

종교학자들과 문화인류학자들 사이에서 종교적인 예식이 '말하고' 있는 바가 통용어나 일상 행동에서 등가물을 찾을 수 없다는 것은 이미 논란의 여지가 없다. 여기서 결정적인 것은 종교적인 예식이 자신의 능력을 순수하게 형식으로 성취한다는 것이다. 그것은 신뢰를 창조해내고 동시에 의미가 있다는 인상을 불러일으킨다. 오로지 종교적 예식 안에서만 사람들은 '지고의 가치가 있는' 것을 다룰 수 있는 것이다. 그러므로 사람들은 사랑했던 사람에게 평범한 일상세계의 방법으로는 적합한 작별을 고할 수가 없었다. 그러나 계몽된 모던의 세계에서 종교의식은 구속력과 행동을 조정하는 자기 이해력을 잃어버렸다. 헤르만 뤼베는 "쇠퇴해가는 사회적 통제는 취향의 문제에서도 쇠퇴해가는 통제를 의미한다. 따라서 우리가 제도적으로 결합된 예식에서 해방되어 얻은 자유와 함께 몰취미성, 즉 미적 감각의 결여도 강제적으로 퍼지고 있다"고 확언한다.

이것을 다음과 같이 요약해볼 수 있다. 제식적인 것의 쇠퇴는 몰취미성을 도발한다. 이렇게 해서 사람들은 장례식에서 점점 더 자주 '개인적인 예식'에 대한 부끄러움을 겪게 되는 것이다. 여기에서 예식 컨설턴트라는 새로운 직업의 프로필이 만들어지는 것은 당연한 결과다. 그는 고객들이 규격에 어긋나지 않게 재단된 예식을 치를 수 있도록 배려한다. 이제는 묘지에서도 서비스가 인간관계를 대체하는 것이다. 고인을 기억하는 것도 서비스가 된다. 필리프 아리에스는 미국사회를 이렇게 관찰하고 있다. "메모리얼 서비스(memorial service)에서 고인의 친지들은 중립적인 장소에 모이는데, 이곳에서 고인을 생각하고 가족을 위로하며 철학적인 성찰에 빠지기도 하고 경우에 따라서는 기도를 하기도 한다."

이러한 미학화와 묘지에서 제식적인 것의 쇠퇴라는 현상에서 이제 우리 사회가 컬트적인 것과 종교적 예식 없이도 잘 돌아간다는 가정을 추론해서는 안 된다. 이들은 단지 그 무대를 바꾸었을 뿐이다. 현대에서 묘지는 컬트 기능과 고인에 대한 기억을 불러일으키는 기능을 점점 새로운 매체에 빼앗기고 있다. 우선 사진앨범이 묘지의 대체 기능을 한다. 이를 이해하기 위해서는 먼저 기술적 이미지의 존재에 대한 근본적인 사항들이 분명해져야 할 것이다. 사진이 모사하는 것은 존재가 아니라 "그곳에 있었던 존재(Dagewesensein)"(롤랑 바르트)이다. 사진은 현실의 복사물이 아니라, 그곳에 있었던 존재의 증거물이라는 것이다. 그것이 그렇게 있었다 ― 사진 속의 형상은 진짜였다. 까다로운 학문적 용어로 표현하면, 사진은 '지시 대상의 유출'이다. 정확히 이런 식으로 이미 에피쿠로스 학파는 세계의 가시성을 설명한 바 있다. 이미지는 사물에서 분리된다!

새로운 매체의 시대에는 '그곳에 있었던 존재'만이 존재의 질적 가치가 있다. 그리고 바로 이것이 체험 컬트의 비밀이기도 하다. 왜냐하면 체험에서 중요한 것은 사건이 아니라, 어떤 것이 실제로(진짜로!) 있었다는 사실이기 때문이다. 이것은 관광객들에게서 배울 수 있다. 그들은 사진술의 인스턴트 낭만주의를 통해 자신의 체험을 확실한 것으로 만든다 ― 찰칵 한번 누르면 벌써 완성되는 것이다. 사진이 이때부터 보여줄 수 있는 것은, 여기 보이는 것이 실제로 그러했다는 것의 증명이다. 앙드레 바쟁(André Bazin)은 이것을 다음과 같이 형식화한다. "사진은 방부처리된 시간이다." 달리 표현하면, 기억의 컬트는 지울 수 없는 아우라를 가진 기술적 이미지의 잔여물이다. 너 이거 기억하니……

구체적인 불멸성은 이후 동영상이라는 기술이 약속해주었다. 텔레비전에서 얼굴이 계속 재활용되는 한, 은막의 스타는 죽지 않는다. 그리고 기술은 '역사적인 영화'로 과거의 영웅들에게 셀룰로이드 위에서의 부활을 약속해준다. 1927년 아벨 그랜스(Abel Grance)는 이렇게 지적했다. "모든 전설, 신화와 설화, 그리고 종교와 그 창시자들도 조명 속의 부활을 고대하고 있다. 영웅들이 좁은 문으로 몰려온다." 비디오 기술과 함께 마침내 소시민에게도 영웅의 명성을 얻을 수 있는 길이 열리게 되었다. 즉 비디오는 기술적인 불멸성의 민주화다. 탄생에서 죽음에 이르기까지 중요 단계마다 자신의 인생을 비디오 카세트에 저장하는 사람의 수는 지속적으로 늘어나고 있다. 고인을—그가 '정말로' 어떠했는지—기억하려는 사람은 이제 간단히 비디오테이프를 플레이어에 집어넣기만 하면 된다.

그러므로 이러한 상황에서 오늘날 가상의 묘지가 사이버스페이스에 정박하게 된 것은 우연이 아니다. 미국에는 애완동물의 가상 묘지도 등장했는데, 여기서 사람들은 자신이 가장 아꼈던 동물 친구를 영원한 존재로 만들 수 있다. '영원하게 만들다' 라는 말은, 구체적으로는 일단 등록된 것은 적어도 웹사이트가 인터넷에서 계속 서비스되는 한 지속된다는 것이다. 디지털 '환영의 장소(Welcome-Place)' 의 약속은 영원히 기억된다는 것이다. 포스트모던의 오마주는 홈페이지다. 오늘날 '기억' 이라는 서비스는 디지털 공간 안에 저장된 기억의 영원화와 기술적으로 지원된 동영상의 리사이클링으로 인한 불멸성, 이 두 가지를 모두 제공한다.

과연 21세기의 묘지가 모두 가상이 될지는 지금으로서는 단지 추측만 할 수 있을 뿐이다. 마지막으로 이에 반대되는 공론을 살펴보자. 가속화와 이동성의 증가, 그리고 비물질화라는 과정이 쉼없이 진행되고 있다는 바로 그 이유 때문에, 고요와 휴식, 물질성과 구체적인 장소화에 대한 욕구도 커진다. 튜링의 세계가 인간의 정신을 소프트웨어로 바꾸어 컴퓨터 칩에 저장하고자 하는 계획을 점점 더 급진적으로 추진할수록, 그만큼 허약하고 언젠가 죽을지 모르는 몸—'웨트웨어'—에 대한 관심도 커진다. 이러한 맥락은 매체진화와 인간적인 것에 대한 보상이라는 변증법으로 설명할 수 있는데, 사람들이 다시 군중을 이루어 박물관과 미술관 등으로 몰려갔을 때 처음으로 분명해졌다. 비슷한 의미 추구 현상이 21세기의 묘지에서도 가능하다.

묘지와 박물관은 기억 문화에서 가장 의미 있는 무대이다. 급진적으로 가속화되고 있는 세계 안에서 그들이 제공하는 보상적인 의미는 분명하다. 지속성은 기억되면서 생성된다. 묘지라는 무대에서의 기억은 의미를 부여해주는데, 일상적 경험은 여기에 전혀 해당되지 않는다. 이러한 사실은 처음에 언급한 사자 숭배와 가족, 종교와의 연관성을 확인시켜준다. 모든 의미가 종교적인 것은 아니라 해도, 의미 부여의 일등 공신은 바로 종교였기 때문이다. 사회적인 기능에 대해 질문해보면, 종교가 사회적인 것에서 인간적이지 않은 부분을 관리하고 있다는 것이 분명해진다. 인간 존재의 한계가 사회의 한계이기 때문이다.

묘지의 경계지어진 독자적 세계는 종교가 삶의 '본래적으로 다른 의미'를 사회의 단순한 기능적 의미에 대항하여 관리해주고 있다는 사실을 인식시켜준다. 종교는 사회적인 삶이 때때로 우연에 따라 추락하는 바로 그곳에 의미를 부여해준다. 이 점에서 종교는 우리가 개연성이라고 부르는 정황, 그러니까 우연히 일어난 모든 일은 다르게 일어날 수도 있었다는 사실에 대해서 아주 엄격한 태도를 취한다. 그리고 종교는 기대하지 않았던 영역에서 의미의 제식적인 구성을 완수한다. 이런 점에서 보면 종교는 개연성을 승인하는 가장 권위 있는 학파이다. 물론 모든 이의 인생이 자기 정체성의 요소 안에서 세계의 우연성을 새롭게 해석하는 데 놓여 있기는 하지만, 그럼에도 불구하고 개개인에게 가장 중요한 우연은 해석 불가능한 채로 남아 있게 된다. 바로 여기에 종교가 개입한다. 종교는 개인이 의미로 전환할 수 없는 인생의 우연을 다루어준다. 예를 들면, 중병이라든가 이해할 수 없는 운명의 장난 같은 것 말이다. 물론 죽음도 포함된다.

죽음은 인생의 개연성 가운데 가장 첨예화된 고난이며 절대로 마음 대로 할 수 없는 것이다. 일상생활중에 우리에게 이러한 사건을 '다루거나' '완성하도록' 준비시키는 것은 아무것도 없다. 다시 말해 오로지 컬트적인 것과 종교적 예식의 보호 안에서만 죽음과 접촉할 수 있다. 그러나 이것은 죽음의 경험과의 관계 이상으로 더 많은 가치가 있다. 엄격한 제식의 실행은 언제나 사람들에게 위협적인 우연의 세계에 직면하여 안정감을 주는 기능을 하고 있었다. 도처에 편재하는 우연으로 인해 사람들은 안심하고 살아갈 수가 없다. 이 때문에 그들은 인공적으로 만들어진 필연성, 바로 종교적인 것을 필요로 한다. 공식으로 만들어보면, 종교적 예식이 개연성을 보상해준다.

그러므로 앞서 기술한 장례 절차의 익명화와 가상화에 대해 마치 우리 사회가 컬트적인 것이나 제식 없이도 작동하는 법을 학습한 것으로 오해해서는 안 될 것이다. 사실은 그와 정반대로—예식의 상담과 소비의 컬트 브랜드를 보라—최근 몇 년간 종교적인 의미 부여에 대한 한층 강화된 욕구가 나타났던 것이다. 컬트적인 것과 제식으로의 귀환을 이해하기 위해 카오스와 세계의 불규칙성, 비조망성에 대항하는 '치료제'로서 그들의 기능을 먼저 파악해야 한다. 포스트모던의 일상이 갈수록 복잡해지기 때문에, 또 우리가 언제나 안을 들여다볼 수 없는 시스템과 직면하고 있기 때문에, 경제와 정치에서 더이상 믿을 만한 방향 설정의 브랜드가 없기 때문에, 우리는 단순성과 초월성이라는 화해와 균형이 필요하다. 그 안에서 모두 하나가 되는 전체에 대한 환상이 필요하고, 세계를 가장 안쪽에서 붙잡아 유지시킬 수 있는 통찰이라는 환상도 필요하다. 그리고 이와 함께 우리는 컬트적인 것과 제식의 기능에 머무르게 되는 것이다. 박물관들은 이러한 발전 경향을 이미 이해하고 있었다. 같은 식으로 21세기의 묘지도 의미의 무대가 될 것이다.

경제에서 이는 무엇을 의미하는가? 제단 앞에서의 두려움과 건강에 대한 염려, 죽음에 대한 불안은 언젠가는 죽게 될 유한한 생명을 가진 인간에게 철학의 위대한 주제이다. 동시에 이러한 주제들은 오늘날 소비세계에 대한 정신적인 것의 도전을 표현하고 있기도 하다. 시장의 어떤 상품이 우리를 우리의 유한성, 연약함과 화해시켜줄 것인가? 전통적인 시장의 제품에는 무리한 요구다. 보이지 않는 것의 경제에서는 브랜드가 철학을 하게 된다. *파이낸셜 타임스*(1999년 3월 5일)는 이것을 "철학 브랜드(philosophy brand)"라는 의미심장한 개념으로 각인했다.

제6장

# 미래로의 눈먼 비행

미래에 대해 우리는 예언과 종말론을 무효화한 현대 국가들에 감사해야 한다. 다시 말하면, 국가는 모든 종교적인 시간의 한계들로부터 정치적인 행위를 분리했다. 그리고 대하기 까다로운 국가제도들은 마침내 종말론의 현대적 후예인 진보의 역사철학까지도 무효화했다. 거대서사의 종말에 대한 거대서사로 이해할 수 있는 포스트모던은 이러한 과정의 개요를 요약하고 있다. 이때부터 앞으로 다가올 것에 대한 이미지는 희미해졌다. 이러한 배경에서 토마스 베른하르트는 "비전을 가진 사람은 의사에게나 가봐야 한다"고 말할 수 있었던 것이다. 이는 세계의 종말에 대해 부정적 비전을 가진 경우에도 해당된다. 우리는 앞 장에서 정치적인 것에 대한 소비가 사회적인 운동이나 시민 주도 단체에 참여하는 확실성을 통해 미래의 불확실성을 어떻게 보상하고 있는지 살펴보았다. 그렇게 사람들은 동식물의 생태 공간 보호를 지지하고 고속도로 건설에 반대한다. 유전자 조작 음식을 보이콧하고, 살아 있는 원숭이를 대상으로 뇌신경 연구를 하는 학자를 테러할 수 있다. 그렇게 실제 세상과는 동떨어진 이상적인 기대들이 늘어나고, 미래상 또한 여기에 적합한 모습으로 나타난다.

예언이나 유토피아, 종말론과 계시록, 혹은 진보의 역사철학은 더 이상 열린 미래 안에서의 지침으로 기여할 수 없다. 대신 우리에게 필요한 것은 복잡성에 대한 민감성이다. 그리고 무엇보다 독자적인 관찰 위치의 복잡성에 대한 민감성이 필요하다. 현대가 전체적인 이동성을 창조해내는 시대라는 사실은 관찰자의 위치도 계속 바뀌는 결과를 낳기 때문이다. 무지 없이는 지식도 없다! 모든 지식은 무언가를 보이지 않게 만들고 있는데, 오늘날 '무언가'를 알고자 하는 사람은 모든 이론 구성에 내포된 과학인식론적 위험을 먼저 알아야 한다. 내가 가진 맹점이야말로 나의 관찰을 가능하게 하는 조건이기도 하다. 이것은 모든 정체성을 뒤흔들어놓는다. 그러나 여기에서 우리가 지금까지의 생각을 고쳐 배워야 할 것은, 정체성이 확고해질수록 장래성은 오히려 작아진다는 것이다.


### 보이지 않는 미래

칼 포퍼는 미래의 지식이 원칙적으로 예측 불가능하다는 것을 최초로 암시한 사람이다. 문명이 학문화될수록 그것은 더욱 예측 불가능해진다. 더 많은 것을 알려 하기 때문에 우리는 미래에 대해 더 조금밖에 알지 못하게 되는 것이다. 이러한 이유로 뤼베는 "역동적인 문명은 미래와 친숙하지 못하다"고 주장할 수 있었다. 이에 따라 미래를 바라보는 관점에서는 단지 트렌드 분석만이 남게 되는데, 트렌드들은 "하나의 방향은 있지만 목표는 없으며, 그렇기 때문에 행동들의 유사성에 따라서는 이해될 수 없는"(뤼베) 과정이다. 다시 말해 이 역설은 우리가 미래에 대한 지식을 소유하면 할수록, 미래에 대해 아는 것은 줄어든다는 것이다. 그리고 이러한 새로운 시대에 특징적인 학문 지식은 전통과 상식의 방향 설정의 힘을 약화시키고 있다. 믿을 수 있는 것들을 비축해 놓은 저장품은 줄어들고, 삶의 세계가 가지는 지속성은 의심스러워진다. 바로 이런 미래에 대한 확신이 사라진 자리에 보상적으로 미래학과 트렌드 연구가 등장한다.

오늘날만큼 미래를 알 수 없었던 시대는 지금까지 없었다. 이를 이해하기 위해서는 우리의 문화가 그 어떤 문화보다 지식에 기반하고 있다는 사실부터 언급해야 한다. 이로 인해 우리는 미래의 지식에 대해서는 아무것도 알지 못하는 상황에 처하게 된다. 그렇지 않았다면 우리는 벌써 미래에 대해 알았을 것이기 때문이다. 결론적으로 문명이 지식에 기반할수록, 그만큼 그것은 예측하기 어려워진다. 다른 말로 하면, 지식이 미래에 더 많은 영향을 끼칠수록, 미래는 점점 더 알려지지 않게 된다는 것이다. 내일 신문에 무엇이 실릴지 미리 안다면, 그 일은 아예 일어나지도 않을 것이다. 그러나 미래를 알 수 없다는 것은 어떠한 경우에도 체념의 원인이 되기보다 반대로 우리에게 자유의 표현이 된다.

잘 알려진 대로 칸트는 원인을 저울질하는 "이성의 천칭"이 편파적이라고 했다. "'미래의 희망'이라는 표제어가 쓰인 천칭의 저울판은 역학적인 장점을 가지고 있는데, 그것은 가벼운 원인이라도 그에 속한 쪽으로 담긴다면, 다른 편에 있는 무거운 공론을 하늘로 치솟게 만들어버리는 것이다." 더 나은 미래를 위한다면 아무리 주관적인 판단이라도 원하지 않을 수가 없다. 칸트는 다음과 같이 주장한다. "예측 능력을 소유하고 있다는 것은 다른 무엇보다 관심을 끈다. 왜냐하면 그것은 모든 가능한 실천행위의 조건이기 때문이다." 이는 델포이의 신탁에서부터 함부르크의 트렌드 연구소에 이르기까지 모두에게 해당되는 것이다. 신탁과 예언가는 미래에 대한 불신이라는 짐을 덜어준다. 미래가 예정되어 있다고 믿는 사람이 있다면, 그는 기꺼이 모험을 해볼 수 있는 것이다. 그러므로 트렌드 연구자의 기능은 오늘날 경제와 정치의 모험에 대한 준비 상태를 상승시키는 데 놓여 있다.

우리가 다루게 될 미래는 하나의 이미지다. 그리고 여기에, 예를 들면 정치적 수사학과 같은 마법이 영향을 끼친다. 이것이 야스퍼스가 "가능성을 불러일으키는 예측"이라는 용어로 의미했던 것이다. 모든 예측은 상황 자체를 변화시킨다. "예측은 사건에 관계하면서 사건의 새로운 점들을 해방시킨다. 이 때문에 시간은 언제나 예측 불가능하게도 예측 가능한 방식으로 미래에 대한 진단에서 풀려난다."(라인하르트 코젤렉) 이에 따라 미래를 진단하는 데 가장 중요한 점은 쉽고 빠르게 수정될 수 있어야 한다는 것이다. 모든 미래는 현재의 자기 비판적인 상이다. 그리고 매 순간 미래는 새롭게 형성된다. 이런 식으로 우리는 미래에 대한 예측을, 이를 통해 스스로를 변화시킬 수 있는 사회의 자기 관찰로 이해할 수 있게 된다. 현대화로서의 이러한 자기 변화를 긍정적으로 평가하는 사람은 — '개혁'의 이름하에 — 현대사회를 "유력한 우선권의 교체를 지지하는 메타 우선권"(바이츠제커C. C. Weizsäcker)을 가졌다는 사실로 특징지을 수 있을 것이다. 현대사회는 스스로 진화하면서 다른 우선권을 획득하려 하는 메타 우선권을 발전시킨다. 현대사회는 자기 비판을 통해 진화한다는 것이다. 바로 여기에 정확히 상응하는 것이 앞 장에서 설명한 '커미트먼트'의 논리이다.

제대로 관찰해보면 미래에 대해서는 아무것도 말할 수 없으며, 기껏해야 미래의 가능성과 그것이 갖는 차이의 경계에 대해서 말할 수 있을 뿐이다. 그러므로 미래 예측보다는 프리드리히 폰 하이에크의 의미에서 "패턴 예상(pattern prediction)"이 더 유용할 것이다. 미래를 알 수 없다는 것은 어떤 경우에도 체념의 원인이라기보다는, 반대로 우리가 가진 자유의 표현이다. 체념적이었던 것은 포스트 역사주의 이론이었는데, 그들은 피할 수 없음(막스 베버)과 멈출 수 없음(고트프리트 벤)이라는 마법의 용어 안에 서구 문명의 종말상을 예측했던 것이다. "미래에 영향을 미치는 후폭풍"—아널드 겔런은 이렇게 포스트 역사주의를 특징지었다. 그리고 헬가 노보트니(Helga Nowotny)에 따르면, 미래라는 개념을 완전히 포기하고 그것을 "연장된 현재"로 대체한다는 사고가 이미 선포되었다.

이러한 무역사성의 어둠을 이제 다시 진화이론으로 밝힐 수 있다. 다행히 진화는 근시안적이다. 이 때문에 기회와 혁신이 존재한다. 여기에 진화의 방법이 스스로 진화적으로 발전되어왔다는 사실이 덧붙여진다. 우리는 여기서 스스로에게 적용되어야 하는 자기 논리의 개념과 관계하고 있다. 진화는 스스로 진화한다. 그렇기 때문에 우리는 토마스 만의 『마의 산』에 나오는 한스 카스토르프처럼 우리가 적응하지 못한다는 사실에 적응해야 한다. 확실한 것은 이제 시작과 끝에 대한 시간 경험은 불가능해졌다는 것이다. 순환은 독자적인 가치를 생산해냄으로써 시작들을 차이가 없는 것으로 만들어버린다. 진화는 시간을 기한으로부터 해방시키고 그것을 목적 없이 개방화한다. 우리가 미래를 가졌지만, 미래에 대한 어떠한 지식도 가지지 못한다는 것은 앞면이나 뒷면이나 모두 동일한 자유를 의미한다. 우리는 스스로 움직이고 있는 목표를 향해 움직이고 있는 것이다. 그렇기 때문에 미래는 예측하는 것이 아니라 도발하는 것이다.

## 결정하는 사람과 이에 영향받는 사람

미래에 대한 오늘날의 불안의 이유를 찾는다면, 무엇보다도 빨리 찾아오는 노화의 가속화된 경험을 만나게 될 것이다. 헤르만 뤼베는 다음과 같이 요약한다. "알 수 없는 미래는 현재로 점점 뒷걸음쳐오고, 알 수 없는 것의 임박은 불안을 조성한다. 따라서 미래에 대한 확신이 사라지는 것은 불편이라는 예상외의 비용에 속하는데, 이는 우리가 역사적으로 드문 현상인 현대 문명에서의 복지 추구를 위해 지불해야 했던 것이다." 이러한 후속적 재정 부담의 선행과 함께, 행동의 경우에도 점점 많아지는 외부의 개입을 의식하게 되는 일은 미래적인 모든 것을 걱정의 계기로 바꾸어놓는다. 사람들이 걱정하고 있는, 미래에 가능한 손실은 지금도 이미 걱정에 대한 손실로서 해가 되고 있는 것이다. 오늘날 우세한 것을 반대쪽으로 조정하려는 모든 시도는 이러한 먼 미래를 겨냥하고 있다: 반감기, 자원 고갈, 오존층의 구멍. 무슨 일이 일어날지는 알지 못하지만 미래에 발생할지도 모르는 재정 부담을 미리 계산해야 한다.

이 때문에 대중매체는 미래의 불확실성을 결정에서의 모험으로 성공적으로 표현할 수 있었다. 이러한 맥락에서 현대화가 의미하는 것은,

위험을 피할 수 있는 가능성이 커지고 있기 때문에 모험도 점점 늘어난 다는 것이다. 모험은 현재에 나타난 미래의 형상이다. 그리고 위임할 수 있는—그러나 누구를 통해서?—모험은 미래를 현재적인 미래로 표현하고 있다. 모험의 문제에 대해 확신할 수 있는 사람은 없다. 확신할 수 있는 것은 다른 사람들도 똑같이 확신하지 못한다는 사실뿐이다. 그렇기 때문에 현대사회에서 차츰 윤리학을 대체해가고 있는 모험에 대한 연구는 그 자체가 모험이다. 이미 몇몇은 이러한 대체윤리학에 대해 일종의 진보적인 보호조치를 요구하고 있다. 이때의 표제어는 유전자 테크놀로지이다.

미래의 관점에서는 결정을 강요하는 결정 불가능성만 존재한다. 모든 현재는 미래에 대한 결정의 순간이며 이에 적합한 과거에 대한 선택인 것이다. 무슨 일이 일어날지, 무엇을 해야 할지 알 수 없다면, 결정을 내려야만 한다. 고도로 복잡해진 현대세계에는 이를 위한 외적인 지대는 존재하지 않는다. 원천과 미래의 단절은 방향 설정의 상실로 이어지는데 이는 오로지 지속적인 결정으로만 보상될 수 있다. "사회가 미래를 자신의 결정으로 좌지우지할수록, 미래는 점점 더 불투명해진다. 왜냐하면 사람들은 미래가 어떤 결과를 가져올지 모르는 채로 그에 대해 결정해야 하기 때문이다"라고 루만은 말한다.

그러나 대부분의 경우 결정하는 것은 내가 아닌 다른 사람들이다. 그렇기 때문에 사회의 미래는 무엇보다도 결정과 그 영향을 구분함으로써 구조화된다. 미래는 다른 사람들의 결정에 좌우되는, 영향을 받는 이들에 의해 경험되기 때문에 "주요 인물들은 불명확한 미래에 대해 파악 가능한 상징으로 사회에 기여한다".(루만) 여기서 주요 인물이 의미하는 것은 유명인사와 경제를 이끌어나가는 사람들, 그리고 정치가들이다. 우리는 텔레비전을 통해 이들을 알고 있으며, 이들의 행동을 예측할 수 없다는 것 또한 알고 있다. 오늘날 정치 가능성에 대한 조건은 곧 미래에 무슨 일이 일어날지 아무도 모른다는 사실이다. 정치적 프로그램들은 후속적으로 발생할 부담이 예측 불가능하다는 사실에 한해서만 합의 능력이 있기 때문이다. 민주주의는 미래의 선택 가능성을 열어놓은 채로 유지된다. 그리고 이것은 원칙이나 프로그램을 통해서가 아니라, 정치적인 코드를 지속시킴으로써 이루어진다. 그러므로 열려 있는 미래라는 것은 사람들이 이를 언제나 다르게 볼 수 있다는 것이다. 따라서 애덤 셰보르스키(Adam Przeworski)가 불확실성에 대한 사랑을 민주주의의 기본 덕목으로 명명하는 것은 옳다.

## 지속 불가능성

앤서니 기든스는 현대의 특수한 정황을 설명하기 위해서 "거리 두기(distancing)"를 이야기한다. 개인의 행동이 가져올 환경 부담이 행동 자체에서 점점 더 멀어지고 있다는 것이다. 물론 의도하지도 예상하지도 않았던 인간 행동의 결과는 늘 존재했지만, 오늘날 우리는 행동의 결과에 대한 아주 정확한 증거 확보가 가능한 기술을 소유하게 되었다. 이제는 먼 바다에 기름을 버리고 온 유조선을 찾아낼 수 있다. 그리고 아무리 화창한 여름날이라도 하루에 한 번은 꼭 위협적인 오존경보가 울린다. 그렇기 때문에 우리는 세계의 미래에 대해 지금까지와는 비교할 수 없을 만큼 책임감을 느낀다. 이러한 새로운 도덕주의에는 아주 간단한 기술적 이유가 있다.

우리는 사회가 현대화될수록, 그만큼 사회의 변화가 카오스적으로 이루어진다는 인상을 받는다. 그의 원동력은 선형적이지 않다. 유행이 된 용어 나비 효과(butterfly effect)는 시스템에서 출발 조건의 아주 근소한 차이가 엄청나게 큰 차이로 상승할 수 있다는 것(편차과정)을 분명하게 보여주고 있다. 그러나 결과의 증대만이 예측 불가능성을 만들어내는 것은 아니다. 여기에 사회 시스템에 대한 이론도 진화에서 우연의 의미를 승인할 수밖에 없었다는 사실이 덧붙는다. 현대사회에도 해당되는 것은 바로 소음으로부터의 질서(order from noise)이다. 즉 질서는 소음들의 자기 조직과정에서 생성된다. 이는 사회 발전을 예측 불가능하게 하고 이에 대한 다양한 관점들의 협조도 불가능한 것으로 만든다. 그러므로 세계에서 아직 유일하게 가능한 덕목은 복잡성에 대한 민감성이다.

여기에서 새로운 경제 윤리 '지속 가능성(Sustainability)'에 대해 그리 좋지 않은 예측을 내놓을 수밖에 없다. 현대성은 지속적 영향의 반대 개념에 더 가깝다. 사회 각 부분의 공동 진화는 완전히 새로운 형식을 창조하고, 가치-지식-조직-기술-환경이라는 하위 시스템은 서로 선별의 압력을 행사하고 있다. 그렇기 때문에 리처드 노가드(Richard Norgaard)의 주장처럼 경제 시스템과 환경이 "지속 불가능성의 공동 진화" 안에서 발전해야 한다는 것이 여기에서 훨씬 더 현실적인 듯하다. 여기에 환경의 계획적인 합병은 없다. 환경은 경제나 사회와는 다르게 변화한다. 그리고 우리는 환경을 이해할 수 없지만, 그 안에서 스스로를 주장해야 한다는 결과를 얻는다. 공동 진화적인 변화는 합리적으로 형성될 수 있는 과정이 아니라, 실험과 선별 그리고 변화무쌍한 적응을 통해 특징지어지는 것이다.

그러나 지속성이라는 전략이 실패할 수밖에 없는 것이라면 어떻게 해야 하는가? 프리드리히 폰 하이에크는 이미 수십 년 전에 현대 경제 주체의 가장 중요한 덕목을 "예측할 수 없는 것에 적응하는 것"이라고 보았다. 그에 더해 긴장감과 탄력성, 유연성이 필요하다. 한마디로 번역이 까다로운 영어 용어인 레질리언스(resilience, 탄력성, 복원력)를 말한다. 예측할 수 없는 것에 적응하는 능력은 레질리언스와 내구력 습득 능력을 전제로 한다. 여기서 중요한 것은 충격을 흡수하는 능력과 또 예상치 못한 것을 다루는 매니지먼트 능력이다. 그리고 이 점에서 레질리언스의 덕목이 효율성 요구에 기여한다. 예를 들면 장기간 행사할 수 있는 영향을 위한 노력에서와 같은 선취전략이 지속성에 기반을 둔 반면, 레질리언스의 전략은 가변성과 함께한다. "알 수 없다는 것을 샘플화하라." 유연하게 대처하기 위해서는 중복과 느슨한 연결이 필요하다. 이 때문에 21세기의 기업은 "탁월함(excellence)"(톰 피터스)의 유령을 대체한 지속성이라는 또다른 유령을 쫓아가는 대신 레질리언트 디자인을 갖게 될 것이다.

지속성과 완벽주의 대신 유연성과 탄력성—아론 윌다브스키의 마법 용어를 빌리면 "레질리언스에 대한 신뢰"—에 기반하고자 하는 자는 이제 긍정적인 목표 설정의 자리에, 실수에 대한 친화성을 가진 완전히 새로운 문화를 발전시켜야 한다. 완벽주의, 탁월함, 무오류의 매니지먼트들은 결정적인 실수는 언제나 예측할 수 없다는 것을 인식하지 못한다. "오류로부터 안심할 수 있는 시스템은 안전에 대해 실패하는 것을 실패함으로써 오류를 낳는다."(존 갈John Gall) 오류에 안전하게 설계된 시스템은 그것이 예상된 오류를 범하지 않을 때는 무너진다. 실수에 대한 두려움 때문에 완벽주의를 추구하는 자는 실수의 혁신 가능성을 보지 못하는 것이다. 실수는 미래와의 조우이다. 실수하지 않는 사람은 적응 능력을 잃어버리고 과도한 특수화의 함정에 빠진다. 따라서 우리는 미래가 예상치 않았던 것들로 가득 차 있으며, 실수에 친화적인 기업 문화가 이제 기대에서 벗어난 것에 대한 관심을 연마해야 할 것임을 확신할 수 있다. 에른스트 울리히 폰 바이츠제커(Ernst Ulrich von Weizsäcker)는 이를 다음과 같이 형식화한다. "실수에 대한 친화성은 미래와의 연관성을 유능함의 개념으로 만든다."

오로지 미래가 불확실한 곳에서만 큰 이익을 얻을 수 있다. "불확실성과 변화가 글로벌 디자인이 유일하게 보장하는 매개변수"라고 에슬링거는 말한다. 이러한 관점은 물론 성공적인 기업가들의 전형적 자세(Habitus)다. 그러나 그중 극소수만이 이로부터 조직적인 결과를 이끌어낸다. 미래가 불확실하다면, 사람들은 예측할 수 없는 결과를 인지해야 한다. 그렇기 때문에 미래를 예측하고 싶어하기보다는 "복잡함을 껴안는"(허시먼) 것이 더 현명한 태도인 듯하다. 불확실성을 사랑하라, 복잡성을 껴안아라! 그리고 여기에서 이리저리 탈출구를 찾아내는 정책이 지속성과 성취를 위한 전략보다 훨씬 성공적이다. 이는 물론 도덕과 이성을 손상시키는 일이다. 그러나 윤리학은 이제 어떠한 가치의 위계질서도 없으며 대신 모든 가치가 가치 선호의 순환 속에서 돌고 있다는 것을 이해해야 한다. 어제 우리는 부유했고, 산성비로부터 숲을 구하는 일보다 더 시급한 일은 없었지만, 오늘 우리는 대부분 실업자가 되었다. 어디서나 시속 100킬로미터의 속도를 보장해주는 '템포 100' 프로젝트는 이제 몇 년간은 서랍 속에서 잠자게 될 것이다. 또한 이성은 사람들이 복잡한 상황을 포괄적으로 개괄할 수 없다는 것을 이해해야 한다. 허버트 사이먼(Herbert A. Simon)은 계획 수립에서 상쇄할 수 없는 인간적인 한계를 "제한된 합리성(Bounded Rationality)"이라 부른다. 그렇기 때문에 이제는 어떠한 완벽주의나 최적도 없으며, 대신 차선의 해결책인 **만족화**<sup>*</sup>—세련되게 형성된 불완전함—만 존재할 뿐이다. 그러므로 공동진화론적인 관점에서 디자인의 최상의 가치는 다양성이다.

### 돈의 매혹

사회이론의 도서관에서 인문주의적 자본주의 비판이 물러난 후, 우리는 돈이 증오나 폭력 같은 인간적인 것들로부터 사회의 부담을 덜어준다는 사실을 좀더 쉽게 인식할 수 있게 되었다. 이에 대해서는 우리 문화의 문명성과 도회적 분위기의 대부분이 바로 금전 경제에 의해 만들어진 것임을 생각하면 쉽게 이해할 수 있다. 돈이 안정적으로 세계를 지배하는 곳에서는 광신적 이데올로기나 야만적 폭력이 함께 지배할 수 없다. 화폐화된 소유욕은 다른 욕망을 길들인다. 돈에 대한 사랑은 신뢰할 수 있다. 여기에서 부에 대한 욕망이 조용히 확산된다.

사람에 대한 신뢰는 매우 모험적인 일이다. 다행히 현대세계에서는 시스템에 대한 신뢰로써 사람에 대한 신뢰를 대체할 수 있다. 그러나 시스템은 꿰뚫어볼 수 없으며 통제 또한 불가능하다. 이러한 이유로 시스템에 대한 신뢰를 "돈에 대한 신뢰"(루만)로 바꾸어주는 현대 경제의 상품은 뿌리치기 힘들다. 돈에 대한 신뢰는 다른 사람들에 대한 신뢰뿐

---

* Satisficing. 만족(satisfaction)과 희생(sacrificing)을 합쳐 만든 용어. 경제학자 허버트 사이먼이 제안했으며, 현실적 제약으로 논의가 최선의 수준에 이르지 못할 경우, 만족할 만한 정도에만 머무르는 것을 목표로 함.

만 아니라 시스템을 이해하는 데 필요할지도 모르는 정보 또한 절약해준다. 복잡한 상황을 분석하기 위해 필요한 정보가 부족한 곳에서는 가격과 돈의 흐름을 일별하는 것으로 충분하다. 이렇게 C. C. 바이츠제커는 「모든 권력이 주주에게」(*FAZ* 1998년 6월 27일)라는 기고문에서 다음과 같이 쓰고 있다. "돈은 복잡한 다자간 협력을 양자간 교환행위라는 조망 가능한 네트워크로 해체하는 일을 허락해준다."

요약해보면, 돈은 인간의 열정을 길들이고 세계의 복잡함을 경감시킨다. 유로화의 도입으로 독일 마르크화의 소멸이 불러일으킨 불안은 이러한 맥락에서 매우 시사적이다. 많은 사람들이 카오스적인 현대세계에서 마르크화를 안전지대로 생각해왔다. 전후 독일에서 독자적이고 안정적인 통화는 '정체성', 말하자면 자부심과 자아의식을 정립하도록 도와주는 유일한 매체였던 것이다. 그러므로 유럽 통일 통화의 도입으로 위협받는 것은 독일 마르크화가 상징하는 정체성이다. 독일 수상 게르하르트 슈뢰더는 이에 따라 몇 년 전부터 독일인들에게 마르크화에 상응하는 것을 제공하는 일이 가장 중요한 정치적 과제라고 지적했다. 정치가 이러한 과제로 과도한 요구를 받는 반면, 은행에는 엄청난 마케팅의 기회가 주어진다. 그들은 마르크화가 퇴장함으로써 진공상태가 된 항구성, 안정성, 침착성이라는 가치의 자리를 소유할 수 있게 된 것이다. 그러나 이러한 복음의 메시지는 '변증법적으로' 조직되어야 한다. 독일인들의 관심에 복무하기 위해, 바로 그 때문에 독일 은행은 독일적인 것 이상이 되어야 하는 것이다. 이는 투자가 무역보다 앞서 나가고 있다는 인식과 함께 시장근접성에 대한 요구로도 설명할 수 있다.

현재 돈을 다루는 일은 '매우 보수적인' 일이 되어버렸다. 이 때문에 은행을 바꾸는 일이 그렇게 어려운 것이다. 은행 광고를 위해서는 이제 새롭고 흥미로운 고객층으로 젊은이들을 겨냥하라는 의미가 된다. 그러나 여기서 먼저 독일 젊은이들이 자신의 정체성을 아직도 '독일적인 관심'에 대한 것으로 정의하고 있는지부터 질문해보아야 한다. 이 젊은이들에게는 그 전 세대를 괴롭힌 환지통(幻肢痛)이 아예 없다고 추측할 수 있다. 그들에게 유럽적으로 산다는 것은 컴퓨터를 다루는 일처럼 아주 당연한 것이다. 그러므로 현재의 메가트렌드인 세계화와 디지털화는 감정적인 세대 차이를 표시하고 있기도 하다.

다시 한번 돈의 문화적 능력으로 돌아가보자. 돈은 현실적인 동등함, 그러니까 충당할 수 있는 구매력의 동등함을 창조해낸다. 부족한 것은 가격을 갖게 되고, 이 가격은 확고해진다. 먼저 지불하는 사람이 임자다. 돈을 더 많이 가진 사람도, 권력을 더 많이 가진 사람도 아니다. 리우데자네이루 행 비행기표가 매진되었다면, 몇 배 많은 돈을 가져가봐야 소용이 없다. 그리고 라인프롬나데의 알트비어\*는 국가원수에게나 실업자에게나 값이 똑같다. 파슨스는 이를 다음과 같이 멋진 반어적 공식으로 표현했다. "모든 달러는 자유롭고 동등하게 창조되었다." 돈은 동시에 실질적인 자유를 의미하기 때문이다. 돈은 출처에 관계없이 작동하며, 그것을 소유한 사람 누구나 출신으로부터 자유로워진다.

돈의 이러한 매혹적인 능력을 이해하기 위해서는 그것이 매체로 기능하고 있다는 사실부터 알아야 할 것이다. 돈은 얼마든지 여러 액면으로 분할할 수 있고, 지불은 극도로 느슨하게 연결되어 있다. 돈이라는 매체에서는 조종하거나 예측할 수 없으며 다만 단기적으로 반응할 수 있을 뿐이다. 화폐 유통은 통합 효과가 전혀 없으며 완전한 정보 손실

---

\* Altbier, 라인-베스트팔렌 지역에서 주로 마시는 씁쌀한 맛의 진한 호박색 맥주.

을 유발한다. 지갑 속 지폐에서는 누가 그것을 언제 무슨 목적으로 마지막으로 사용했는지 전혀 알 수 없는 것이다. 지불행위가 가져오는 부담이나 가능성의 조건은 아무 역할도 하지 못한다. 돈은 냄새가 나지 않는다(Pecunia non olet). 돈은 그 무엇도 기억하지 않으며 따라서 적응능력은 극대화된다. 그렇기 때문에 돈이라는 매체에서 정보 손실은 오히려 긍정적이다. "유동성은 정보를 절약시켜준다."(루만) 지불한다는 것은 커뮤니케이션한다는 것이며, 가격은 하나의 정보이다. 돈의 이러한 메커니즘은 사람들로 하여금 "가격이라는 추상적인 신호를 통해서만 정보를 얻을 수 있는 상황에 적응하도록"(하이에크) 해준다. 경제는 지불행위라는 형태의 커뮤니케이션이다. 그리고 이러한 경제적인 커뮤니케이션은 명백하다. 가격은 투명한 정보이다. 그것은 모든 컨텍스트를 중성화한다. 그렇기 때문에 돈이라는 매체에서는 커뮤니케이션을 위해 서로를 소개할 필요가 없다.

## 금전 문화의 악마적인 힘

"우리가 늘 찾고 있는 커다란 사건은 돈을 버는 것"임을 애덤 스미스는 이미 오래전에 깨닫고 있었다. 그럼에도 불구하고 돈과 관련된 모든 사업의 이미지는 좋지 않다. 서구의 기독교 문화는 돈과는 양가적인 관계에 놓여 있다. 한편으로는 누구나 더 많은 돈을 소유하고 싶어하며, 전적으로 '더 많은 돈'이 인생의 의미에 대한 일종의 대체물로 기능한다고 생각하고 있다. 그러나 형제로부터 이자를 받지 못하도록 한 성서의 금지 조항, '고리대금업자 유대인'에 대한 증오, '돈을 낳는 돈에 대한 비판'(마르크스), 대형 은행들의 세계 지배에 대한 공포 등은 돈을 다루는 사업에 대한 문화적 의혹이 얼마나 오래되고 지속적인 것인지를 보여준다. 이러한 양가성은 특히 신용 거래에 대한 도덕적 신용 폄하에서 분명하게 드러난다. 신용 거래(credit)는 '신뢰'를 의미하는 라틴어 'creditum'으로 거슬러올라갈 수 있다. 바로 여기에 이미 문제가 숨어 있는데, 신뢰도 양가적인 것이기 때문이다. 신뢰는 높은 강도의 불안정성과 모험을 포함한다. 그것은 언제라도 실망시킬 수 있는 것이다. 그리고 적어도 독일에서는 위기가 비상사태가 아닌 현대 생활의 일상적인 경우―다시 말해 모든 선택은 위험을 감수하는 것이다―라는 의식이 결여되어 있다. 사실은 위험을 회피하는 사람이 가장 위험한 일을 하는 사람이다. 말하자면 그는 시대를 따르지 않는 모험을 하고 있다.

그러나 우리 문화에는 위기에 대한 침착한 관계뿐만 아니라, 부족함(Knappheit)이라는 현대 금전 경제의 두번째 근본 개념도 결여되어 있다. 우리는 왜 항상 갖고 있는 현금이 모자라다고 느끼는 것일까? 부족함은 자연적인 특성도 결핍 현상도 아니다. 부족함은 미래의 욕구가 오늘날의 문제로 다루어지기 시작하자마자 사회의 인공물로 생성된다. 나는 오늘 미래의 욕구가 만족될 수 있다는 것을 확실히 해야 하며, 이는 돈의 부족을 통해 표현된다. 돈이라는 매체 안에서 이러한 연대기적 부족함을 관찰할 수 있는데, 이 문제를 돈으로 코드화한다는 것은 무엇보다 그것을 도덕적으로 가치 평가하지 않는다는 것을 의미한다. 세계를 잘 관찰해보면, 모든 것이 갈수록 부족해지고 있다는 것을 알 수 있다. 그러므로 세계화는 부족함의 일반화를 뜻하기도 한다.

돈을 통한 코드화에 의해 소유에 대한 추구는 영원해진다. 우리가 현대의 금전 경제에 살기 시작한 후부터 실질적인 풍부함과는 전혀 관계

없이 모든 재보가 부족해졌다. 이는 곧 부유함과 함께 빈곤이 자라고 부족함과 함께 과잉이 자란다는 역설에 이르고, 대부분의 사람들은 이에 분노한다. 그리고 얼마 안 되는 사람들이 무언가를 차지하는 모습을 항상 거의 모든 사람이 지켜봐야 한다. 정말 놀라운 일은 이것이 아무 마찰 없이 이루어진다는 사실이다. 누군가 부족한 재화를 차지할 때 "모든 사람이 조용히 참고 있는"(루만) 일이 어떻게 가능할까? 계산할게요!라는 말이 나오는 순간에는 반(反)화폐적인 측면이 존재한다. 부족한 재화를 차지한 사람이 지불해야 하는 돈이 그저 지켜보기만 하는 다른 사람들을 안심시키는데, 돈 또한 모두에게 부족한 재화이기 때문이다. 바로 여기서 자유와 '소외'가 동시에 생성된다. 부족한 재화를 획득하는 것은 지불행위라는 합법성만을 필요로 하는데, 이 외에는 다른 사람들의 관심을 끌지 못한다는 것이다. 당신은 개인으로서는 관심의 대상이 되지 않는다.

　이처럼 경제를 부족함이라는 관점에서 관찰한다면, 이 교환과정을 이제까지와는 전혀 다르게 볼 수 있게 된다. 공식화하자면, 교환은 상징적인 것이며, 부족함은 악마적인 것이다. 교환에서 경제를 이해하려는 사람은 상호작용에 시선을 고정해야 한다. 한 사람이 상품을 가지고 오면, 다른 사람이 돈을 낸다. 교환은 결합작용을 하며, 다른 사람들은 방해받지 않는 작업 안에서 이에 접속할 수 있게 된다. 이보다 더 '악마적인' 경제의 이미지는 박탈되는 것을 관찰할 때이다. 지불하지 않는 사람은 다른 사람이 그것을 획득하는 것을 지켜보아야 한다. 교환 이론가는 상행위에서 이렇게 제외된 제삼자, 그러니까 '관객'을 빠뜨리고 있다. 사실 우리는 거의 언제나 이러한 관객, 즉 경제의 상행위에서 소외된 자인데도 말이다.

경제 시스템에서 탈락한 사람, 그러니까 지불 능력이 없는 사람은 도움을 바라야 한다. 아니, 도움을 '계산할' 수 있다고 표현해야 할까? 카리타스*는 이웃 사랑이 돈이라는 형식을 받아들일 수 있다고 상정한다. 그러나 자선과 이웃 사랑은 비경제적일 뿐만 아니라 비합리적이다. 돈도 부족한 재화이기 때문이다. 토니 블레어는 정권을 잡은 후로 걸인에게 돈을 준 일이 한 번도 없다는 것을 자랑거리로 삼았다. 이는 매우 현대적이다. 왜냐하면 자비로운 행동의 자리에 이제 조직적이고 양적으로 이루어지는 도움에 대한 요구가 들어서기 때문이다. "남을 돕는다는 파토스는 이제 끝났다."(루만) 이제는 그러한 종류의 욕구를 위해 마련되어 있는 장소를 알려줌으로써 궁핍한 사람들을 현대적으로 도울 수 있다. 개별적인 경우에는 적선하지 않는데, 내가 적선을 하면 그럼으로써 다른 사람들은 더 많은 돈을 소유하기 때문이고, 동시에 또다른 사람들은 더 궁핍해지기 때문이다.

물론 세금에서 공제하는 연간 천 마르크의 기부금이 내가 가난한 이웃의 이사를 돕는 일, 또 추위에 떨고 있는 코소보 소녀에게 따뜻한 차 한잔 가져다주는 일을 막는 것은 아니다. 그러나 감사 표시하기, 다른 사람 돕기, 친절하게 행동하기 등이 이제는 은퇴할 때가 되었다는 것은 분명하다. 자본은 감사의 표시와 도움에 대한 기능주의적인 등가물이다. 공공의 영역에서는 돈이 모든 인간적인 동기의 화신이 된다. 그리고 돈 외의 것은 더이상 사례가 아니라고 여겨진다. 그래서 만약 '한 푼'을 구걸하는 사람에게 샌드위치를 대신 주었다면 못마땅한 시선을 감수해야 하는 것이다.

---

* Caritas, 독일 가톨릭 사회복지사업단.

### 미래와의 무역

내가 '미래로의 눈먼 비행'이라는 용어로 표현하려는 문제는 무엇보다 현대 금전 경제에 가장 효과적으로 숨어 있다. 루만의 경우 "경제의 관련 문제"는 "미래를 통한 현재의 자극 가능성"이다. 원칙적으로 말하자면, 관심을 집중시키는 일은 움직임과 새로움 그리고 고통을 통해 유발되며, 이들은 언제나 지금 여기의 직접적인 경험들이다. 그러나 지금이 아닌 미래에 올 것에 대한 관심을 어떻게 불러일으킬 수 있을까? 이를 수행하는 것이 바로 돈이다. 금전적 손실은 '고통의 대상물(代償物)'이다. 경제생활에서 사람들은 욕구 충족을 미루고, 그럼으로써 미래에 이를 확보하는 것을 배운다. 이렇게 금전 경제 시스템은 인생을 위해 "미래에 대한 개장, 개척, 분배"(루만)를 행사한다. 구체적인 욕구 충족의 포기를 통해 나는 이미 미래의 욕구 충족을 추상적으로 확보하는 것이다. 즉, 나는 돈을 쓰지 않은 채 가지고 있다. 여기에서 사람들이 늘 무언가를 포기하고 있다는 것이 분명해진다. 돈, 즉 선택의 자유를 계속 누리기 위해 현재의 욕구 충족을 포기하든지, 혹은 특정한 욕구를 충족시키고 대신 돈 안에서 현현되는 선택의 자유를 포기할 수도 있다.

금전 경제의 곤경은 바로 문화인류학적 한계에 부딪히게 되는 구체적 소비에 놓여 있다. 끝없이 초밥을 먹을 수는 없다. 또한 날마다 휴양지 마요르카로 떠날 수도 없다. 소스타인 베블런(Thorstein Veblen)의 여전히 매우 현재적인 개념 '과시적 소비(conspicuous consumption)'는 보이지 않는 것의 경제가 이러한 문제를 어떻게 해결할 수 있는지 처음으로 분명하게 보여주었다. 그것은 "포괄적인 미래를 위해 필요한 돈의 가치 측정을, 환상의 소비행위에 대한 평가절상을 통해 현재에서 이미 만들어내고 있다".(루만) 우리는 앞 장에서 이러한 소비 환상을 정신적인 부가가치로 살펴보았다.

　돈 자체는 아무런 가치가 없으며, 쓰인다는 유일한 의미만을 갖고 있다. 그렇기 때문에 돈은 소비자들이 소비 가능성에 대해 지속적으로 숙고하도록 유발한다. 소비는 금전 경제에 있어 미래라는 수평선에서 벌어지는 현실 테스트인 것이다. 이미 언급한 것처럼 문화인류학적 한계가 아주 밀접하게 연관되어 있기 때문에, 보이지 않는 것의 경제에서 하는 소비행위에서는 가상적인 소비의 성취가 점점 더 중요해진다. 나는 크리스마스 시즌에 샌프란시스코로 여행할 수 있을 것이다. 그러나 나는 그 돈을 산악자전거에 투자할 수도 있는데, 그렇다면 스릴 넘치는 멋진 모험을 할 수 있을 것이다. 상품이 현대화될수록, 그만큼 상품이 가져다주는 잠재적 가능성도 고갈되지 않으며, 또 그만큼 욕구 충족은 점점 더 가상적으로 이루어진다. 이는 컴퓨터를 생각해보면 알 수 있다. 그래픽 프로그램으로 얼마나 많은 것을 할 수 있다고들 하는가! 그러므로 시장의 작동방식은 허구적인 것, 다시 말해 "마치 ~처럼"에 의존한다.

　돈은 실제 소비 기회를 통해서가 아니라, 바로 그 자체로 이미 충족되기 때문에 모든 매체 가운데 가장 매혹적이다! 다르게 말해 경제는 그가 순환시키고 있는 돈에 스스로 빚지고 있다. 돈은 소비 현실이라기보다는 선택 가능성에 더 가깝다. 그렇기 때문에 경제는 언젠가 현재가 될 수 있는 것보다도 훨씬 더 많은 미래를 갖고 있는 것이다. 이윤도, 욕구 충족도 돈을 지출하는 일을 제한할 수 없다. 그러나 사람들은 소비의 결정을 미룰 수 있고 그럼으로써 돈을 소유하는 데서 오는 추상적인 가능성을 누릴 수 있다. 루만은 이렇게 말한다. "행복의 불안정성은 돈을 통해 행복에 대한 단순한 가능성의 안정성으로 변형된다."

권력과 마찬가지로 돈은 현재에 안정성을 부여하고, 이로써 미래에 닥칠지도 모르는 불확실한 문제가 해결된다. 권력과 돈은 확실성의 등가물이며, 정보를 구해야 하는 일과 경우에 따라서는 예측해야 하는 일까지도 면제해준다. 이제는 신이 아니라 돈이 세계의 안정성을 보장해주는 것이다. 주의할 것은 여기에서 안정성이란 걱정 근심 없는 삶이 아니라, 미래의 불확실성이 이제는 돈을 사용하는 모험으로 전환된다는 것을 뜻한다. 돈은 우리가 가장 안전하게 열린 미래로 항해할 수 있게 해주는 매체이다. 그러므로 돈은 미래를 위한 보험 기능을 하며, 돈을 다루는 일은 언제나 '미래와의 무역'이다. 오로지 돈을 거래함으로써만 미래를 위한 일에 착수할 수 있다.

현대의 금전 경제에서 이러한 추상적인 미래안정성은 무엇보다 가격의 기능에서 분명해진다. 프리드리히 폰 하이에크에 따르면 가격은 "개인들은 알아볼 수 없지만, 그곳에 그들의 계획을 맞추어야만 하는 변화의 징후를 알려주는" 기능을 하고 있다. 돈의 무차별성은 가격의 차이로써 차이를 가시화한다. 그렇게 돈은 특수한 경제적 학습 능력을 간단한 지시를 통해 가능하게 해준다: 가격을 관찰하라! 가격의 관찰은 경제의 카오스를 관통하는 눈먼 비행을 가능하게 해주는 것이다.

모든 것에는 가격이 있기 때문에, 돈이 세계의 카오스를 관리한다. 공식화해보면, 돈은 카오스를 고정한다. 미래의 알 수 없는 위험은 이제 화폐 유통의 모험으로 모델화해볼 수 있다. 돈을 번다는 것은 미래에 대한 집중적인 보험이다. 한마디로 돈은 '자유롭게 처분할 수 있는 미래'인 것이다. 어떤 일이 닥쳐도 돈으로 관리할 수 있다. 돈이 만능

해결사가 된다. 돈을 가진 사람은 무슨 일이 일어날지 알 수는 없어도, 그것을 기다려볼 수는 있다. 대형 투자가 조지 소로스는 이를 다음과 같이 요약한다. "금융 시장에서 판매자와 구매자는 자신들의 결정에 따라 좌우되는 미래에 모든 계산을 부담시키고 있다." 미래와의 이러한 무역에서 경제세계는 돈이 단지 '상품의 위성(衛星)'에 불과하다는 슘페터의 전통적인 개념 설명으로는 더이상 이해할 수 없는 고도의 복잡성에 다다른다. 이로써 일 대 십으로 이루어지는 투자와 투기의 관계는 분명해진다.

### 소프트노믹스

금융의 세계에는 차가운 합리성의 아우라가 존재한다. 여기에는 객관적인 이유가 있는데, 돈을 다루는 사업은 매우 삭막하고 익명적이며 추상적이기 때문이다. 원칙적으로 지불행위와 가격은 막대한 정보 손실과 컨텍스트 손실을 양산한다. 누가 왜 지불하느냐는 아무 상관이 없다. 언제나 그랬지만, 오늘날은 여기에 결정적인 것이 더해진다. 전자금융거래보다 더 추상적인 것은 없다. 전자화폐(electronic cash)에 대해서는 이미 1994년 11월 26일자 이코노미스트에서, 이것이 다시 한 번 돈의 존재에 대한 오래된 질문을 극명하게 제기하고 있다고 언급했다. "전자화폐는 그 어떤 본래적인 가치도 약속해주지 않으며, 물질적인 존재가 지나간 흔적 또한 거의 없다. 인터넷은 무엇이 돈에 가치를 부여하느냐는 질문을 하도록 강요한다." 전자화폐에는 독자적인 가치는 물론, 물리적인 존재의 흔적조차 없다. 이렇게 인터넷은 가장 급진적으로 무엇이 우리가 돈에 속한다고 생각하는 가치를 만들고 있는지 질문하도록 한다. 여기에는 은유가 도움이 될 수 있다. 컴퓨터로서의 사회라는 가장 먼저 떠오르는 은유를 택한다면, 개별적인 사회 시스템들에서 코드의 차이점은 0/1 전환 스위치이며, 돈은 이를 관통하는 에너지가 된다.

전자적 자료 처리가 시작된 후부터 돈과 정보는 점점 더 유사해지고 있다. 이것은 21세기 커뮤니케이션 테크놀로지를 위한 가장 중요한 무대가 바로 금융시장이라는 의미이다. 돈의 흐름과 정보의 흐름은 점점 더 구별할 수 없게 된다. 이에 더해 아시아와 제3세계에서 폭발적으로 성장하고 있는 산업과 시장들은 서구 사회 또한 더이상 노동과 토지, 자본 위에서만 미래를 설립할 수는 없다는 것을 분명히 해준다. 서구 산업국가들이 경제에서 선진적 위치를 유지하려 한다면 그들은 먼저 정보와 지식이 새로운 경제 자원이라는 것을 이해해야 한다.

쉽게 말해 미래의 문화에 대한 모든 결정적인 과정과 정황은 비물질적으로, 그리고 고도의 기술적 방법으로 전달될 것이다. 세계는 점점 더 손으로 붙잡을 수 있는 구체성을 잃어간다. 금융산업의 본질적인 추상성은 텔레커뮤니케이션이라는 새로운 기술을 통해 더욱 현저히 상승하고 있다. 이러한 맥락에서 세계화폐라는 새로운 컴퓨터 현실을 의미하는 '소프트노믹스(Softnomics)'에 대해 언급할 수 있다. 여기에는 전자화폐, 전자은행, 홈뱅킹과 '하이퍼텍스트'에서의 고객 상담 서비스 같은 새로운 기준이 해당된다. 오늘날 우리는 은행 업무(Banking)가 은행(Bank)에서 해방되는 것을 보고 있는 것이다. 하워드 앤더슨(Howard Anderson)은 이렇게 말한다. "누구에게나 은행 업무가 필요하지만, 은행이 필요한 것은 아니다."

돈은 시장을 규정한다. 그리고 스스로 시장으로부터 규정된다. 프리드리히 폰 하이에크의 통화 경쟁이라는 근본 개념은 마침내 발행 은행의 브랜드 상품으로서 돈을 목표로 하고 있는 것이다. 이것은 상품을 비싸게 유지하는 역설적인 경쟁이 될 텐데, 왜냐하면 오직 비싼 돈만이 매력적이기 때문이다. 유로화 대신 통화 선택(choice in currency) 논의가 있었던 이십 년 전에 비해 사이버스페이스에서의 이런 대담한 구상이 어느 정도로 더 현실화된 것인지는 숙고해봐야 할 것이다. 오늘날 우리에게는 매번 가장 새로운 가격 정보라는 바탕 위에서 통화 브랜드의 가치를 항구적으로 계산할 수 있는 컴퓨터가 있기는 하지만 말이다.

### 통제 가능한 모험의 문화

은행은 시장의 우연성에 대비하고 그 불안정성과 거래하는 것을 돕는다. 그리고 이는 바로 은행이 개개인에게는 아주 위험하게 작용할 수 있는 한계를 극복하는 일을 돕는다는 것을 의미한다. 이러한 점에서 은행은 모험의 매니지먼트를 위한 커뮤니케이션의 중심이 된다. 은행은 어떤 모험이 해볼 만하고, 어떤 모험은 그렇지 않은지 구분하는 일을 돕는 것이다. 공식화하면, 은행은 경제의 모험을 처리한다. 그들에 의해 모험에서 생산성의 요소를 발견하는 일이 가능해진다. 그러므로 이러한 자각이 뚜렷한 은행은 통제 가능한 모험의 문화를 위해 기능해야 한다.

은행은 첫째, 경제의 작동과 자기 조절을 안전하게 해준다. 다시 말해 오로지 은행만이 모험의 관점에서 경제의 자기 관찰을 가능하게 한다. 기업에 대한 은행의 신용 거래 여부는 스스로의 사업 상황을 읽을 수 있는 표시가 된다. 여기서 혁신과 신용 거래의 밀접한 관계를 분명히 할 수 있다. 둘째, 은행은 경제에서 새로운 것의 탄생을 돕는 산파이다. 우선 이것은 신용 거래가 자본을 움직여 무엇인가를 효율화한다는 점에서 원칙적으로 유효하다. 그리고 국가의 기업 운영 정신의 관점에서 볼 때 신용 거래는 기업의 기능을 '재산 소유'의 조건에서 해방시켜 준다. 이러한 맥락이 분명해지고 나면, 신용 거래에 대한 의미심장하며 공격적인 '번역'도 가능해진다. 신용 거래는 기업 정신과 경제 발전의 전제조건이다. 다른 말로 하면, 은행은 재능 있는 자들을 신용 거래라는 매체를 통해 성공으로 이끈다.

현대 금융 거래의 비물질성에 직면해 은행이 원래 무엇을 생산해내는지 이야기하는 것은 더욱 어려워졌다. 그러나 앞에서 언급한 배경에서 다음 두 가지 핵심 제품을 이야기해볼 수 있겠다.

- 은행은 구매력을 생산한다. 그들은 지불 능력을 보증해준다. 이로써 은행은 자기 자금과 신용 거래를 혼합한 관계의 최적화를 성취한다. 은행은 투자가들을 자신의 자금에서 해방시키는 것이다. 이를 통해 비로소 현대적이고 고도로 복잡한 경제가 가능해졌다.
- 은행은 새롭게 조합된 정보를 생산한다. 미래의 은행은 돈으로만 지불되는 것이 아니라 정보로 지불되는 경우가 많아질 것이다.

현대 은행의 수행 능력은 정보처리와 상담, 모험 매니지먼트의 통일체를 형성하고 있다. 경제의 복잡성과 함께 상담의 필요성은 점점 성장하고 있으며, 오늘날 이것은 좁은 의미의 은행 업무 틀 안으로 뛰어들어왔다(컨설팅 뱅킹). 이제 데이터의 흐름과 돈의 흐름이 더이상 분리될 수 없는 것과 마찬가지로, 은행의 고객은 경제의 복잡한 네트워크 속에서 조언과 방향 설정을 필요로 하는 사람이기도 하다. 이로 인해 은행의 커뮤니케이션 능력이 결정적인 경쟁 능력이 된다. 고객은 자산 형성과 보험 그리고 부동산 운영이 모두 결합된 포괄적인 상담을 기대한다. 그렇기 때문에 포스트 고전적인 은행은 금융 서비스의 전체 스펙트럼을 모두 상담 대상으로 삼아야 하는데, 여기에서 테크놀로지로 지원되는 매체는 은행의 커뮤니케이션 능력을 기술적으로 보완하는 새로운 가능성을 제공한다. 고객과의 커뮤니케이션은 이제 상호작용으로까지 스스로를 구체화할 수 있다.

**은행의 사용자 환경**

정확한 정보, 통합적인 상담과 모험 매니지먼트 — 이것은 무엇보다도 인터페이스 디자인의 문제이다. 은행은 자신의 '사용자 환경'을 어떻게 최적화할 것인가? 광고 캠페인은 대부분 탈시뮬레이션 전략을 따르고 있다. 마치 디지털 세계가 아예 존재하지 않으며 인간으로서 인간을 만난다는 듯 말이다. 혹은 블랙박싱(Black Boxing) 전략을 따를 수도 있다. "인생을 즐기세요. 세세한 것은 저희가 챙겨드리겠습니다."* 이보다 더 미래적인 은행상은 인간과 매체의 조화로운 협력을 그 중심에 세우게 될 것이다. 컴퓨터 테크놀로지는 계산과 저장, 탐색에서는 최고

---

* 독일의 유력 은행 중 하나인 히포페어라인 은행의 광고문구.

의 능력을 자랑한다. 가치 평가와 컨텍스트를 인식하는 문제에서는 인간을 대체할 수 있는 것은 없다. 그리고 여기에서 은행의 '사용자 환경'은 인간과 컴퓨터의 시너지 효과 속에서만 신뢰 가능하게 제공될 수 있다는 결론이 나온다. 여기에서 메시지는 이렇다. 우리는 인간으로서 인간을 대할 수 있도록 가장 현대적인 커뮤니케이션 테크놀로지를 도입했습니다! 바로 금융거래의 디지털화(그리고 이에 결합된 가속화)는 '상담'을 위한 시간을 제공한다. 그러므로 여기서 분명해지는 것은, 일상생활권 안으로의 컴퓨터의 진출은 커뮤니케이션에서 비인간화를 의미하는 것이 아니라, 오히려 그 반대로 이와 함께 비로소 인간적이고 개인적인 고객 상담이 가능해졌다는 사실이다.

이것이 미래의 모든 도전에 반응해야 할 기본적인 마케팅 전략이 되어야 한다. 기술적인 혁명과 인간적인 것에 대한 보상. 다시 말하면 디지털화와 세계화라는 서구 문화의 메가트렌드에 대해 더이상 찬성이나 반대, 아니면 불안해하며 주저하는 것으로 대답을 대신하는 것은 현명하지 못한 일이다. '멀티컬처'나 세계화와 마찬가지로 '멀티미디어'와 텔레커뮤니케이션의 경우에도 보상전략으로써 작동시켜야 한다. 다시 말해서 이러한 저항할 수 없는 발전을 인간에 대한 무리한 요구로, 그러나 그렇기 때문에 이에 대한 등가적인 보상도 기대되는 그러한 요구로 이해해야 한다는 것이다.

이런 보상전략을 보다 구체적으로 이해하기 위해서는 고객이 경제의 군주라는 진부한 사실을 기억하는 것이 도움이 된다. 21세기의 은행이 무엇을 생산해내는지는 고객에게서 배워야 한다는 것이다. 그러나 고객의 희망사항을 '조사'하는 것과는 아무 관계가 없다. 그보다는 고객의 시각으로 바라보는 것을 연습하는 것이 훨씬 유용하다. 오늘날 소비자에게 모든 금융 서비스는 보충적인 관계 속에 존재한다. 시장을 고객의 눈으로 관찰하면, 상품은 하나의 문제 해결, 혹은 욕망의 성취로 변화한다. 그러므로 새로운 마케팅은 상품을 하나의 문제 해결로 판매해야 한다. 여기에서 광고와 공공사업은 무엇보다도 내부인의 용어와 미국주의를 피해야 한다. 물론 금융영어로 자신의 국제적인 능력을 과시하려는 일은 있을 수 있다. 그러나 대부분 이러한 용어를 이해하지 못하는 보통 고객들을 불안하게 한다. 금융거래가 복잡해질수록, 그만큼 은행이 고객에게 분명함, 단순함 그리고 정직함의 언어를 사용하고 있느냐가 더욱 결정적이다. 보상전략에 해당하는 것은 다음과 같은 요구이다. 기술적으로는 무장하고 언어적으로는 무장 해제하라!

표현에 꼭 필요한 분명함과 단순함은 오늘날에는 더이상 '즉물성'이라는 프로그램에 의해서는 성취될 수 없다. 즉물성이란 사람들이 기능에서 (디자인과 표현의) 모든 형식을 전개할 수 있다는 확신을 의미했는데, 이는 오늘날 더이상 가능하지 않기 때문이다. 따라서 고도로 복잡한 시스템들은 '즉물적'으로 표현될 수 없다. 은행의 작동 방식은 컴퓨터와 마찬가지로 대부분의 사람들에게는 블랙박스인 것이다. 그렇기 때문에 은행의 마케팅과 광고는 즉물성에서 감정 디자인으로 위치를 전환해야 한다. 상품은 로고가 된다. 은행도 컬트 브랜드로 등장해야 하는 것이다.

### 계몽된 자본주의

글을 쓰면서 밖을 내다보니, 아침 햇빛을 받아 빛나고 있는 LBS 뒤셀

도르프 은행의 금속 벽면이 눈에 들어온다. 무척 인상적인 풍경이다. 또다른 창문으로는 비슷한 풍경을 연출하고 있는 WestLB 은행 건물이 보인다. 돈의 힘은 '자본의 성당' 안에서 점점 가시화되어간다. 이처럼 거대한 은행 건물에서 사람들은 은행이 수입이 적은 고객들에게는 근본적으로 아무런 관심이 없다는 사실을 본다. 그렇기 때문에 은행을 권력을 가진 오만한 괴물로 표현하는 것은 대중매체의 공공성에서 아주 간단한 일이다. 특히 독일에서는 권력과 권력의 오용을 동일시하는 경향이 있다. 이러한 이유로 정치 시스템에서의 권력만이 참을 수 있는 것이 된다. 그리고 돈의 권력은 문젯거리가 되는 것이다. 권력의 기념비로서의 거대 은행은 특히 매체현실에서 희생양으로 적합하다. 이것은 은행 이용료 인상에 대한 정치 쟁점화에서부터 대형 은행을 사실상의 지배자로 보아 악마적으로 그려내는 일까지를 포함하고 있다.

이러한 문제는 공격적으로만 다룰 수 있다. 은행의 권력을 부정하는 것은 무의미한 일이다. 대신 이러한 권력을 사회정치적인 책임으로서 공격적으로 해석해야 한다. 오늘날 거대 은행은 시장뿐만 아니라 공공성의 영역에서도 능력을 발휘해야 하는 것이다. 이것은 경제 논리로는 다룰 수 없는 완전히 다른 환경이다. 금융 사업에 대한 오래된 선입견 때문에 지금까지 은행은 대부분 스스로를 방어적으로 표현했다. 그러나 이는 경제에서 은행이 차지하는 중심적 위치에 모순된다. 은행의 중심적 의미는 오늘날 모든 경제활동이 돈으로 코드화된다는 사실에서도 이미 충분히 분명해진다. 다시 말하면 현대 경제는 돈이라는 매체 안에서의 커뮤니케이션이다. 그리고 이 때문에 은행은 경제의 중심에 서 있다.

이러한 중심적 위치와 커뮤니케이션의 힘은 지금까지는 대부분 생산과 소비 또는 무역에만 집중하고 있는 은행을 공공 영역에도 분명하게 나타나도록 해야 할 것이다. 여기에서 은행은 1900년 은행에서 일하는 사람을 "국가 경영정신의 지휘자"로 명명했던 지멘스(Siemens)의 자의식에 연결될 수 있다. 물론 이는 변화된 조건의 틀 안에서 연결되어야 한다. 돈은 초국가적인 것이 되었고 때문에 더이상 민족국가에 의해 통제될 수 없다. 그러나 여기서 중요한 것은 경영정신의 지휘라는 기능이다. 사회주의 세계의 몰락과 함께 은행의 이미지 개선을 위한 기회가 결정적으로 상승되었다. 모든 대안들이 무너진 다음 자본주의와 경쟁할 만한 경제형식은 사라졌다. 자본주의는 처음으로 자신의 이데올로기 방어 자세에서 밖으로 나올 수 있게 되었다. 그리고 바로 거대 은행이 계몽된 자본주의의 자의식을 표현하는 소명을 받은 것이다.

금융시장의 고객 집단은 다른 소비 시장에서보다 훨씬 더 눈에 띄게 정치적인 관객들과 일치한다. PR, 광고, 마케팅, 여론, 의견조사, 시장조사—이러한 개념들은 모두 긴밀한 친화성을 가지고 있다. 이들의 공동 주제는 피플 프로세싱이다. 다른 말로 하면, 정치 사회적인 것은 마케팅의 무대, 광고의 테마월드가 된다. 대기업의 사회적, 정치적 프로필이 중요해질수록, 정치는 급박한 세계 문제에 대해 해답을 줄 수 있는 위치에서 멀어진다. 그러므로 에이즈, 기아, 이주민, 과잉인구, 외국인 증오 등 정치가 처리할 수 없는 무거운 주제를 광고가 넘겨받는다. 여기에 '하나의 조직으로서 사회적 책임을 넘겨받겠다'는 거대 은행의 근본주의적인 메시지가 전달되어야 한다. 그러므로 은행은 이제 단지 그들의 상품과 소통하는 것이 아니라, 사회적인 행동과 문화적 정체성에까지 관계하고 있는 것이다.

대중매체의 뉴스는 원칙적으로 예상치 못한 놀라운 일, 스캔들, 대재앙에만 관심을 가지고 있기 때문에, 주목받고 있는 기업에는 자신들의 실수에 대해 생산적인 관계를 발전시킬 수 있느냐 없느냐가 중요하다. 왜냐하면 '스캔들'의 경우—확장된 척도로는—불평 수리나 개선 제안을 할 때와 동일한 문제, 즉 부정적인 피드백과의 긍정적인 관계를 획득하는 일이 문제가 되기 때문이다. 모든 실수는 시스템에서 학습 능력을 선보일 수 있는 기회이다. 그리고 모든 공개적인 '스캔들'(슈나이더 박사 스캔들, 브렌트 스파Brent Spar 사건)에는 제때 활용하지 못한 PR의 기회가 숨어 있다. 그러한 경우 커뮤니케이션 디자인으로서의 마케팅에 아주 중요한 과제가 주어지는데, 바로 '상담 치료적인' 커뮤니케이션을 작동시키는 일이다. 대기업에서는 마케팅, 광고, 대중매체와 여론이 하나의 복잡한 자동 조절 시스템을 구성한다. 여기서 바로 PR의 사이버네틱에 대해 이야기할 수 있을 것이다. 극단적이고 그 때문에 배울 것이 많은 예로는 바젤 대참사 이후의 산도스 사(社)*나 "브렌트 스파" 이후의 셸 사**를 들 수 있겠다. 실수, 스캔들, '대재앙'은 현대 기업처럼 고도로 복잡한 시스템에서는 피할 수 없는 것들이다. 그러나 이에 따르는 커뮤니케이션의 재앙은 피할 수 있다. 여기에서 도출되는 공공영역에서의 마케팅을 위한 기본 문구는, 대중매체에 대해 불평하지 말고 오히려 그들의 논리를 이해하고 그것을 연주하라는 것이다.

---

\* 1980년 바젤의 라인 강변에 위치한 산도스 사 화학공장에 불이 나서 라인 강이 죽음의 강이 된 사건. 이후 산도즈 사는 라인 강을 되살리는 데 앞장섬으로써 신뢰를 회복했다.
\*\* 1995년 셸 사가 북해의 석유 채취 플랫폼인 브렌트 스파를 바다에 침몰시키려는 계획을 세웠다가 독일 국민들의 강력한 항의와 불매 운동 때문에 취소한 사건. 이후 셸 사는 환경 친화적인 기업 이미지를 만드는 데 주력했다.

## 악마가 보는 것

레오나르도 다빈치는 지식의 세계에서 최초의 현대였다. 마키아벨리는 결정의 세계에서 최초의 현대였고, 그의 군주는 말하자면 최초의 '대기업 간부(executive)'였다. 다빈치처럼 마키아벨리도 현대로 가는 길의 이정표였다. 그리고 누구나 아는 것처럼 이정표는 그들이 지시하는 바로 그곳에는 서 있지 않다. 그렇기 때문에 '마키아벨리로의 귀환'이 중요한 것이 아니라(여성을 위해서도), 이와 함께 잘못된 방향 안내를 수정하는 것이 더 중요하다 ─ 예를 들면 박애주의라든가 인문주의, 윤리학, 사랑을 지시하는 안내 말이다. 여기서 나의 중심 주제를 다음과 같이 형식화해볼 수 있다. 매니지먼트에는 신정론(神正論), 즉 악(惡)에 대한 허가가 빠져 있다. 대신 대부분은 사랑과 사랑에 빠져 있거나 따뜻한 마음의 법칙을 따르려 한다. 그러나 사랑에 의한 매니지먼트는 존재하지 않는다.

신학자들에게서는 원죄가 실은 행운이었다는 인간 친화적인 매니지먼트를 배울 수 있다. 다른 말로 하면 신도 세계를 매력적으로 작동시키기 위해 악마를 필요로 했다는 것이다. 다시 말해 신은 모든 것을 좋게 만들어낸 유일한 존재이고, 이에 반해 악마는 관찰자가 가진 차이와 거리를 만들어내는 존재이다. 그렇기 때문에 차이를 만들어내는 데 찬성하는 사람을 아드보카투스 디아볼리(Advocatus diaboli), 즉 중상하는 자라 부른다. 사실 그는 외부에서 시스템을 관찰하는 관찰자들의 변호인이다. 신학자들은 악마를 사악한 존재로 낙인찍었는데, 왜냐하면 사실 악마는 훌륭한 신학자로서 신을 관찰하고 있기 때문이다. 신학적인 것에서 정치적이고 경제적인 용어로 번역해보면 다음과 같은 의미가 된다. 통일의 사상은 합의와 이해, 연대성에 놓여 있고, 차이의 사상은 분규와 오해 그리고 경쟁에 놓여 있다.

사랑에서 '악한 것'으로, 통일성으로부터 차이로, 사회적 동의에서 불일치로 사고의 전환이 가능하다는 것은 많은 징후로 나타나고 있는데, 이러한 징후는 오도 마르크바르트가 "악에서 악한 이미지를 제거함"이라고 명명한 문화역사적인 과정에 연결되고 있다. 예를 들면 악취미 운동(Bad Taste Movement)이나 키치적인 것의 성공, 그리고 쓰레기 미학(Trash-Ästhetik)과 나쁜 소녀(Bad Girl) 이미지가 대중매체에서 각광받는 것을 생각해보면 된다. 악한 것들에 대한 칭찬은 문화 비판의 새로운 형식이다. 무엇에 맞서기보다는 규정에서 벗어나 게임을 하는 것이다. 나쁜 것은 쿨하다. 그렇기 때문에 다음과 같이 진단해볼 수 있다. 섹스에서 나쁜 이미지를 제거하는 일은 70년대에 성공했다. 성이 해방된 후 이제 우리 문화는 공격성에서 악한 이미지를 제거하는 작업을 수행하고 있다.

모든 사람이 도덕을 부르짖고 있지만, 다르게 이해해보자. 윤리위원회에 참여하고 있지 않거나 새로운 가치의 생성을 후원하는 사람들은 쉽게 비도덕적이라거나 아예 '악한' 사람이라는 의혹을 받는다. 그리고 이것이 바로 당시 마키아벨리의 운명이기도 했다. 그의 '위법행위'는 윤리적이거나 신학적으로가 아니라 정치적으로 정치를 조직하려 했던 것이다. 모던은 바로 어떤 시스템이 자기 조직 안에서 다른 시스템의 가치와 코드를 전혀 고려하지 않을 때의 시스템이다. 언제나 현대화 과정을 가로막은 것은 바로 윤리의 유령이었던 것이다. 도덕은 대안적인 것의 기능주의적 자의식을 방해하기 때문이다. 그리고 이로써 마침내 도덕은 개혁을 방해한다는 결론에 이른다.

해결책을 모르지만 스스로 변화하고 싶지는 않을 때, 사람들은 가치에 의존한다. 그러므로 도덕이 현실에 의무를 요구한다는 것은 여기에서 사회가 배울 준비가 되어 있지 않다는 바로 그 지점을 표시해준다. 가치와 함께 사람들은 문제를 보이지 않는 것으로 만들 수 있다. 그렇기 때문에 비즈니스 윤리학은 진퇴양난에 빠지게 된다. 박애주의는 기업에 해롭다고도 할 수 있다. 왜냐하면 우리가 우리 모두를 사랑한다면, 모든 문제는 더이상 명명할 수 없는 것, 보이지 않는 것이 되어버리기 때문이다. 박애주의는 현대사회의 중심 주제인 '복잡성'으로부터 다른 곳으로 주의를 돌리게 한다.

그리고 이렇게 주의를 돌리는 일, 즉 윤리라는 유령을 통한 마취는 언젠가는 비싼 대가를 치르게 된다. 사람들은 자유를 잃고 스트레스를 받게 되니 두 배의 가격을 치르는 셈이다. 스트레스는 과로 때문에 생기는 것이 아니라, 바로 사람들이 알고 싶어하지 않는 문제에서 생겨난다. 그리고 자유는 다른 가치들을 통해서만 위협당하는 가치인 것이다. 윤리에 대한 요구는 물론 제한과 금지, 금기를 강요한다. 명민한 관찰자라면 여기서 선인의 '악한' 잠재성을 쉽게 알아볼 수 있을 것이다. 윤리적인 이상이란 실은 공격성의 다른 이름이기 때문이다. 선인들은 다른 사람들의 자유를 싫어하고 이러한 미움을 인류애로 판매한다.

모든 관찰은 구분을 전제한다. 이것은 다시 말하면 숨겨진 경쟁 자세를 뜻한다. 경쟁에 참여하는 자들은 어떤 구분으로 시장을 관찰할까? 예를 들어 빌 게이츠는 친구/적이라는 분명한 구분을 사용한다. 이 때문에 그는 돈도 벌고 유명해지기도 했지만, 동시에 미움도 받았다. 독일사회가 이러한 구분에 얼마나 민감하게 반응하는지를 보기 위해서는 크룹(Krupp)을 통한 티센(Thyssen) 그룹의 '적대적 인수' 시도를 떠올려보면 된다. 당시 녹색당원과 좌파 성향의 사민당원들은 이 문제에 관한 한 어떠한 적도 찾을 수 없었다. 독일에서는 오직 오락영화만이 친구와 적을 구분할 수 있다.

친구와 적의 구분을 꺼려하는 데는 역사적으로뿐만 아니라 사회학적으로도 납득할 만한 이유가 있다. 현대성은, 주인과 노예를 구분했던 투쟁이 이미 오래전에 제삼자, 곧 구매자를 획득하기 위한 경쟁으로 바뀌었다는 것을 의미하기 때문이다. 다르게 이야기하면, 현대세계에서 정치적 적수는 경제적인 경쟁자와 윤리적인 토론 상대자로 해체된다. 시장의 평화는 이제 원수를 사랑하라는 기독교적인 계명의 실현으로 해석할 수 있는 것이다. 마지막으로 구분할 수 있었던 과거의 적은 패배시킨 후에는 커다란 재정적 부담으로 돌변했다(이것이 냉전의 교훈이다). 그리고 미래에 대해서는 다만 이렇게 말할 수 있을 뿐이다. 이제는 공격을 개시하고 나서야 비로소 적을 알아볼 수 있다. 이 모든 것은 오늘날 자크 데리다 같은 현명한 사람들마저 친교의 정치학을 꿈꾸도록 잘못 이끌고 있다.

**악의 매니지먼트**

문화인류학자들을 믿어도 된다면, 인사는 원래 위협의 몸짓이었다. 이는 문화란 끓어오르는 카오스를 감싸고 있는 얇은 사과 껍질 같은 것이고, 어떤 문화적인 세련성도 자연적 인간(homo natura)이라는 원본을 지울 수는 없다는 니체의 주장에 대한 좋은 논증이 된다. 그의 적들, 즉 기독교인들처럼 니체도 인간은 천성적으로 악하다는 전제에서 출발

한다. 다만 그의 귀에는 이것이 기쁨의 복음으로 들렸을 뿐이다. 이로써 같은 진단에서 극도로 다른 상담 치료가 제안될 수도 있다는 사실이 분명해진다. 예를 들면, 인간은 천성적으로 악하기 때문에 본성에서 탈출해 반자연적으로(antiphysis) 변해야 한다. 혹은 인간이 천성적으로 악하다면, 애초에 나쁜 욕망이라는 것도 없다. 단지 사용만이 그의 가치를 결정한다. 그렇다면 우리가 가진 포스트모던의 기본 경험은 아마도 욕망의 고전적 사용이 저지른 무절제와 수동성이라는 기본 과오와 동일한 것이 될 것이다. '악한 것'이라는 판결은 이에 따라 자아(Ich)와 이드(Es)를 기수와 말에 빗댄 프로이트의 유명한 비유가 의도하고 있는 매니지먼트의 문제를 표시한다. 이것은 또한 사이버네틱 조정의 모습이기도 한데, 사이버네틱에서는 악순환에서 악을 제거하는 것이 중요하다는 것을 암시하고 있다.

악순환에서 벗어나는 것이 아니라, 적합한 방법으로 그 안으로 들어가는 것이 오늘날의 문젯거리이다. 결과는 원인의 원인이고, 개는 자기 꼬리를 물고 돈다. 그리고 이것은 이대로 좋다. 우리가 배워야 하는 것은 그러한 패러독스의 악한 부분을 어떻게 경영하느냐는 것이다. 그러나 인간의 자기 관련 안에서만 악한 것의 매니지먼트라는 과제가 형성되는 것은 아니다. 오늘날에도 능가할 수 없이 탁월한 사회 시스템 모델인 망드빌(Mandeville)의 꿀벌 우화는 사적인 악덕(Private Vices), 공공의 이익(Public Benefits)이라는 마술 용어를 제공하고 있다. 개개인에게는 악습인 것이 전체에는 긍정적으로 작용한다. 따라서 항상 악한 것을 원하고 그럼으로써 항상 선한 것을 만들어내는 정신이 경제적인 것으로 보인다. 경제는 악한 의도를 선한 결과로 변화시키는 것이다.

이와 정반대되는 곳에 사회 나머지 부분의 시스템들이 놓여 있다. 정치는 좋은 의도를 악한 결과로 변화시킨다. 모두에게 대항하는 모두의 전쟁이 일어나는 원인은 누구나 오로지 일반화된 최선만을 원하기 때문이다. 현대사회는 이러한 문제를 다음의 엄격한 형식화를 통해 해결한다. 당분간은 다수가 마치 진리를 가지고 있는 것처럼 취급한다. 그렇기 때문에 프리드리히 폰 하이에크는 현대 민주주의의 근본 원칙을 이렇게 설명한다. 공격을 막는 머릿수만 중요할 뿐이다. 토론과 이해 그리고 더 나은 논증은 이와는 아무 관련이 없다. 컨센스(의견의 합의)는 난센스다. 이 말이 냉정하고 사려 없는 것처럼 들린다면, 그것도 옳다. 현대의 시스템은 기능적으로 분화했기 때문이고, 기능적으로 분화했다는 것은 언제나 다른 사람들을 고려하지 않는다는 것을 의미하기 때문이다. 누구나 자기가 세계의 중심이라고 생각하듯이 모든 시스템도 그렇다.

 선한 사람과 선한 행동은 — 우리가 그것을 아무리 필요로 하고 또 경의를 표해도 — 왜 그런지 매력적이지 않고 지루하다. 그 이유는 무엇일까? 왜 우리 문화는 선한 것으로 분류된 것은 욕망하지 않을까? 악한 것으로 표시된 것이 바로 금지된 것, 그러니까 바로 우리를 행복하게 해주는 것이기 때문이다! 그리고 오늘날에 이르기까지 우리를 매혹한 모든 것은 바로 문화가 파문한 것들이다. 프로이트가 문화의 미래에 대해 그토록 염세적으로 생각했던 것은 문화에 대한 이러한 경험 때문이다. 그리고 니체가 '금지된 것에 대한 용기'를 말하도록 도발하기도 했다. 이때부터 성사(聖事)를 독신(瀆神)으로 대체한 악한 것의 컬트가 존재했다.

 예술가나 청소년들에게는 이것으로 충분해 보인다. 그러나 우리 성인 문화에는 도대체 어디에 이런 악한 힘들의 자리를 마련해줄 수 있을 것인가? 여기에서 중세에는 호기심이 악덕의 목록에 들어가 있었다는 것을 떠올려보면 도움이 될 것이다. 현대인에게는 당연히 긍정적 가치인 새로운 것은 그러니까 한때 위험하고 위협적인 것, 즉 악한 것이었다. 여기서 니체는 '새로운 것의 전염성'에 대해 언급한다. 새로운 것은, 바로 자유로운 정신과 마찬가지로 언제나 기존의 것에 반대되는 것이기 때문에 악한 것이다. 그렇기 때문에 새로운 가치를 상정하는 사람은 언제나 위협적이고 악하게 나타난다. 어떤 가치 전환도 과거의 판을 깨지 않고 이루어진 것은 없다.

그렇기 때문에 시스템을 새로운 아이디어로 감염시키는 것은 시시포스의 노동과도 같다. 시스템의 모든 임원은 이를 적으로 간주하기 때문이다. 새로운 생각을 대하는 불안한 시선의 정반대 지점에 바로 그들 스스로는 볼 수 없는 맹점을 관찰하고 있는 악한 시선이 있다. 생산이 스스로를 조정할 수 없기 때문에 매니저가 있는 것이고, 증권감독원이 자금을 댈 수 없기 때문에 주주들이 있는 것이다. 그리고 이러한 맹점을 상처난 장소로 지적할 수 있기 때문에 경영 컨설턴트가 존재하는 것이기도 하다. 그들의 악한 시선에는 다음과 같은 것이 드러난다. 이 매니저가 기업 운영을 방해하고 있다. 이에 따라 경영 컨설턴트는 매니지먼트의 권한을 박탈한다. 그리고 그럼으로써 이론가에서 정신적 지도자로 정체가 드러나게 될 것을 계산한다. 그의 악한 시선에서는 이런 것도 볼 수 있다. 경영 컨설팅이란 그들의 고객을 비로소 구성해주는 직업이다. 그들의 고객은 바로 병든 회사이다! 마치 의사가 환자를 정의하듯이 말이다. 덧붙여 어떤 경영 컨설턴트가 '기대를 채워주었다'는 평가를 받는다면, 그 의미는, 그는 단지 매니지먼트의 나르시시즘에만 기여했을 뿐이라는 것이다. 모든 '올바른' 대답은 그와 반대로 실망시킨다!

## 맹점 그리고 도움이 되는 실수

맹점을 보기 위한 이러한 악한 시선은 오늘날 '비판적 의식'을 대체한다. 그러므로 우리는 어떤 경우든 '동의적'이지는 않다. 정확한 관찰은 경시의 최고 형식이다. 인식이론과는 감정적으로 멀리 떨어진 차원에서 오늘날에는 비판의 자리에 맹점의 이론이 들어서게 된다. 그리고 이러한 은유를 다시 한번 또다른 은유로 설명하는 것이 허락된다면, 맹점은 벽장 속의 시체라고 할 수 있다. 맹점은 단순히 어떤 것을 볼 수 없다는 것을 의미하지 않는다. 어떤 것을 볼 수 없다는 사실을 볼 수 없는 것을 보지 못하는 것이다.

맹점은 우리를 마비시킨다. 우리가 그것을 볼 수 없기 때문에, 즉 그것이 스스로를 인식 가능한 것으로 만들지 않기 때문이다. 이것을 경제의 세계로 바꾸어 생각해보면, 바로 생산과정의 효율성이 기업의 맹점을 확장시키고 있다. 잘 돌아가면 돌아갈수록, 예측할 수 없는 것에 적응할 수 있는 능력은 적어진다. 카를 바이크는 이것을 다음과 같은 탁월한 공식으로 만들었다. 적응 상태는 적응 능력을 방해한다. 그러므로 적응 상태의 반대말은 오만한 비타협적 태도가 아니라 바로 적응 능력이다. 그리고 오로지 비적응 상태만이 적응 능력을 가질 수 있다.

이미 수십 년 전에 프리드리히 폰 하이에크는 예측할 수 없는 것에 적응할 수 있는 자만이 세계 경제에서 살아남을 수 있을 것이라고 보았다. 아무도 기대하지 않은 일이 일어났을 경우, 실수하는 것은 있을 수 있는 일이다. 더 원칙적으로 말해보면, 실수는 미래와의 조우이다. 이것은 사고의 전환을 강요한다. 동화에서 못생긴 개구리와 입을 맞추어야 했듯, 이제는 경제에서 나쁜 실수와 입을 맞추어야 하는 것이다. 그러면 이것은 미래에 대한 아주 중요한 정보로 탈바꿈한다. 은유적으로 말하면, 높은 곳에서 추락하게 되었을 때는, 떨어지면서 낙하법칙을 습득하려는 시도를 해야 한다.

미래의 기업이 필요로 하는 것은, 지속 불가능성이라는 키워드를 가진, 실수 친화적인 문화이다. 실수를 하지 않는 사람은 적응 능력을 잃고 과도한 특수화의 함정에 빠진다. 이것이 진화이론의 가장 큰 교훈이다. 돌연변이는 말하자면 재생산에서의 실수가 안정화된 것이다. 진화는 실수를 통해서 진보한다. 이러한 느슨한 연결(loose coupling)은 생태학에서 최적화되는데, 자연은 기술보다 실수에 훨씬 친화적이다. 그렇기 때문에 우리는 방향 설정을 위한 조직 모델을 기술뿐만 아니라 자연에서도 조금씩 찾아나가고 있다.

실수에 친화적인 문화에는 방해에 대한 민감성도 포함된다. 매니지먼트의 근본 매체는 혼란과 불확실성이다. 이것을 극단적으로 표현하면, 매니저의 과제는 다른 사람들의 작업을 방해하는 것, 생산적으로 방해하는 것이다. 매니저는 자기 조직의 논리에 따라 소음으로부터의 질서를 도발하기 위해 고요를 깨뜨리는 사람이 되어야 한다. 직업으로서의 방해하기, 이는 모든 생산적인 것은 반발심을 일으킨다는 사실을 경험한 사람에게는 그리 불합리하게 들리지 않을 것이다. 모든 시스템은 현실을 단지 '자신의 세계'에 대한 방해로 경험한다. 그리고 악한 것은 다름아닌 이러한 시스템에 대한 방해이다. '저 바깥에 있는' 현실은 기생적인 잡음을 낸다. 커뮤니케이션 이론으로 형식화해보면 기생물은 생산적인 오해를 불러일으킨다. 이러한 맥락에서 사이버네틱의 공식인 소음으로부터의 질서는 좋은 것이 악한 것에서 영양을 취한다는 것을 말해준다. 실수에 대한 친화성과 자극에 대한 민감성은 또한 악한 것을 사용해서 시스템에 투여하는 일종의 예방주사로 이해할 수 있다. 그리고 이것이 성공할 때만 시스템은 적응을 면역반응으로 대체할 수 있을 것이다.

그러므로 진화는 오로지 방해하는 것을 통해서만 가능하다는 통찰이 결정적이다. 여기에서 주의할 것은, 문제는 혼란과 자극이지 내용적인 지시가 아니라는 것이다. 국가는 시민단체나 비정부기관 등에 소속된 시민들의 방해하는 소리에 반응한다. 그들은 더이상 이러한 소리를 듣지 못하는 귀머거리도 아니고, 이를 모욕으로 여기지도 않으며, 오히려 이 소리를 현실 연구의 탐침으로 이용한다. 그리고 이와 아주 비슷하게 매니지먼트의 시장에 대한 민감성은 고객의 소음에 반응한다. 고객을 왕이라고 미화하는 것이 아니라, 필요불가결한 악으로 진지하게 받아들인다. 고객은 치안의 교란자이자 신적인 기생생물이다. 고객은 구매행위를 통해 기업을 자극하고 기업은 새로운 생산품과 광고를 통해 고객을 자극한다.

진화는 오로지 방해자를 통해서만 가능하다는 사실을 확인하고 나면, 여기서 한 걸음 더 나아가야 한다. 진화적인 의식은 파괴에 대한 긍정적인 개념 설정 없이는 존재할 수 없다. 이는 결코 새로운 사고가 아니다. 왜냐하면 이미 '창조적인 파괴'(요제프 슘페터)라는 자본주의에 대한 정의가 결정적인 패러독스를 보여주고 있기 때문이다. 문제는 파괴의 창조성이다. 그리고 여기에 오늘날 피터 드러커가 제시한 패러독스가 새롭게 연결된다. 자아 파괴를 통한 자아 유지. 중요한 것은 무엇을 그만두느냐는 것이다. 얻기 위해서는 던져버려라! 실수에 기회가 놓여 있고, 성공에 위험이 놓여 있다. 성공은 우리를 나르시시즘적으로 스스로의 생산물과 사랑에 빠지게 하기 때문이다. 따라서 가장 중요한 질문은 다음과 같다. 어떻게 하면 우리는 과거의 성공이라는 족쇄에서 해방될 것인가? 똑똑하며 악한 빌 게이츠는 이를 정확하게 인식했다. "성공은 아주 나쁜 교사이다. 그는 합리적인 사람들까지도 자신이 실패할 수 없다고 믿게 만든다."

새로운 시대, 근대를 우리는 새로운 것이 새롭게 가치 평가된 시대라고 부른다. 이와 아주 비슷하게 오늘날 우리에게는 개혁에 대한 매우 개혁적인 개념이 필요하다. 나의 제안은, 그리고 이것으로 이 책의 의도를 요약하면, 혼란으로부터의 개혁이다. 진정한 경험은 언제나 기대의 모니터 위에서 일어나는 갑작스러운 시스템 다운이다. 진정한 개혁은 기대의 심기를 거스르는 결정이다. 이러한 점에서 모든 개혁은 신뢰할 수 있는 것에 대한 건강한 불신을 전제로 한다. 악한 시선 그리고 다른 악한 것. 더 좋은 것은, 말하자면 좋은 것의 상승이 아니라 그것의 적이다.

| 참고문헌 |

Adams, Henry, *The Education of Henry Adams*, London, 1995.
Aicher, Otl, *Analog und digital*, Berlin, 1992.
___, *Die Welt als Entwurf*, Berlin, 1991.
___, *Schreiben und Widersprechen*, Berlin, 1993.
Ariès, Philippe, *Geschichte des Todes*, München, 1980.
Assmann, Jan, "Der schöne Tag", in *Das Fest, Poetik und Hermeneutik XIV*, hg. v. Haug und Warning, München, 1989.
Bachofen, Johann Jakob, *Der Mythus von Orient und Occident*, München, 1928.
Baecker, Dirk, *Die Form des Unternehmens*, Ffm, 1993.
___, *Postheroisches Management*, Berlin, 1994.
Barfield, Owen, *The Rediscovery of Meaning*, Middletown, Conn, 1977.
Barret, E. (Hg.), *The Society of Text*, Cambridge, MA, 1989.
Barthes, Roland, *Die helle Kammer*, Ffm, 1985.
Bateson, Gregory, *Mind and Nature*, London, 1979.
___, *Steps to an Ecology of Mind*, London, 1972.
Bauman, Zygmunt, *Postmodernity and its Discontents*, Cambridge, 1997.
Baumanns, Leo, "Die vagabundierenden Ängste", in *gdi-impuls* #4, 1995.
Beck, Ulrich, *Die Risikogesellshaft*, Ffm, 1986.
Bell, Daniel, *The Coming of Post-Industrial Society*, NY, 1973.
Blumenberg, Hans, "Wirklichkeiten", *in denen wir leben*, Stuttgart, 1986.
___, *Die Legitimität der Neuzeit*, Ffm, 1966.
Böhme, Gernot, *Atmosphäre*, Ffm, 1995.

Bolz, Norbert, *Am Ende der Gutenberg-Galaxis*, München, 1994.

\_\_, "Der Megatrend des Bösen", in *Top-Trends*, Düsseldorf, München, 1995.

\_\_, Die Sinngesellschaft, Düsseldorf, 1997.

Bolz, Norbert und David Bosshart, *Kult-Marketing*, Düsseldorf, 1995.

Bolz, Norbert/Kittler, Friedrich/Tholen, Christoph, (Hg.), *Computer als Medium*, München, 1994.

Boom, Holger van den, "Computer und Kreativität", in *gdi-impuls* 2/88.

Brown, David, *Cybertrends*, London, 1997.

Coulmas, Florian, "Die Träume, die Waren und der Müll", in *FAZ*, 18.4., 1998.

Davis, Murray, "That's interesting", in *Philosophy of Social Science #1*, 1971.

Derrida, Jacques, "Kraft der Traucer", in *Der Entzug der Bilder*, hg. von M. Wetzel, München, 1994.

Deutsch, Karl, *Politische Kybernetic*, Freiburg, 1969.

Domizlaff, Hans, *Die Gewinnung öffentlichen Vertrauens*, 2. Auflage, Hamburg, 1951.

Douglas, Mary, *Purity and Danger*, London, 1966.

Douglas, Mary, und Baron Isherwood, *The World of Goods*, NY, 1979.

Drucker, Peter, *Managing for the Future*, NY, 1993.

\_\_, The *Post-Capitalist Society*, NY, 1990.

Esslinger, Hartmut, "A Projection of Global Design", in rana 2.

Foerster, Heinz von, *Observing Systems*, Seaside, CA, 1982.

Franck, Georg, "Jenseits von Geld und Information. Zur Ökonomie der Aufmerksamkeit", in *gdi-impuls* 1/1998.

Frankfurt, Harry G., "Freedom of the Will and the Concept of a Person", in *The Journal of Philosophy*, #1, 1971.

Friedman, Milton, *Price Theory*, London, 1982.

Gehlen, Arnold, *Einblicke*, Ffm, 1984.

Girard, René, *Das Heilige und die Gewalt*, Zürich, 1987.

Glaser, B. G. und A. L. Strauss, *Awareness of Dying*, Chicago, 1965.

Goffman, Erving, *Behavior in Public Places*, NY, 1963.

\_\_, *The Goffman Reader*, hg. v. Ch. Lemert und Ann Branaman, Malden MA, 1997.

\_\_, *The President of Self in Everyday Life*, Garden City NY, 1957.

Habermas, Jürgen, *Strukturwandel des Öffentlichkeit*, Ffm, 1990.

Hammer, Michael, *Beyond reengineering*, NY 1996 Corporate Change, NY, 1992.

Handke, Peter, *Am Felsfenster morgens*, Salzburg, 1998.

Hayek, Friedrich von, *Wettbewerb als Entdeckungsverfahren*, Kiel, 1968.

\_\_, *Entnationalisierung des Geldes*, Tübingen, 1977.

\_\_, *Recht, Gesetzgebung und Freiheit*(3 Bde.), München, 1986.

Hirshman, Albert O., *Essays in Trespassing*, Cambridge MA, 1981.

\_\_, *The Passions and the Interests*, Prinston NJ, 1977.

\_\_, *Rival Views of Market Society*, Cambridge MA, 1992.

\_\_, *Shifting Involvements*, Oxford, 1982.

Hofstadter, Douglas, *Gödel, Escher, Bach*, NY, 1979.

Horx, Matthias, *Das Zukunfts-Manifest*, Düsseldorf, 1988.

Huizinga, Johan, *Homo Ludens*, Hamburg, 1956.

Jaspers, Karl, *Die geistige Situation der Zeit*, Berlin, NY, 1979.

Karmasin, Helene, *Produkte als Botschaften*, Wien, 1993.

Kelly, Kevin, *Out of Control*, NY, 1994.

Knoke, William, *Bold New World*, NY, 1996.

Koselleck, Reinhart, *Vergangene Zukunft*, Ffm, 1979.

Kotler, Philip, "Semiotics of Person and Nation Marketing", in *Marketing and*

*Semiotics*, hg. v. Jean Umiker-Seboek, NY, 1987.

Krohn, Wolfgang / Küppers, Günter(Hg.), *Emergenz*, Ffm, 1992.

Kroll, Arthur M., *Career Development*, NY, 1970.

Lacan, Jacques, *Die Ethik der Psychoanalyse*, Berlin, 1996.

\_\_, "Das Spiegelstadium als Bildner der Ichfunktion", in *Schriften* I, Olten, 1973.

Lucas, J. R., "Minds, Machines, and Gödel", in Alan Ross Anderson(Hg.), *Mindes and Machines*, Englewood Cliffs, N. J., 1964.

Lübbe, Hermann, *Im Zug der Zeit*, Berlin, 1992.

\_\_, "Netzverdichtung", *ZphF Bd.* 502.

\_\_, *Zeit-Erfahrungen*, Stuttgart, 1996.

Luhmann, Niklas, "Anspruchsinflation im Krankheitssystem", in Herder-Dorneich / A. Schuller(Hg.), *Die Anspruchsspirale*, Stuttgart, 1983.

\_\_, *Die Gesellschaft der Gesellschaft*, Ffm, 1997.

\_\_, "Der medizinische Code", in *Soziologische Aufklärung* Bd. 5, Opladen, 1995.

\_\_, "Medizin und Gesellschaftstheorie", in *Medizin Mensch Gesellschaft*, Bd. 8, Heft 3, September, 1983.

\_\_, *Die Realität der Massenmedien*, 2. Auflage, Opladen, 1996.

\_\_, *Die Wirtschaft der Gesellschaft*, Ffm, 1988.

Luhmann, Niklas / Schorr, *Reflexionsprobleme im Erziehungssystem*, Ffm, 1988.

Marquard, Odo, *Abschied vom Prinzipiellen*, Stuttgart, 1981.

\_\_, *Skepsis und Zustimmung*, Stuttgart, 1995.

Marquart, Christian, "Die Freizeitfabrik des modernen Erlebnismenschen", in *FAZ*, 22. 1., 1998.

McLuhan, Herbert Marshall, *Understanding Media. Die magischen Kanäle*,

Düsseldorf, 1992.

Mead, George Herbert, *Geist, Identität und Gesellschaft*, Ffm, 1993.

Michels, Robert, *Zur Soziologie des Parteiwesens in der modernen Demokratie*, 2. Auflage, Stuttgart, 1970.

Mittlestrass, Jürgen, *Die Leonardo-Welt*, Ffm, 1996.

Nadin, Mihai, *The Civilization of Illiteracy*, Dresden, 1997.

___, *Mind*, Stuttgart, 1991.

Negroponte, Nicholas, *Being Digital*, London, 1995.

Nelson, Benjamin, *The Idea of Usury*, NY, 1959.

Norgaard, Richard, "The Coevolution of Economic and Environmental Systems and the Emergence of Unsustainability", in *Evolutionary Concepts in Economics*, hg. v. Richard W. England, The University of Michigan Press, 1994.

Nowotny, Helga, *Eigenzeit*, Ffm, 1993.

Ogger, Günter, *Nieten in Nadelstreifen*, München, 1992.

Packard, Vance, *The Hidden Persuaders*, NY, 1957.

Peters, Tom, *Liberation Management*, NY, 1992.

___, *The Tom Peters Seminar: Crazy Times Call for Crazy Organization*, NY, 1994.

Portmann, Adolf, *Das Tier als soziales Wesen*, 2. Auflage. Zürich, 1953.

Rapp, Stan/Tom Collins, *The Great Marketing Turnaround*, Prentice-Hall, 1991.

Schanze, Erich, "Symbiotische Kontrakte", in Krohn/Küppers, *Emergenz*, Ffm, 1992.

Schirner, Michael, "Alle reden vom Wetter", in *Anzeigentrends*, hg. v. Peter Wippermann, Mainz, 1998.

Schmitt, Carl, *Der Begriff des Politischen*, Berlin, 1963.

Schulze, Gerhard, *Die Erlebnisgesellschaft*, Ffm, 1993.

Schumpeter, Joseph, *Kapitalismus, Sozialismus und Demokratie*, Bern, 1946.

Sen, Amartya K., "Ratioanl Fools", in *Philosophy & Public Affairs* #1, Herbst, 1976.

Serres, Michel, *Der Parasit*, Ffm, 1987.

Simon, Fritz B., "Lernen – und wie man es erfolgreich verhindert", in *gdi-Impuls* 2/1997.

Simon, Herbet A., *Reason in Human Affairs*, Osford, 1983.

__, *The Sciences of the Artificial*, 3. Aufl., Cambridge MA, 1996.

Sturm, Hermann(Hg.), *Geste & Gewissen im Design*, Köln, 1998.

Talbott, Stephen L., *The Future Does Not Compute*, Sebastopol, CA, 1995.

Teubner, Gunther, "Die vielköpfige Hydra", in Krohn/Küppers, *Emergenz*, Ffm, 1992.

Thorngate, W., "'In general' vs. 'it depends'", in *Personality and Social Psychology Bulletin* #2, 1976.

Ferdinand Tönnies, *Gemeinschaft und Gesellschaft*, Darmstadt, 1963.

__, *Die Sitte*, Ffm, 1909.

Toffler, Alvin, *Powershift*, NY, 1990.

Turing, Alan, *Intelligence Service*, Berlin, 1987.

Turkle, Sherry, *Life on the Screen*, NY, 1995.

Varela, Francisco/Thompson, Evan, *Der Mittlere Weg der Erkenntnis*, Bern, 1991.

Karl E. Weick, *Der Prozeß des Organisierens*, Ffm, 1982.

__, *Sensemaking in Organizations*, Thousand Oaks, CA, 1995.

__, *The Social Psychology of Organizing*, 2. Auflage, NY, 1979.

von Weizsäcker, Carl C. "Alle Macht den Aktionären", in *FAZ* vom 27. 6., 1998.

\_\_, "Notes on Endogenous Change of Tastes", in *Journal of Economics Theory* #3, 1971.

Wildazsky, Aaron, *Searching for Safety*, New Brunswick, 1988.

Winograd, Terry/Flores, Fernando, *Erkenntnis Maschinen Verstehen*, Berlin, 1989.

Wittgenstein, Ludwig, *Logische Untersuchungen, Schriften* I, Ffm, 1980.

| 옮기고 나서 |

> 미래는 예측하는 것이 아니라, 도발하는 것이다.
> ―노르베르트 볼츠

    이 책은 2000년도 여름학기 훔볼트 대학에서 문학 마케팅 박사과정 수업시간에 담당교수인 에르하르트 쉬츠 교수에게서 소개받았다. 새롭게 바뀐 매체환경에서 학문을 포함한 전 사회적인 영역이 재편성되고 있다는 논의는 급속하게 변해가는 한국사회의 상황에도 유용하리라 생각하고 번역을 시작하게 되었다.
    매체학자로 유명한 노르베르트 볼츠가 1998년에 펴낸 이 책의 주제는 보이지 않고 손에 잡히지 않는 것들이 오늘날의 경제를 이끌어나가고 있다는 "욕망의 경제"에 대한 것이지만, 새로운 매체상황과 함께 학문, 교육, 정치, 종교에 이르기까지 이 책에 포함되어 있는 논의의 스펙트럼은 매우 다양하다. 독일에서는 출간 직후에 격렬한 비판과 반(反)비판을 불러일으켰는데, 상당히 도발적이고 급진적인 내용들은 논거가 부족하다는 비판과 함께(저자가 예상한 대로, "깊이"의 결여에 대한 비판), 반어적이거나 상징적인 표현을 그대로 받아들인 사람들의 공격 또한 많이 받았다. 무엇보다도 이 책이 불러일으킨 격렬한 반응들은 우리 사회의 진보와 발전을 위해서 금기를 깨뜨린 이론들과 의견들에 대한 금기를 다시 한번 깨뜨리는 과감함에서 비롯되었다고 할 수 있다. 그는 지금까지 중요한 가치로 여겨져온 모든 가치들을 전복하고 "어떠한 가치의 위계질서도 없으며 대신 모든 가치가 가치 선호의 순환 속에서 돌고 있다"(273쪽)고 선언한다. 이러한 과감성은 다른 한편으로는 이 책의 장점이기도 한데, 그는 이전 가치들을 그대로 보존하고자 하는 시도 자체가 그 사회가 새로운 것을 배우고 받아들일 준비가 안 되어 있다는 것을 드러내는 표시라고 주장한다. 이러한 의미에서 모든 가치는 새로운 시각에서 재평가되고 재구성되어야 한다는 것이다.

급진적이기는 하지만, 사실 이러한 주장의 상당 부분은 그가 1993년에 발표한 『구텐베르크-은하계의 끝에서』(한국에서는 2000년 문학과지성사에서 같은 제목으로 번역 출간되었다)에서 시작되었던 것들이다. 당시 독일 매체논쟁의 중심적인 텍스트로 기능했던 이 책에서 볼츠는 새로운 매체상황에서 철학적 패러다임의 변화와 학문적 자세에 대해 다루고 있는데, 다소 낯설어 보이는 새로운 주도 학문으로서의 디자인학에 대한 구상, 매체로서의 화폐에 대한 관점 등도 이미 등장하고 있다. 그렇기 때문에 이 책은 그가 『구텐베르크-은하계의 끝에서』에서 철학적으로 전개했던 논의들을 경제학이라는 관점에서 간명하고 급진적으로, 그리고 내용적으로 더욱 발전시킨 것이라 볼 수 있다.

무엇보다도 흥미로운 점은, 매체전환에 대한 요구가 격렬했던 90년대 초반 상황과 많은 것이 달라진 지금, 매체의 미래에 대한 볼츠의 시각 변화이다. 이전 책은 새로운 매체—특히 컴퓨터 기술로 지원되는 하이퍼미디어—에 대한 기대가 그 최고치에 다다랐을 당시, 매클루언이 구텐베르크 은하계라고 명명한 한 시대가 끝났음을 선언하기 위해 씌어진 것이었다. 그래서 볼츠는 문자, 그리고 그에 기반한 프린트 문화와 단호히 결별한다. 그러나 90년대 말에 들어와서 상황은 급변했다. 기술의 급속한 발전과 불균형을 이루는 하이퍼미디어의 미학적 부진과 프린트 문화의 계속되는 선전 등 달라진 90년대 말의 매체환경은 미래에도 프린트 문화가 계속 존속하리라는 전망을 도출했다. 이 책에서 보여주는 볼츠의 새로운 진단은, 기존의 매체가 새로 등장한 매체로 대체되는 것이 아니라 각각의 장점을 살려 공존하게 되리라는 것이다. "그러므로 기대되는 것은 서로 잡아먹는 미디어-카니발리즘이 아니라 유쾌한 미디어믹스의 시대이다."(45~46쪽)

하이퍼미디어에 대해서도 보다 중립적인 입장을 취했다. 하이퍼미학의 핵심으로 여겨지는 '상호작용성'에 대해서도 실제로 살펴보면 단지 선택의 가능성이 다양해진 것에 불과하다는 것이다. 이것은 90년대 중반 하이퍼텍스트로 이루어진 문학에 걸었던 과도한 기대, 즉 하이퍼미학에서는 능동적인 독자가 텍스트와의 상호작용을 통해 저자의 역할을 넘겨받는다는 기대에 대한 실망의 표현이기도 하다. 이러한 새로운 인식이 바탕이 된 "우리가 잡아당기는 매체로 밀어내는 매체를 대체할 것이라는 예측은, 이상주의적 인류학의 환상일 뿐이다"(40쪽)라는 결론에 이르러서는 확연하게 달라진 그의 자세를 엿볼 수 있다. 이와 함께 하이퍼미디어의 등장으로 비판의 대상이 되었던 매체 소비자의 수동성도 재평가되고 있다. 이에 따라 이전 매체인 브로드캐스팅의 수동성과 새로운 매체인 인터넷의 능동성을 믹스한 형태, 웹캐스팅의 시대를 전망하고 있는 것도 흥미롭다.

여기에서 한 걸음 더 나아가 그는 이전의 네트워크에 대한 유토피아적 기대와 확연히 구별되는 숨겨진 네트워크의 권력관계에 대한 통찰을 내보이기도 하는데, 그에 따르면, 상호작용성과 사용자 친화적 환경으로 인해 더이상 위협적으로 보이지 않는 새로운 매체는 사실 사용자가 깊이 알기를 포기하고 멈출 때에만 사용이 가능하다는 것이다. 이러한 이해할 수 없는 새로운 매체의 심연을 가려주는 것이 하이퍼미디어의 인터페이스 디자인이며, 이것이 '사용자 환상'을 만든다. "참여하는 데 의의가 있지만, 누구나 모든 것을 할 수 있는 것은 아니라는 점을 알아두는 편이 좋다. 인터넷에 참여한다는 사실은, 누구나 디자이너가 될 수는 없지만, 누구나 유저는 될 수 있어야 한다는 것이다."(157쪽) 볼츠는 이러한 상황에 대해 비난하거나 반발하고자 하는 것이 아니라, 이를 근거로 매체와의 심연에 다리를 연결해주는 디자인이 미래의 학문으로 각광받을 것이라는 전망을 펼치고 있다. 그러나 이러한 거리 두기, 즉 뉴미디어에서 "피상적인 것에서 수심을 재어보는" "단순한 것을 의심해보는", 그렇지만 동시에 "피상적인 것의 가치를 재발견하는" 그의 자세는 새로운 매체의 기술적 범람 속에 아직 이에 대한 학문적 고찰이 철저히 이루어지지 않은 우리에게도 시사하는 바가 크다.

이 책은 그러므로 전공자만을 위한 어려운 이론서가 아니라, 새로운 매체의 등장으로 사회 전반이 새롭게 형성되어가는 과정을 바라보는 데 무수한 토론거리를 던져주는 책이라고 할 수 있다. 독일에서는 1998년에 출간되어 저자의 예측이 벌써 당연한 것처럼 일상화되어버린 경우도 발견되는데, 이는 책의 논지대로 현재의 테크놀로지가 어떠한 가속화를 관철하고 있는지에 대한 반증이 되기도 한다(특히 한국에서 기술 분야의 불균형한 급성장을 감안하면 더욱 그렇다). 그러나 아직도 볼츠의 지적은 많은 부분에서 우리를 놀라게 할 신선함을 그대로 유지하고 있다. 특히 세계를 맥월드로 상징되는 아메리카니즘과 이에 저항하는 새로운 구심점이 된 이슬람 근본주의의 대결구도로 파악하고 있는 부분이라든가, 현실을 다만 보도를 위한 매체현실로만 재가공하는 대중매체에 대한 날카로운 분석, 새로운 신화를 만들어내는 학문 세계와 독서 문화에 대한 비판 등은 다시 읽어도 매우 현재적이다. 이는 우리나라 독자들에게도 우리 사회에 적용해볼 수 있는 흥미로운 잣대를 제공할 것이라고 생각한다.

먼저 흔쾌히 이 책의 출판을 맡아준 문학동네에 감사의 마음을 전한다. 멀리 떨어져 있음에도 애정과 관심을 보여주시는 가족들과 모교의 교수님들께도 감사드리고 싶다. 특별히 한국의 독자들을 위해 이해에 도움이 될 만한 서문을 다시 한번 써준 저자 노르베르트 볼츠, 책을 소개해주고 번역에도 조언을 아끼지 않은 쉬츠 교수님, 외국인으로서 알기 힘든 독일어 표현을 상세하게 설명해준 동료 니켈에게도 지면으로 다시 한번 감사드린다. 많은 분들의 도움에도 불구하고 부족한 곳이 많은 번역에 대해서는 독자들의 질책과 충고를 기다리겠다. 개인적으로는 이 책이 한국의 변화된 매체환경에 대한 학문적 토론에서 하나의 "방해가 되는 관점"으로서 기여하게 되기를 바란다.

베를린 쉬첸슈트라세에서
유현주

| 찾아보기 |

| ㄱ |

가격 277, 283
가다머, 한스 게오르크 198
가상현실 44, 155, 198
가젯 60, 84, 137, 142, 144, 150
갈, 존 272
감정 디자인 127~128, 145, 156, 168,
　　183, 199~200, 237
개성 141~142, 212~213, 215~216
개인 217
　　~주의 91, 209, 212~213
건강 239, 248~250
　　~마케팅 247
게이츠, 빌 34, 111, 304
겔런, 아널드 26, 213, 249, 267
고객 10, 13, 49, 67, 80, 169~170,
　　182, 218, 289, 303
고르니, 디터 172
고프먼, 어빙 85, 127, 171~172, 210~
　　211, 230
과시적 소비 281
광고 177, 186, 290
괴츠 115
괴테 인스티튜트 112, 120, 187
교육 92~93, 97~98, 100, 104, 228
　　~자 97~98, 102

~학 95, 98
구조 134
　　~적 표류현상 16
구텐베르크 은하계 41
그라스, 귄터 112, 119
그랜스, 아벨 256
그린피스 175, 217
글라저, 페터 85
글라트벡 29
글레이저 254
기계 국가 153
기계 인간 153
기든스, 앤서니 270

| ㄴ |

나비 효과 271
네그로폰테, 니콜라스 45, 55, 65
네이딘, 미하이 59, 123~124
네트워크 56, 58, 60~62, 76, 78~81,
　　134, 156
네트-컴퓨터 56
넬슨, 벤저민 230
노가드, 리처드 271
노보트니, 헬가 267
노크, 윌리엄 48, 76

뉴런 59~60
뉴스밸류 25, 29
니체 32~33, 129, 189, 221, 297, 300

| ㄷ |

다빈치, 레오나르도 294
다이슨, 에스더 102
다이슨, 프리먼 61
단순성 67, 69, 153
대중매체 25~38, 47, 118~119, 292
더글러스, 메리 178, 242
데닛, 대니얼 93, 152
데리다, 자크 297
데스크탑-은유 44, 146, 155
데이비스, 머리 16, 17
데이터 글러브 55, 142
도미츨라프, 한스 13
돈 274, 276~278, 282~283, 286, 291
뒤르켐, 에밀 227
드러커, 피터 38, 41, 163, 303
든, 앤터니 79
디버깅 67, 147
디자인 101, 123~124, 129~130, 134~136, 144~145, 162
    ~학 129, 131~132, 142~143
딥 블루 56~57

| ㄹ |

라이프니츠 57

라이히, 로버트 90, 101, 110
라이히-라니츠키, 마르셀 116~119
라캉, 자크 160
랩, 스탠 38
랭, 제임스 128
렘프케, 로베르트 140
루만, 니클라스 7, 28, 31, 90, 94, 96, 163, 246~248, 250, 269, 274, 277, 279~283
뤼베, 헤르만 11, 216, 264~265, 268
릴케 178, 193

| ㅁ |

마르쿠아르트, 크리스티안 185
마르크바르트, 오도 162, 217, 238, 249, 295
마이어, 알프레트 고트홀트 130
마이크로소프트 43, 73, 146
마케팅 79, 170, 183, 241
마키아벨리 294~295
만, 토마스 267
『마의 산』 267
매니지먼트 마케팅 188
매체 42, 44, 50, 53~55, 68, 108, 119, 124, 142, 159, 167, 172
    ~다윈주의 34~35, 48
    ~구성주의 28
    ~연합 37, 45, 119~120
    ~현실 34, 36, 61~62, 83, 186, 291
매클루언, 마셜 53, 76, 108, 119, 157
『미디어의 이해』 53

멀린스, 에이미 219
멀티미디어 42, 45, 78, 289
　~사회 42, 51, 110
메시지 50, 119, 173
멜첼 58
〈모던 타임스〉 153
모리스, 윌리엄 130
　『어디에도 없는 곳에서 온 뉴스』 130
모호이-너지 131
무스터만, 한스 49
무질 114
　『특성 없는 남자』 114
미드, 조지 허버트 137, 141~142
미디어 41
　~테크놀로지 41, 43, 62
　~믹스 46, 86, 107
　~-카니발리즘 46
미래 234, 270
　~학 265
미텔슈트라스, 위르겐 88
미헬스, 로베르트 30
밀러, 스티븐 190
밀레니엄 200~201, 205~206
　~컬트 201~202, 204
프리드먼, 밀턴 220
　『가격이론』 220

| ㅂ |

바렐라, 프란시스코 62
바르트, 롤랑 256
바버, 벤저민 7, 73, 188
바슐라르, 가스통 89
바우만, 지크문트 199, 214~215
바우만스, 레오 26
바우하우스 131~133
바유슈, 피나 112
바이오 테크놀로지 138
바이츠제커, 에른스트 울리히 폰 266, 272, 275
바이크, 카를 34, 88, 189, 301
바쟁, 앙드레 256
바필드, 오언 184
반감기 89, 92, 268
반 데 벨데, 앙리 131~132
반미주의 6, 7
발렌틴, 카를 25
발로, 존 페리 14
백화점 184, 218
베른하르트, 토마스 189, 263
베버, 막스 267
베블런, 소스타인 281
베이트슨, 그레고리 53, 87
베커, 디르크 8
벡, 울리히 211
벤, 고트프리트 211, 267
벤담, 제러미 190~191
벤야민, 발터 6, 34, 118, 214
벤제, 막스 132
벨, 대니얼 49, 88, 90
보스하르트, 다비트 180
보애스, 프란츠 144
보이지 않는 것의 경제 158, 167, 173~174, 182, 220, 225, 239, 260
보해넌 225

보호 자본주의 188
복잡성 100, 144, 153, 264, 273, 296
볼딩, 케네스 100
볼츠, 노르베르트 180
『의미의 사회』 171
『컬트 마케팅』 180
뵈메, 게르노트 193
브라운 운동 59
브란트, 빌리 171
브랜드 159, 167, 172~174, 183
브루너, 제롬 220
브릭먼 32, 229
블랙박스 98~99, 139~140, 143, 168~169, 210, 290
블루멘베르크, 한스 138, 218
비릴리오, 폴 143
비전 161, 189~190, 263
비트겐슈타인 126, 134, 141
비판 93, 104
빌, 막스 132

| ㅅ |

사용자 139, 142
  ~친화성 99, 103, 138, 154~155
  ~환경 43, 288
사이먼, 허버트 86, 88, 273
사이버네틱 298, 302
사이버스페이스 47, 51~52, 56, 62, 67, 74, 83~84, 86, 102, 148, 155, 180
  ~수사학 157

사진 129, 256
상호작용 46~47, 65~66
  ~성 40, 47, 65, 111
생각하는 사물 67, 135~136
샨체, 에리히 79
서비스 103~104, 145, 171~172
선별 53, 96~97, 104
세계커뮤니케이션 16, 32, 37, 39, 41, 43, 73, 81, 157
세계화 39~41, 73
세로, 폴 215
세르, 미셸 137, 225
세이번, 레슬리 178
섹스 179, 295
센 181, 220, 229
셰보르스키, 애덤 270
셸스키, 헬무트 199
소로스, 조지 284
소비 173, 223, 282
  ~자 173, 215
  ~주의 5, 6, 7, 10, 11
소프트웨어 43, 57, 65, 67
손게이트 16
쇼, 버나드 7, 28, 200
『피그말리온』 7, 28, 200
쇼어 94, 96
쇼핑 182, 184, 218, 222
숫자 처리기 56~57
슈레이즈, 마이클 47
슈뢰더, 게르하르트 275
슈미츠, 카를 10, 116
슈미츠, 헤르만 128
슈테른 172

슈투름, 헤르만 137
슈트라우스, 보토 116, 119
『속죄양의 노래』 116
슈피겔 26, 39, 52, 109, 145, 172, 219
슐라이어마허 93, 101
슐레겔, 프리드리히 118
슐체, 게르하르트 210
슘페터, 요제프 14, 303
스마트 시티 8
스미스, G. F. 30
스미스, 애덤 277
스콜라 학파 162
슬로터다익, 페터 119, 211
시간 48, 195
시너, 미하엘 186
시대정신 15, 128, 145, 149
시라노 효과 64, 236
시몬, 프리츠 94
시장 79, 91, 128, 164, 181, 286
신화 15, 159, 167, 174, 184
실수 206, 273, 301~303


| ㅇ |

아갈마 192
아도르노 186
아드보카투스 디아볼리 294
아리스토텔레스 40, 52, 111
　『형이상학』 53
아리에스, 필리프 255
아스만, 얀 198
아이덴티티 메이크업 217

아이디어 189
　~다윈주의 34
아이허, 오틀 132~135
　「자아의 확장」 134
안더스, 귄터 52
알고리듬 57, 59
알트, 프란츠 119
애덤스, 헨리 106
애플 43~44, 176
앤더슨, 하워드 285
야스퍼스 266
에릭슨, 에릭 233~234
에슬링거, 하르트무트 14, 38, 139, 145
엔첸스베르거 120
엥겔바트 54, 112, 155
역사의 종말 227
예술 190~192
　~종교 218
와이어드 74, 108
요구의 인플레이션 249
욕망 174, 181~182, 220~221, 223, 227~228
욥, 볼프강 219
워홀, 앤디 191
웨트웨어 236, 257
웹캐스팅 43, 66
위노그라드 77~78
위니콧 137
윌다브스키, 아론 62, 99, 242~243, 249, 272
윙거, 에른스트 193, 200
유저 인터페이스 154
유행 15, 16, 182

윤리 95
　~학 30, 32, 269
은행 285~287, 290~292
　~업무 285
의미 88, 101~102, 195
　~상실감 118
　~의 공동체 15
이벤트 196, 199, 202
이슬람 근본주의 5~6, 73, 188
이차적 욕망 120, 194
이코노미스트 284
이텐, 요하네스 131
인간의 척도 51, 53
인류학 40, 102, 123
인스턴트 만족감 227~228
인터넷 40, 43, 48, 60, 63~65, 69, 86, 102, 107~108, 284
인터퍼스널 컴퓨터 56, 82
인터페이스 133
　　~디자인 43~44, 54~55, 143, 145~146, 154~156, 288

| ㅈ |

자본의 성당 291
잡아당기는 매체 40
전자화폐 167, 284
정보 41
　~맵핑 51, 90, 101, 110
　~사회 41, 47, 51, 87
　~애니메이션 53
정신 59, 106

조이스 114
『율리시스』 114
『피네건의 경야』 118
존 로곤 에콘 142
존슨 114
『기념일들』 114
좀바르트 10
종교 258
　~의식 126
　~적 예식 124~127, 254
종족 39
　~디자인 38
　~형제애의 시대 64
　~주의 39
죽음 236, 254
지라르, 르네 225
지멘스 292
지멜, 게오르크 91
지식 41, 53, 88~89, 94, 100~101, 110, 205, 264
　~디자인 51
　~사회 41, 52~53, 87, 89, 92, 100
　~세계 54
　~에의 의지 53
지적 소비 194


| ㅊ |

체험의 공동체 15
축제 197~199

|ㅋ|

카네기 218
카르마진, 헬레네 173
카리타스 280
카스토르프, 한스 267
카스파로브 56~57
카우치 포테이토 족 65, 67
칸트 95, 100, 143, 265~266
칼, 라인하르트 99
캐츠, 존 74
캠벨 32, 229
커뮤니케이션 17, 39~47, 49~50, 52, 54, 64, 68, 75~76, 79~80, 82, 85~86, 88, 101, 109, 126, 169
　~노마드 151
　~디자인 51, 86, 180
　~모나드 84, 151
컬트 39
　~마케팅 102, 115, 118, 128, 171, 177, 180, 184, 200, 215~216, 218
　~브랜드 15, 115, 146, 199~200, 290
켈리, 케빈 80, 167, 170
코울머스, 플로리언 177
코제브, 알렉상드르 7, 227
코젤렉, 라인하르트 266
코쿠닝 149, 214
코틀러 28, 200
코퍼레이트 디퍼런스 161, 167~168
콜, 헨리 130
콜린스, 톰 38
콥, 윌리엄 43, 56

콰드리비움 96
쾌락의 트레드밀 32, 229
쿠글, 팀 69
쿠니슈, 롤프 183
큐브릭, 스탠리 156
〈2001 : 스페이스 오디세이〉 55, 156, 205
크라우스, 카를 239
크라우제, 카이 146~148
크롤, 아서 212
클라우제비츠 225
킴, 스콧 55, 190


|ㅌ|

타게스샤우 26
탈위계 81
　~질서 77
탤벗, 스티븐 157
『미래는 컴퓨터를 사용하지 않는다』 157
터클, 셰리 64, 68, 139, 236
테크노-유목민 46
테크놀로지 51, 55, 57, 77, 104
텔레커뮤니케이션 47, 142, 150, 289
텔렌바호 197
토이브너, 군터 80
〈토이 스토리〉 55, 156
토플러, 앨빈 63, 80, 220
톰킨스, 덕 191
퇴니에스, 페르디난트 231, 252~253
튜링, 앨런 42, 59, 151, 156

~테스트 64, 82, 151~152
트렌드 15, 16, 128, 163, 182
　~선도자 16
트리비움 96

| ㅍ |

파슨스 104, 276
파울, 장 156
판 바이렌동크, 발터 179~180
판 덴 붐, 홀거 148
패커드, 번스 177
패트런 186
페스티벌 193, 195~197, 199
편지 50, 125
포드, 헨리 158
포르츠호프, 에른스트 249
포르트만, 아돌프 126, 193
포인트 캐스팅 37~38, 215
포쿠스 37, 41, 52, 109, 111
포퍼, 칼 264
폭력 223~224, 226
폴리머스, 테드 39
퓨처 본드 168
프랑크, 게오르크 225
프랭크퍼트, 해리 194, 228
프레스턴, 톰 39
프로이트 197, 226, 299
프록 14, 145~146
프린트미디어 107~110
플라트, 노르베르트 125
피터스, 톰 78, 80, 87, 272

피퍼, 요제프 198
피플 프로세싱 86, 98, 103, 292
필립스, 애덤 227


| ㅎ |

하더, 리처드 198
하드웨어 42, 43, 67, 156
하버마스, 위르겐 112
베커, 하워드 33
하위징아, 요한 177, 184
『호모 루덴스』 184
하이데거 112, 137
하이에크, 프리드리히 폰 79, 205, 267,
　272, 277, 283, 286, 301
하이퍼미디어 45, 78, 83, 101
하이퍼텍스트 45, 78, 99, 102, 285
한, 울라 117
한트케, 페터 114, 116, 119, 193
『아무도 없는 만灣』 114
『연필의 역사』 119
『아침의 바위 창가에서』 193
해머, 마이크 161, 164
해체 164
　~이론 85
허시먼, 앨버트 7, 36, 169, 213, 229,
　273
헌팅턴, 새뮤얼 7
헤겔 195
헤어초크, 마르틴 76
헤이그, 더글러스 105
『헨리 애덤스의 교육』 90

헬러, 앙드레 196
헵 59
호르크스, 마티아스 182
호모 에코노미쿠스 127, 147, 220~221
홀, 도널드 88
홈스, 올리버 웬들 129
홉스, 토머스 57, 153, 226
화이트 트래시 프로그램 120
화이트헤드 69, 136
회리슈, 요헨 113
후쿠야마, 프랜시스 7, 227
훔볼트 93, 102
휠러, 존 152

옮긴이 **유현주**

연세대 독문학과와 동대학원을 졸업했다. 독일 베를린 훔볼트 대학에서 독문학, 매체학, 문화학을 전공하고 박사학위를 받았다. 훔볼트 대학, 포츠담 대학, 뒤셀도르프 대학에서 강의했으며, 현재는 연세대학교에서 강의하고 있다. 저서로는 「하이퍼텍스트―디지털 미학의 키워드」와 「Text, Hypertext, Hypermedia」가 있으며 논문으로는 「하이퍼미디어 문학의 미학적 전략―디지털 문학에서의 생소화효과」 「비주얼 포엠의 전통에서 본 독일의 디지털 포엠―매체의 경쟁과 상호매체성」 「디지털 문학과 상호작용성―참여의 즐거움에서 바이러스미학까지」 등이 있다.

문학동네 교양선
보이지 않는 것의 경제

| | |
|---|---|
| 초판인쇄 | 2008년 1월 11일 |
| 초판발행 | 2008년 1월 18일 |

| | |
|---|---|
| 지은이 | 노르베르트 볼츠 |
| 옮긴이 | 유현주 |
| 펴낸이 | 강병선 |
| 책임편집 | 오경철 |
| 펴낸곳 | (주)문학동네 |
| 출판등록 | 1993년 10월 22일 제406-2003-000045호 |

| | |
|---|---|
| 주　　소 | 413-756 경기도 파주시 교하읍 문발리 파주출판도시 513-8 |
| 전자우편 | editor@munhak.com |
| 전화번호 | 031) 955-8888 |
| 팩　　스 | 031) 955-8855 |

ISBN 978-89-546-0420-8 03300

www.munhak.com

## 메피스토펠레스와 양성인
미르체아 엘리아데 | 최건원 · 임왕준 옮김

20세기의 가장 위대한 종교사가 엘리아데의 주옥같은 논문집. 빛에 대한 초자연적인 체험과, 메피스토펠레스와 양성인에서 나타나는 총체성을 지향하는 인간 역사 등에 대한 엘리아데의 탁월한 성찰을 읽다보면 어느새 인간존재의 무한성과 총체성의 신비가 눈앞에 펼쳐지는 것을 체험할 수 있다.

## 성배와 연금술
폴 조르주 상소네티 | 전혜정 옮김

성배 신화의 원형 이미지와 상징체계를 연금술 과정으로 탐구한 본격적인 상징해석서. 탁월한 신화전문가인 상소네티가 페르스바의 영적 모험이 어떻게 연금술의 연속적 단계들을 표현하는지 상징적으로 분석한다.
**2006년 문화관광부 선정 우수학술도서**

## 신화와 형이상학
조르주 귀스도르프 | 김점석 옮김

뿌리를 잃어버린 서구 현대철학에 던지는 근원적 질문. 인간이 다시 신의 세계로 복귀하여 관념의 구조가 아니라 실존에 대한 증명이 되어야 함을 주장하고 있다. 이성의 힘으로 서구문명을 탄생시켰지만 자기 땅에서 소외되어 이방인으로 존재하게 된 현대인들에게 건네는 묵직한 회귀의 권유.

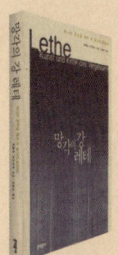
## 망각의 강 레테
하랄트 바인리히 | 백설자 옮김

방대한 인문학적 지식을 바탕으로 고대 그리스 시대에서 오늘날에 이르기까지 역사와 문학에 반영된 망각을 조명하고 그 의미를 문화사적으로 해석한 책. 대가들의 작품을 통해 문명의 기억에 아로새겨진 '문화사'를 되짚어본다.
**한국출판인회의 선정 이달의 책**

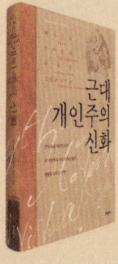
## 근대 개인주의 신화
이언 와트 | 이시연 · 강유나 옮김

근대 유럽 최고의 걸작 소설 네 편의 숨겨진 기원을 밝힌 영문학 이론의 고전. 파우스트와 돈 키호테, 돈 후안과 로빈슨 크루소의 탄생과 신화화 과정을 분석하여, 이들 네 인물이 근대 개인주의의 시조로서 서구문명에 끼친 영향과 흔적을 읽는다. 위트 넘치는 고찰과 문학적, 역사적 상상력의 유쾌한 결합이 독자들을 행복한 책읽기로 이끌 것이다.
**2006년 대한민국 학술원 선정 우수학술도서**

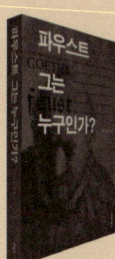

### 파우스트 그는 누구인가?
이인웅 엮음

불멸의 문학적 수원지(水源池)인 '파우스트'에 매혹된 예술가들의 다양한 작품세계를 조명한 논문집. 음악, 미술, 연극, 영화 그리고 컴퓨터게임에 이르기까지 시공을 뛰어넘어 여러 주제 속에서 늘 새롭게 창조되어온 파우스트 인간상을 각 분야의 전공자들이 면밀하고 세심하게 연구 분석한다.

2007년 문화관광부 선정 우수학술도서

### 자본주의 사회와 인간 욕망—서구 리얼리즘 문학의 현재성
고영석 엮음

근대문학 논의의 오랜 침묵을 깨고 리얼리즘 문학의 현재성을 다룬 논문집. 돈과 사랑과 명예를 향한 집념, 그리고 이를 실현하기 위한 배타적 이기주의가 그려내는 자본주의의 인문학적 초상들. 독일과 프랑스, 영미와 러시아문학을 아우르는 방대한 텍스트 속에서 오늘날 자본주의 사회를 살아가는 다양한 인간 군상들이 사실적으로 재현된다.

### 프리즘—문화비평과 사회
테오도어 아도르노 | 홍승용 옮김

프랑크푸르트학파를 대표하는 '반성적 사유'의 대가 아도르노의 초기 문화비평 에세이 모음집. 문화비평, 유토피아에 관한 사유, 음악에 관련된 현상들, 동시대의 철학과 문학을 비판하는 그의 글은 독자들에게 한순간도 긴장을 늦추지 말 것을 요구한다. 체계를 거부하고 동시적, 불연속적, 전방위적으로 펼쳐지는 철저한 변증법적 사유의 진수.

### 발터 벤야민과 아케이드 프로젝트
수잔 벅 모스 | 김정아 옮김

역사 저술의 코페르니쿠스적 혁명으로 꼽히는 발터 벤야민의 대표작 「파사젠베르크」를 재구성한 역작. 폐허로 남은 근대 자본주의 풍경 속에 깃든 당대인들의 무의식과 신화, 알레고리를 독특하게 읽어낸 문화비평서이자 마르크시즘 분석서. 망명에 실패한 와중에도 「파사젠베르크」를 지키려 했던 학자 벤야민의 마지막 모습도 만날 수 있다.

### 모차르트—한 천재에 대한 사회학적 고찰
노베르트 엘리아스 | 박미애 옮김

모차르트는 결코 타고난 천재가 아니다. 오히려 사회와의 끊임없는 갈등을 통해서 "만들어지고 완성된" 천재에 가깝다. 정치한 논리와 다양한 자료를 바탕으로 기존의 모차르트 연구자들이 가졌던 한계를 뛰어넘는 지적 통찰을 보여주는 노베르트 엘리아스의 유작.